Alpine Guide
ヤマケイ アルペンガイド

北海道の山

旭岳・トムラウシ山・十勝岳・石狩岳・利尻山
羅臼岳・幌尻岳・夕張岳・羊蹄山・大千軒岳

Alpine Guide
ヤマケイ アルペンガイド

北海道の山

Contents

コラム

インフォメーション

取り外せる! 持ち歩ける!
アルペンガイド
登山地図帳

本書の利用法

本書は、北海道の主要山岳や人気のコースを対象とした登山ガイドブックです。収録したコースの解説はすべてエリアに精通した著者による綿密な実踏取材にもとづいています。本書のコースガイドページは、左記のように構成しています。

❶山名・行程

コースは目的地となる山名・自然地名を標題とし、行程と1日ごとの合計コースタイムを併記しています。日程（泊数）はコース中の山小屋を宿泊地とした標準的なプランです。

❷コース概念図

行程と主な経由地、目的地を表したコース概念図です。丸囲みの数字とアルファベットは、別冊登山地図帳の地図面とグリッド（升目）を示しています。

❸コースガイド本文

コースの特徴をはじめ、出発地から到着地まで、コースの経路を説明しています。主な経由地は、強調文字で表しています。本文中の山名・地名とその読みは、国土地理院発行の地形図に準拠しています。ただし一部の山名・地名は、登山での名称・呼称を用いています。

❹コース断面図・日程グラフ

縦軸を標高、横軸を地図上の水平距離としたコース断面図です。断面図の傾斜角度は、実際の登山道の勾配とは異なります。日程グラフは、ガイド本文で紹介している標準日程と、コースによって下段に宿泊地の異なる応用日程を示し、日程ごとの休憩を含まないコースタイムの合計を併記しています。

❺コースタイム

30〜50歳の登山者が日帰りもしくは山小屋利用1泊2日程度の装備を携行して歩く場合を想定した標準的な所要時間です。休憩や食事に要する時間は含みません。なおコースタイムは、もとより個人差があり、登山道の状況や天候などに左右されます。本書に記載のコースタイムはあくまで目安とし、各自の経験や体力に応じた余裕のある計画と行動を心がけてください。

❻コースグレード

北海道内の各山岳の無雪期におけるコースの難易度を初級・中級・上級に区分し、さらに技術度、体力度をそれぞれ5段階で表示しています。

初級 紹介するエリアにはじめて登る人に適したコースです。難所のない日帰り登山・ハイキングを主に楽しんでいる初心者を対象としています。

中級 歩行距離や標高差が大きく、急登の続くコースや宿泊を伴うなど、登山の経験がある人に向きます。

上級 急峻な岩場、迷いやすい地形に対処でき、的確な天候判断が求められるコースです。北海道の山全般の中級以上のコースを充分に経験している人に向きます。

技術度

1＝よく整備された散策路・遊歩道
2＝とくに難所がなく道標が整っている
3＝ガレ場や雪渓、小規模な岩場がある
4＝注意を要する岩場、迷いやすい箇所がある
5＝きわめて注意を要する険路

これらを基準に、天候急変時などに退避路となるエスケープルートや、コース中の山小屋・避難小屋の有無などを加味して判定しています。

体力度

1＝休憩を含まない1日の
　コースタイムが3時間未満
2＝同3〜5時間程度　3＝同5〜7時間程。
4＝同7〜9時間程度　5＝同9時間以上

これらを基準に、コースの起伏や標高差、日程などを加味して判定しています。なおコースグレードは、登山時期と天候、および荒天後の登山道の状況によって大きく変わる場合があり、あくまで目安となるものです。

別冊登山地図帳

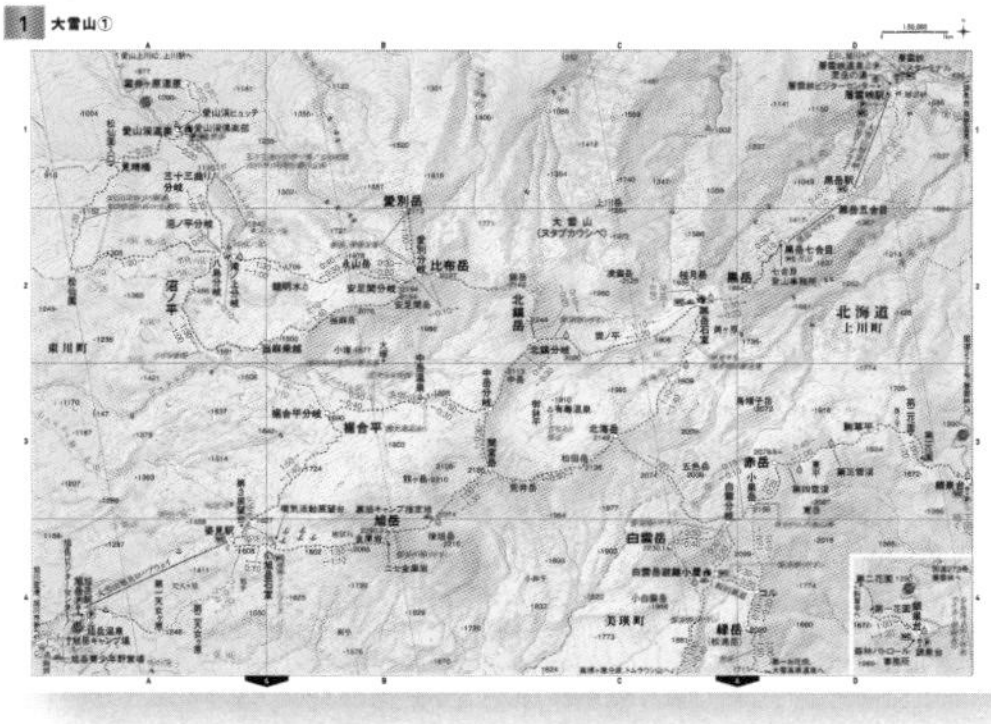

❼コースマップ

別冊登山地図帳に収録しています。コースマップの仕様や記号については、登山地図帳に記載しています。

北海道の山に登る

←サハリンから知床半島に押し寄せる流氷　↓風穴のある岩場に棲むナキウサギ

知床連峰に咲くシレトコスミレ。北方四島以外では知床半島のみに分布

北海道はおよそ九州と四国を合わせた大きさ。山岳地帯は広い。最高峰は大雪山《だいせつざん》・旭岳《あさひだけ》で標高２２９１ｍ。多くは１０００ｍ台の山だ。ただし高緯度のぶん、約１０００ｍを足した本州の山と同様の植生や気候なのが大きな特徴だ。その魅力は何といっても自然度の高さ。開拓された平野にくらべ、山地にはまだ森や原始河川が残っている。とくに広大な大雪山系や日高《ひだか》山脈、知床《しれとこ》連峰、阿寒《あかん》湖周辺など北方系の植物やヒグマなど野生動物の絶好の生息地でもある。活火山が多いだけに、温泉にも恵まれている。

　山中に食事や寝具を提供する営業小屋はない。大半が無人か夏から秋のみ管理人が入る避難小屋だ。登山口は都市から遠く、山域や季節によっては入山者も少なく、山道は本州ほど整っていない。だがそんな条件ゆえ、自力に頼った登山で野性的な自然を訪ねる喜びがある。きっと山道のあちこちで、北海道の原風景に出会うことだろう。

歴史と山名

幕末の探検家・松浦武四郎《まつうらたけしろう》が「北加伊道《ほっかいどう》（北のアイヌの国）」と表現した通り、明治の開拓以前、北海道はアイヌの世界だった。川筋を生活圏としたアイヌは支流まで細かく名づけた。山名はテシ・オ・ベツ（簗《やな》のある川）が天塩《てしお》川となり天塩岳《てしおだけ》とつけられたように、流れ出す川にちなむものが多い。ウペペサンケヌプリ（雪どけ水を押し出す山）、幌尻岳《ぽろしりだけ》（ポロシリ・大きな山）、カムイエクウチカウシ山《やま》（ヒグマが転げ落ちるほど急な山）など地形を表す山名もある。音だけ合わせた漢字で語意が失われた地名も多いが、アイヌ語を読み解くと、その山域やアイヌ文化をより理解できる。

早くに国立公園となった大雪山では黒岳《くろだけ》、緑岳《みどりだけ》（松浦岳《まつうらだけ》）など単純な山名や、探検家・間宮林蔵《まみやりんぞう》や松《まつ》田市太郎《だいちたろう》由来の間宮岳《まみやだけ》、松田岳《まつだだけ》などのほか、層雲峡や凌雲岳《りょううんだけ》など漢文的な山名が混ざる。これらは当時の作家・大町桂月《おおまちけいげつ》や植物研究家・小泉秀雄の命名といわれる。

北海道の山野にはヒグマが普通に生息している

雌阿寒岳の火口。活火山の動向を確認して計画を立てたい

鴛泊からの利尻山。GWでもまだスキーができるほど雪が残る

■山域と特徴

大雪山　大雪山国立公園に属する山域で、面積は神奈川県に匹敵する。表《おもて》大雪は層雲峡以南トムラウシ山付近の山域。旭岳を筆頭に2000m級の山が連なり、高根《たかね》ヶ原《はら》など広大な高山帯が展開する。高山植物の大群落や高層湿原、雄大な雪渓模様が魅力でコースも多い。

十勝連峰　十勝《とかち》連峰はオプタテシケ山《やま》から富良野岳《ふらのだけ》にかけて2000m級の火山が並ぶ。激しく噴煙を上げる十勝岳《とかちだけ》など、富良野や美瑛《びえい》の丘陵の奥に立つ姿は存在感がある。登山コースも多彩で冬のスキーや登攀の適地。温泉も豊富だ。

石狩連峰　東《ひがし》大雪の石狩《いしかり》連峰は1967mの石狩岳《いしかりだけ》を主峰に音更山《おとふけやま》、川上岳《かわかみだけ》などが集う構造山地。南にニペソツ山《やま》と近年活火山と認定された丸山《まるやま》を経てウペペサンケ山《やま》が続く。川上岳からニペソツ山、ウペペサンケ山への稜線は道がなく懐深い。然別《しかりべつ》湖は道内最高位にある天然湖。周囲を東西ヌプカウシヌプリ、白雲山《はくうんざん》、天望山《てんぼうさん》、南《みなみ》ペトウトル山《やま》など1200m前後の山が囲み北方的な気配が漂う。

道北の山　最北の利尻山《りしりざん》は海に起立する屈指の鋭鋒。隣の礼文《れぶん》島は平坦で好対照だ。いずれも高山植物が魅力。内陸では天塩岳が大きい。ピヤシリ山《やま》、ウエンシリ岳《だけ》、ピッシリ山《やま》などが地元で親しまれている。

知床連峰・阿寒湖周辺　知床半島を貫く火山性の連山。半島基部に日本百名山の斜里《しゃり》岳《だけ》が裾野を広げる。縦走路は羅臼岳《らうすだけ》と硫黄《いおう》岳《だけ》間のみ。その先は知床岳《しれとこだけ》を経て知床岬までひたすらハイマツの尾根だ。半島西側の宇登呂《うとろ》や東側の羅臼は温泉のある漁港で格好の登山拠点。道東の阿寒湖周辺に雄阿寒《おあかん》

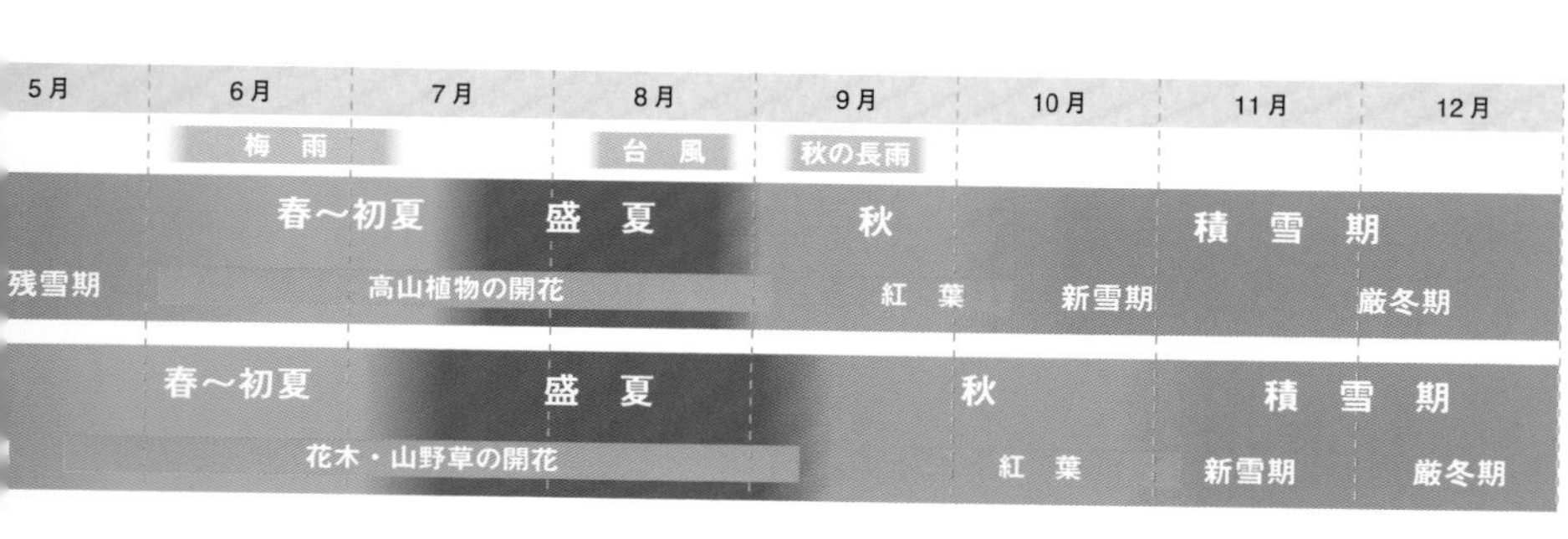

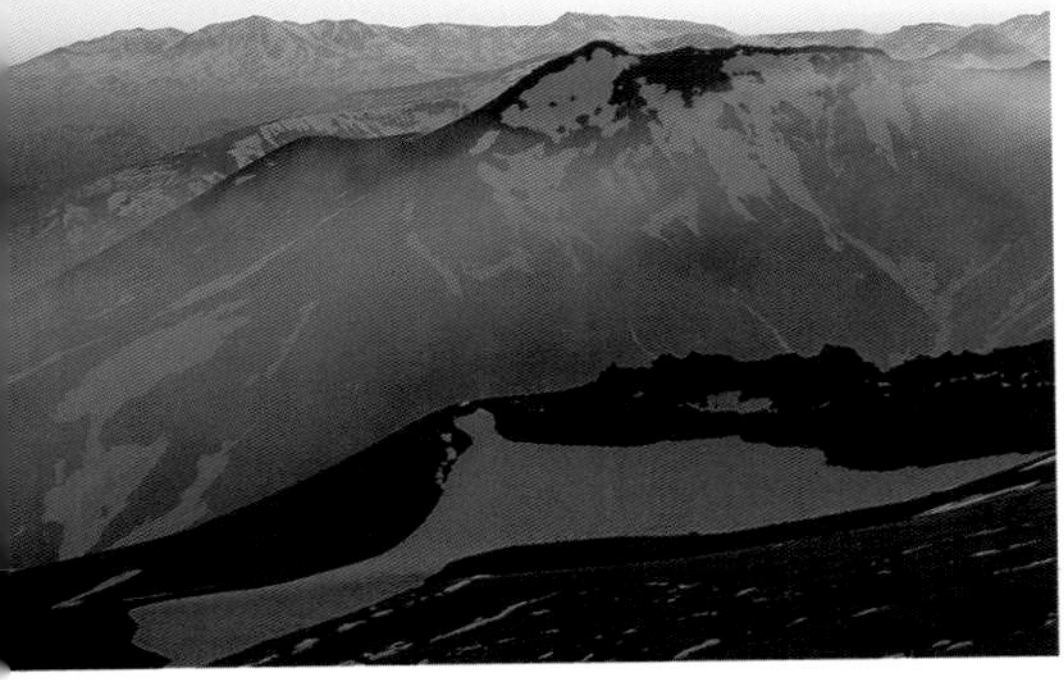

朝焼けの美瑛岳と旭岳方面の山々(左奥)。
大雪山は広大な高山帯と雪渓が魅力

岳《だけ》、雌阿《めあ》寒岳《かんだけ》、阿寒富士《ふじ》が針葉樹林に囲まれて立つ。雌阿寒岳は火山活動に要注意。

日高山脈 狩勝《かりかち》峠付近から襟裳《えりも》岬へ約160km続く褶曲《しゅうきょく》（地殻変動により、ほぼ水平に堆積していた地層が強い圧力で曲がること）山地。「北海道の背骨」とよばれる。急峻な稜線の下に氷河地形のカール（圏谷《けんこく》）が20カ所ほど残る。登山道が未整備なぶん、沢登りが魅力の原始的な山域だ。最高峰の幌尻岳は2052m。幌尻山荘側は日本百名山のなかでは数少ない沢登りの要素があるコースで、遭難者が続いている。

夕張山地・増毛山地 富良野盆地の南西に立つ最高峰の芦別岳《あしべつだけ》（1726m）から夕《ゆう》張岳《ばりだけ》へ続く山地。芦別岳は変化に富む鋭鋒で四季を通じて人気だ。夕張岳は蛇紋岩の露出があり固有植物が多い。北部の崕山《きりぎしやま》は石灰岩の独特な岩峰だが、植物の盗掘が相次ぎ入山規制が続いている。札幌の北方、日本海寄りに立つのが増毛《ましけ》山地で多雪の山域。最高峰の暑寒別岳《しょかんべつだけ》は雨竜沼《うりゅうぬま》湿原を抱き、群別岳《ぐんべつだけ》や浜益岳《はまますだけ》など道なき山が深い。

道央・道南の山 道央には日帰り登山に最適の山が多い。手稲山《ていねやま》、無意根山《むいねやま》、札幌岳《さっぽろだけ》、空沼岳《そらぬまだけ》、樽前山《たるまえさん》は山小屋がありスキーツアーの名所だ。ニセコ連峰は主峰ニセコアンヌプリから日本海を望む雷電山《らいでんやま》まで1200m前後の山が続き温泉をめぐるコースが多彩。冬は世界屈指のパウダースキーでにぎわう。ニセコの東には「蝦夷富士《えぞふじ》」羊蹄《ようてい》山《ざん》が鎮座する。日本海の寿都《すっつ》湾と太平洋の

羅臼岳の登山拠点・木下小屋。
道内の小屋は素泊まりが基本

北海道北部の登山シーズン

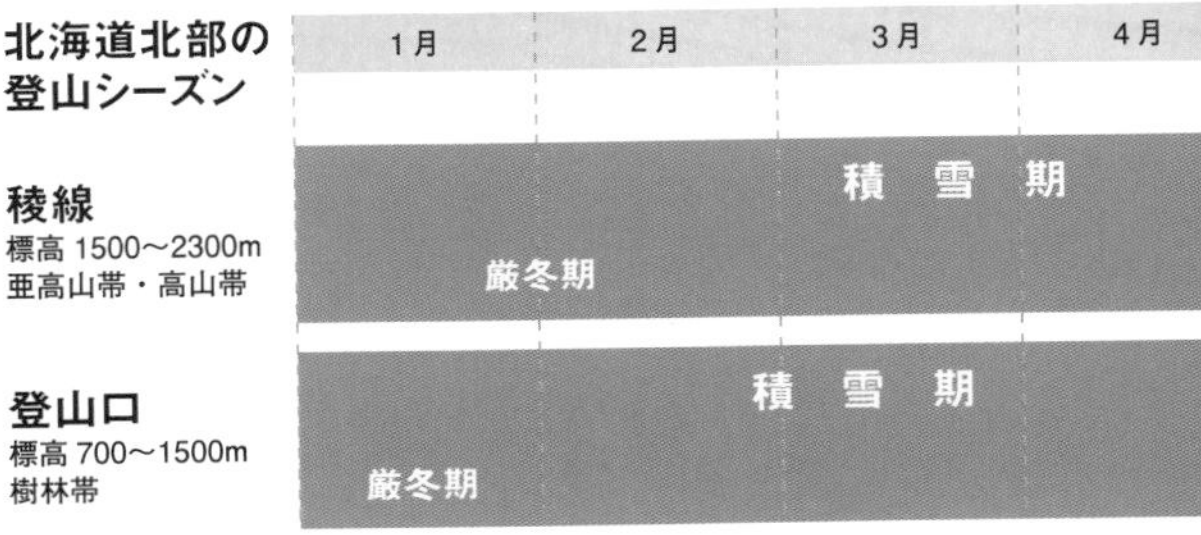

内浦《うちうら》湾を結ぶ黒松内《くろまつない》低地帯がブナの北限。狩場《かりば》山地や遊楽部岳《ゆうらっぷだけ》、松前《まつまえ》半島の大千軒岳《だいせんげんだけ》は雪が豊富で美しいブナの森が広がる。いずれも懐深く健脚向き。

■四季と登山シーズン

春　残雪に冬眠明けのヒグマの足跡を見ると北の山の春の到来だ。サクラは札幌周辺で5月上旬。エゾエンゴサクやカタクリ、フクジュソウ、水辺にエゾノリュウキンカが咲き出す。5月は大雪山系やニセコ山系のスキーツアーに絶好の季節。6月に低山の山開きがはじまるが、高山の登山道は雪に埋もれたところが多い。雪渓は日中ゆるむので一般ルートなら軽アイゼンで充分だ。道南のブナや各地のダケカンバ、ナナカマドの新緑が萌え、大雪山系の風衝地では6月中旬以降、花期の早いキバナシャクナゲなどが咲く。朝晩は冷えるが、好天時はウスバキチョウが舞いはじめる。

夏　7月、大雪山系ではエゾオヤマノエンドウ、チョウノスケソウ、エゾコザクラ、ホソバウルップソウなどが次々と咲き、夏のツンドラに似た北方的景観が広がる。中旬以降、裾合平《すそあいだいら》や五色《ごしき》ヶ原《はら》が大群落で埋まる。融雪水も充分確保でき、日も長く縦走の適期。ただオホーツク高気圧の勢力が強いと低温が続き霧雨が降る。夏の低体温症による遭難には要注意である。太平洋高気圧が張り出すと天気が安定するが8月は台風に注意。高山でヒグマの出没が増える。

秋　9月は低山では残暑が続くが、大雪山

知床半島基部の斜里岳。GWでも雪が降ると、1日で冬山の様相となる

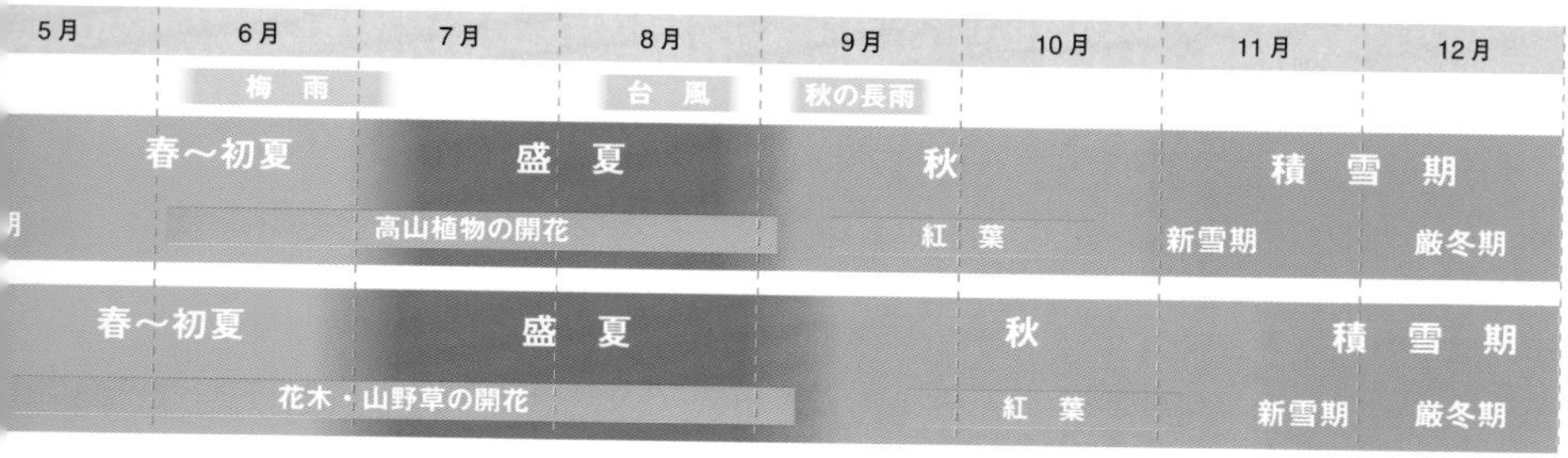

系では稜線のウラシマツツジが紅葉し、寒気が入れば初旬に初雪が降る。本州や北海道の平地との寒暖差がひじょうに大きい時期。防寒対策は怠りなく。日高では9月下旬、札幌近郊や道南では10月以降が紅葉の旬でブナの紅葉も魅力。秋は岩場のナキウサギが冬越しの貯食に忙しい。9月末で黒岳石室《いしむろ》や白雲岳《はくうんだけ》避難小屋の管理人も下山する。水場は涸れるところもでてくる。

冬 10月下旬から雪の日が増え、11月下旬以降は山スキーやスノーシューの出番となる。冬期は寒気が入ればマイナス25度を下回る。3月まで積雪量が増え続け、パウダースキーの最盛期。稜線が風と雪の王国となる1月から2月の厳寒期、中腹の冬眠穴ではヒグマが出産する。

■登山の心得

離島以外は基本的にヒグマの生息地だ。(利尻島に泳いで渡ったクマもいる)。トラブルはツキノワグマよりヒグマのほうが少ないが、近年日高のカムイエクウチカウシ山や天塩岳で攻撃を受けた登山者がおり、要警戒である。知床は人を恐れないクマも多いだけに、視界の悪いときは声や鈴で人の存在をつたえ、姿を見てもむやみに接近しないこと。

エキノコックスを媒介するキツネも全道に分布する。登山者の感染率は低いが飲料水(とくに溜まり水)は煮沸し、山菜も流水で洗うのが無難。ヒグマやキツネをキャンプ地に誘引しないよう食料やゴミの管理は厳重に。一度ヒグマがつくと人命に関わる事故につながる。フードボックスがある場所は利用しよう。登山者が集中する山では植物の踏みつけやトイレが課題だ。携帯トイレブースの設置が進んでいる。水場の汚染を防ぎ、後に来る登山者に不快な思いをさせないためにも、それぞれ工夫したい。

七ツ沼カールと北カールを抱く夏の幌尻岳。日高山脈は2021年に国立公園に指定

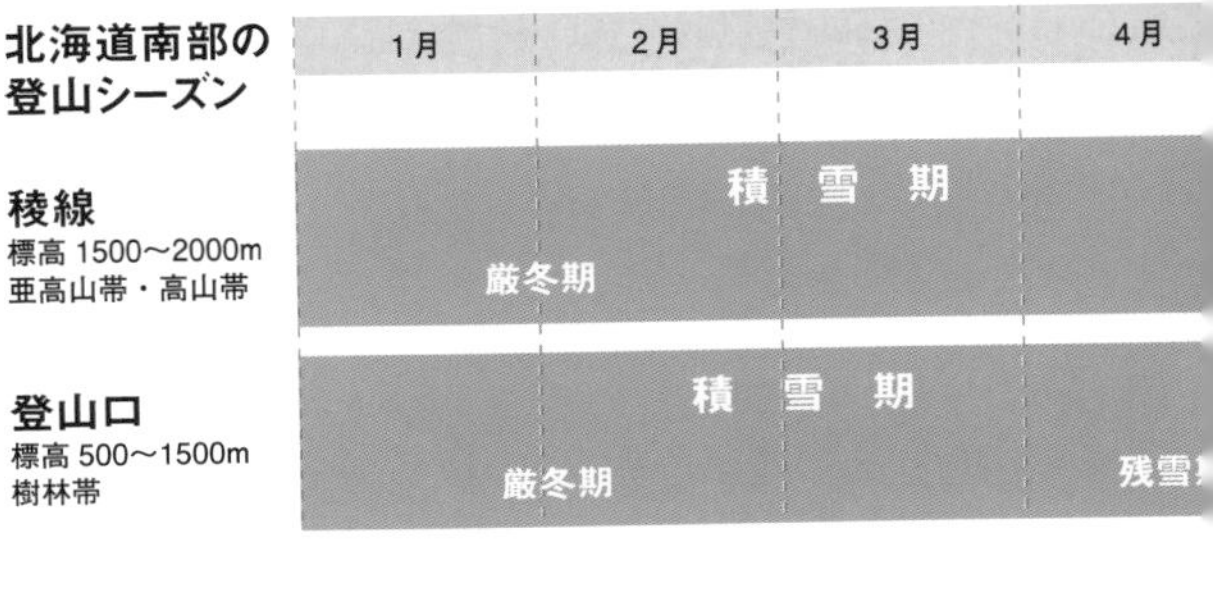

＊本書のガイド未掲載の山については弊社刊『分県登山ガイド00北海道の山』を参照のこと。

大雪山

トムラウシ山から望む北沼と旭岳（左奥）へ続く山々

北海道最高峰・旭岳を筆頭に標高2000m級の峰々が集まる「北海道の屋根」

チングルマやエゾノツガザクラの咲く裾合平と旭岳

前夜泊日帰り

旭岳 中岳温泉 裾合平

北海道最高峰に登り
裾合平の草原をめぐる
途中には山の秘湯も

日帰り 姿見駅→旭岳→間宮岳→中岳分岐→中岳温泉→裾合平分岐→姿見駅　計6時間20分

コースグレード｜**中級**

技術度｜★★☆☆☆　2

体力度｜★★★☆☆　3

標高２２９１ｍの旭岳《あさひだけ》は、大雪山《だいせつざん》の主峰にして北海道の最高峰である。

北側の裾合平《すそあいだいら》には夏、エゾノハクサンイチゲやチングルマ、エゾコザクラなどが大群落をつくり、日本離れした風景に圧倒される。

ここでは旭岳に登頂し、中岳《なかだけ》温泉を経由して裾合平をめぐる日帰りながら大雪山きっての贅沢な山行を紹介する。秋はピウケナイ沢源流の山々をウラジロナナカマドの紅葉が彩る。中岳温泉は山中の無施設の露天風呂。時おり遠くの草地をヒグマが悠々と歩く姿を緊張しつつ眺めるのも、北海道の山らしい。

日帰り　ロープウェイを使い旭岳登頂　中岳温泉と裾合平を楽しむ

旭岳温泉から標高１６００ｍの**姿見駅**《すがたみ》までロープウェイが利用できる。すでに樹林限界を超え、羅臼岳《らうすだけ》や天塩岳《てしおだけ》山頂とほぼ同じ高さ。道内では異例のスタートだ。北海

姿見駅から望む旭岳。噴煙の右手の尾根を登る

当麻岳を望む姿見ノ池畔の散策路

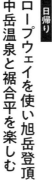

道の山の第一歩として登られることも多いが旭岳周辺は風当たりが強く、天候変化は激しい。夏でも防寒防風対策は怠りなく。

姿見駅から沼めぐりの遊歩道が分かれ、右の道をとって姿見ノ池へ。雪どけを追ってキバナシャクナゲ、チングルマ、エゾツガザクラが咲く華やかな場所だ。**旭岳石室**がある姿見ノ池までは観光客でにぎわう。

姿見ノ池から、噴煙を上げる地獄《じごく》谷の右手の尾根に取り付く。歩きづらい礫地の尾根は、標高をかせぐにつれ徐々に斜度が増す。花はウラジロタデやヒメイワタデくらいで、楽しみは展望だ。登るにつれ南にトムラウシ山《やま》や十勝《とかち》連峰への広大な風景が広がる。初夏は忠別《ちゅうべつ》川源流域の残雪が美しい。

尾根が北に曲がる九合目で右手にニセ金《きん》庫《こ》岩が、すぐ上部の左手の地獄谷側に本物の金庫岩が現れる。下山時にニセ金庫からコースをはずれることがある。登りで確認しておこう。**旭岳**の山頂は360度の展望で、大雪山の広がりを痛感するだろう。

山頂から東斜面を一気に下る。ここを下ると往路を戻るのが厳しくなる。体力と時間、天候を見極めて進みたい。夏も雪渓が残る場所で、シーズン前半や早朝の硬い時は軽アイゼンがあるといい。グリセード（雪の斜面を靴底とピッケルを用いて滑り降りること）も楽しい。下りきった熊ヶ岳《くまがたけ》とのコル（鞍部）が裏旭《うらあさひ》キャンプ地だ。悪天の際は風が強く、石積みの風よけがある。

熊ヶ岳をトラバースすると**間宮岳**《まみやだけ》で、御《お》鉢平《はちだいら》の外輪の一角に立つ。山名は幕末に樺《から》太《ふと》を探査した間宮林蔵に由来する。御鉢平は有毒の噴火口がある火口原だが、秋はウラジロナナカマドの紅葉が魅力。ハイマツやナナカマドの実を探すヒグマの姿が散見される場所である。間宮岳からの稜線は小さな起伏で快適に続く。イワギキョウ、イワブクロ、エゾイワツメクサ、メアカンキ

裏旭キャンプ地と熊ヶ岳。強風に注意

新雪の旭岳の東斜面を下る。中央は後旭岳

ンバイなどが稜線に張りつくように咲く。
中岳手前の分岐からは、中岳温泉に向かってハイマツの尾根を下る。急坂を下りきった川沿いに**中岳温泉**の露天風呂がある。着替え場所などの施設はなく、携帯トイレブースがある程度。熱ければ川水で調整する。せせらぎを聞きつつ山行中に浸かる源泉は、足湯だけでも贅沢である。

中岳温泉からわずかに下れば裾合平。当《とう》麻岳《まだけ》や大塚《おおつか》、小塚《こづか》の尾根がピウケナイ沢を抱くように囲み、熊ヶ岳や旭岳の斜面には雄大な残雪模様が現れる。6月中旬から8月にかけてキバナシャクナゲ、エゾツガザクラ、チングルマ、エゾノハクサンイチゲ、エゾコザクラ、ミヤマキンバイなどが咲く。単一植物が大きな群落で広がる北方的な景観。北海道の宝といっていい場所だ。入山前に開花時期など近況を登山口の旭岳ビジターセンターで確認していくといい。

裾合平から裾合平分岐周辺は、えぐれた登山道に木道が設置されている。**裾合平分岐**で当麻乗越《のっこし》方面の道が別れ、**姿見駅**へは小沢を越えつつ旭岳中腹をトラバース（斜面を横方向に移動すること）していく。

中岳温泉は谷間の小さな露天風呂

プランニング&アドバイス

旭岳温泉へはJR旭川駅発旭川空港経由の旭川電軌バス「いで湯号」が便利。コース中間の間宮岳からは全体に下りと平坦な道だが、距離もあり結構時間がかかる。早朝のロープウェイに乗車し、姿見駅発の最終時刻も出発前に確認しておく。水場は裏旭キャンプ指定地付近や姿見駅～裾合平間の融雪水があるが、入山前に確認のこと。旭岳の乗っ越しが難しい天気なら姿見駅に引き返し、そこから裾合平を往復しよう。秋は帽子、手袋、防寒着必携。残雪期はスパッツがあると快適。ロープウェイの下には天女ヶ原を経由する登山道もあり、大雪山らしい森と湿原が楽しめる。下り1時間30分（上り2時間10分）。

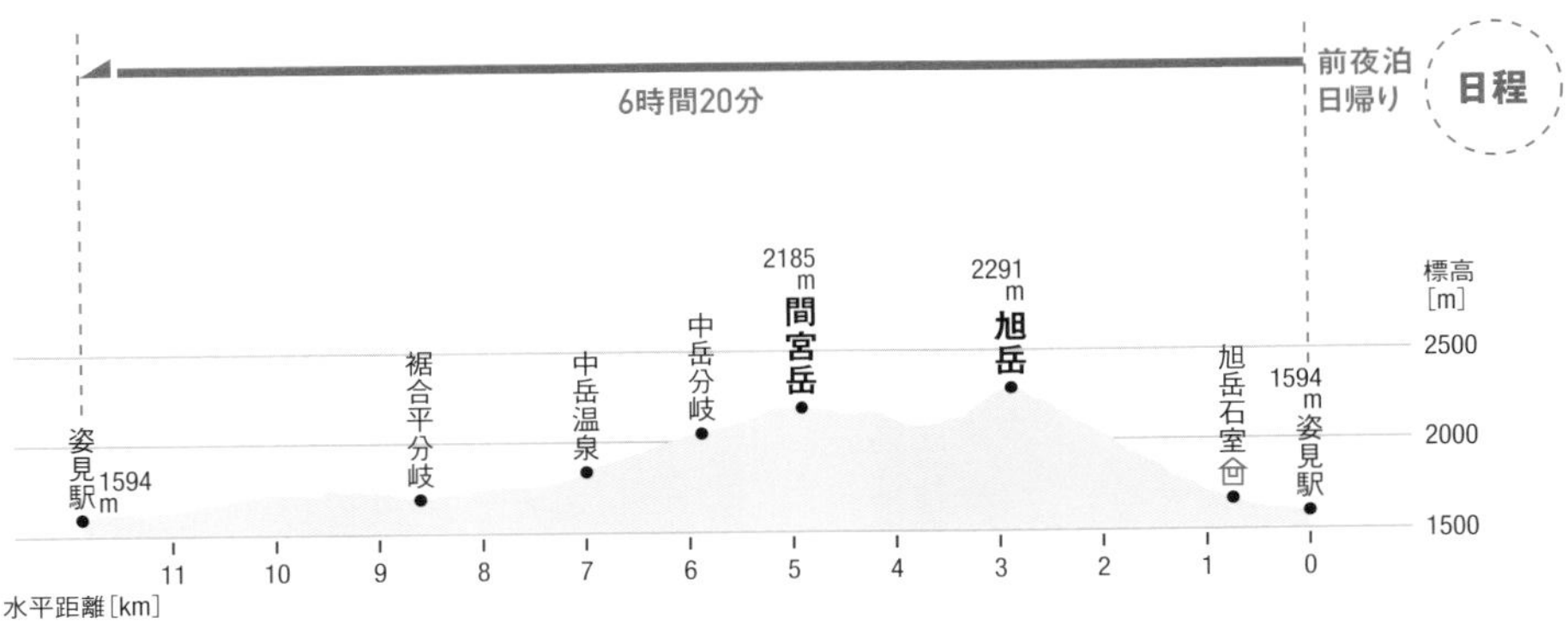

サブコース

旭岳から北鎮岳、黒岳へ

姿見駅↓旭岳↓間宮岳↓北鎮岳往復↓黒岳石室↓黒岳↓黒岳七合目　7時間10分

Map 1-4A　姿見駅

Map 1-2D　黒岳七合目

コースグレード	中級
技術度	★★☆☆☆ 2
体力度	★★★☆☆ 3

旭岳《あさひだけ》と黒岳《くろだけ》をつなぐ稜線は、大雪山《だいせつざん》のメジャールート。旭岳温泉からはロープウェイを、層雲峡《そううんきょう》温泉から黒岳七合目まではリフトとロープウェイを利用できるので、1日行程ながら大雪山のなかでも標高の高い稜線を縦走できる。入・下山口に温泉があり、宿泊、交通機関もそろっている。

ここでは日帰りで旭岳温泉から案内するが、途中、旭岳直下に裏旭《うらあさひ》キャンプ地、黒岳側には黒岳石室《いしむろ》があり、1泊2日の計画も立てやすい。逆コースで黒岳石室に泊まって縦走する手もある。旭岳～黒岳間は2000m台の吹きさらしの稜線が続き、秋は9月上～中旬に道内で最も早く冠雪する山域だ。寒気が入ると冬山同様になるので、気象状況を確認して入山しよう。

姿見《すがたみ》駅から**旭岳**に登り**中岳分岐**まではP14コース[1]を参照。中岳《なかだけ》分岐からは御鉢《おはち》平《だいら》を右手に見つつ礫地の稜線歩きが続く。登山道の大改修をしてしまった部分が惜しい。中岳を越えた**北鎮《ほくちん》分岐**から道内第二の高峰である**北鎮岳《ほくちんだけ》**（2244m）まで足をのぼしてみよう。分岐から約30分で往復できる。ピウケナイ沢源流域の静寂なたたずまいが堪能できるだろう。

北鎮分岐から東へ下る斜面は雪渓が残りやすい。途中で左手の小沢で給水できる。赤石《あかいし》川に落ちる崖のコブまで来ると、御鉢平の絶景が堪能できる。

ここからは、溶岩台地の雲《くも》ノ平《だいら》を黒岳石室に向かう穏やかな道となる。草地の小岩

黒岳石室。テント場もある（背景は桂月岳）

黒岳山頂から旭岳（左奥）と北鎮岳、凌雲岳（右）

間宮岳付近から北鎮岳（右）への稜線

をハンモック状におおったチングルマやキバナシャクナゲの群落など、縦走後半の疲れを癒してくれる風景が広がる。6月下旬～9月下旬は管理人が入る**黒岳石室**は、キャンプ地とトイレが隣接する。

石室からはキバナシャクナゲやエゾコザクラなどの花々を楽しみつつ軽く登り返し、**黒岳**山頂に立つ。歩いてきた雄大な稜線を振り返るのも縦走ならではの楽しみだ。

黒岳からは七合目のリフト駅まできつい急坂が続く。疲労がたまるころだけに、確実に歩こう。チシマノキンバイソウやダイセツトリカブト、ナガバキタアザミなど花々も多く、時おりシマリスが顔を出す。ダケカンバの樹林帯は新緑、秋の紅葉ともに縦走のフィナーレを飾ってくれる。

黒岳七合目からはリフトとロープウェイを乗り継ぎ層雲峡温泉へ向かうが、リフトの下り最終便の時刻を黒岳石室あたりで確認しておきたい。

草紅葉の雲ノ平と新雪の間宮岳

プランニング&アドバイス

旭岳温泉からのロープウェイはできるだけ始発（8時・ハイシーズンは6時30分）に乗りたい。充分給水して入山しよう。逆コースで初日の行程を短くし、黒岳石室泊で縦走するのもいい。間宮岳からは御鉢平の南を回ると北海沢や美ヶ原を楽しめる（P26コース3参照）。歩行時間はこちらが若干短い。黒岳七合目から徒歩で下る場合は層雲峡温泉へ2時間15分。

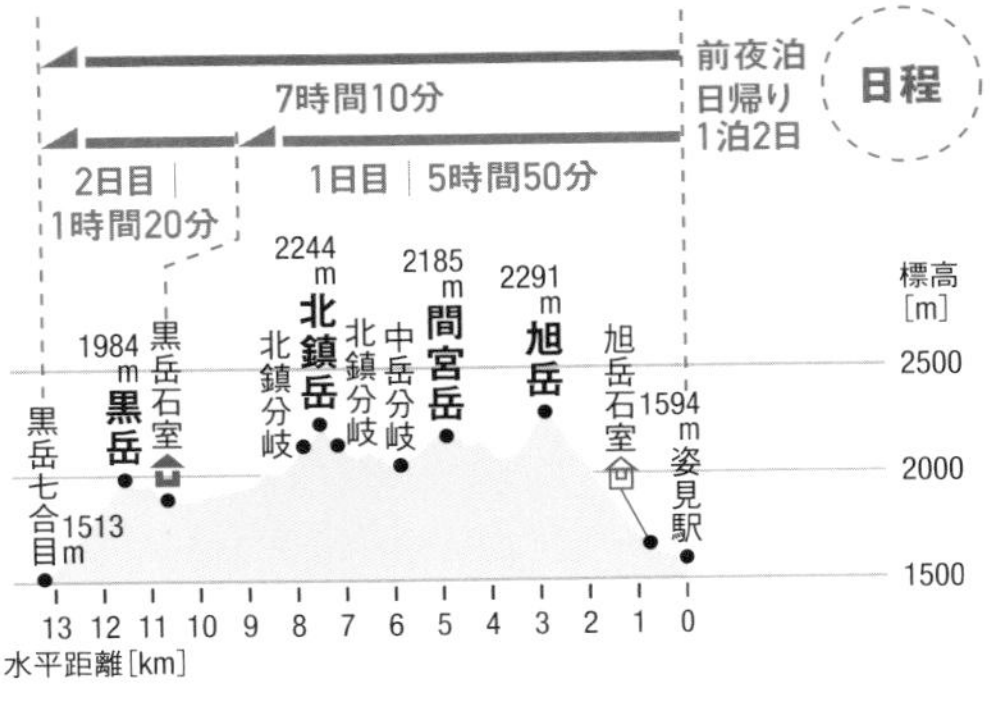

当麻岳から当麻乗越へは快適な尾根が続く
前夜泊日帰り
比布岳
当麻乗越
沼ノ平

秘湯・愛山渓温泉を起点に稜線の山々と沼ノ平をつなぐ

コースグレード｜**中級**

技術度｜★★☆☆☆ 2

体力度｜★★★★★ 5

日帰り 愛山渓温泉→沼ノ平分岐→永山岳→比布岳→安足間分岐→当麻乗越→沼ノ平→愛山渓温泉　計9時間35分

大《だい》雪山《せつざん》最高峰・旭岳《あさひだけ》の北方にはピウケナイ沢を挟み、当麻乗越《とうまのっこし》から安足間《あんたろま》岳《だけ》（標高2194m）、比布岳（2197m）へと2000m級の山々が並ぶ。

源泉100％の湯が注がれる愛山渓《あいざんけい》温泉から入山し、この尾根を歩いて池塘が点在する沼《ぬま》ノ平《だいら》をつなぐと、旭岳や裾合平《すそあいだいら》を見渡す稜線と湿原を楽しめる充実したコースになる。途中の鋭鋒・愛別岳《あいべつだけ》（2113m）へのルートはP24サブコースを参照のこと。

日帰り

愛山渓温泉から比布岳に登り沼ノ平へ

この日は行動が長い。**愛山渓温泉**を早朝に発とう。ポンアンタロマ川沿いの樹林を抜けて橋を渡ると**三十三曲《さんじゅうさんまが》り分岐**。沢沿いの道は2021年現在通行止めで、急な尾根道に入る。ここをやり過ごすと**沼ノ平分岐**。**滝《たき》ノ上《うえ》分岐**へは一度斜面を下り、村雨《むらさめ》ノ滝の上部で沢を渡る。飛び石で渡れる小沢沿いにエゾノリュウキンカが咲いている。

銀冷水の水場。奥は永山岳

滝ノ上分岐。沢沿いに咲くエゾノリュウキンカ

愛山渓温泉付近は積雪の多い山域でネマガリダケが多く、永山岳《ながやまだけ》前半の斜面は足場が悪い。標高をかせぎ樹林帯を抜けてハイマツ帯に入ると、背後に沼ノ平の爽快な展望が広がる。やがて永山岳中腹で道が右手の小沢に接するところが**銀明水**だ。7月中ごろにはチングルマやアオノツガザクラ、エゾコザクラが咲き乱れる。**永山岳**まで来れば、なだらかな登りになる。ポンアンタロマ川源流を囲む当麻岳《とうまだけ》や安足間岳がたおやかな風景を見せる。

安足間分岐で、下山で利用する当麻岳への道が右に分かれる。分岐付近は北側が切れ落ちて殺伐とした砂礫の稜線だ。ところどころで見下ろせる北の谷間は、大覗《おおのぞき》谷あるいは地獄《じごく》谷とよばれる。ここから愛別分岐への稜線の南側は小《こ》覗谷ともよばれ、ピウケナイ沢源流域の原始的な風景が広がっている。比布岳手前の**愛別分岐**からは愛別岳が鋭い山姿を見せ、やせ尾根に細々と踏み跡が続く（P24サブコース参照）。

ひと登りして**比布岳**の頂に立つと、独特な形の鋸岳《のこぎりだけ》、さらに北鎮岳《ほくちんだけ》へ稜線が続く。次なる計画がふくらんでくることだろう。

展望を楽しんだら帰路に向かおう。**安足間分岐**へ戻り、当麻岳への尾根を快適に下っていく。この稜線はイワウメやエゾツガザクラ、チングルマなどの群落が大きく旭岳の展望がいい好ルート。当麻岳の肩からは沼ノ平の池塘群や旭岳越しにトムラウシ山《やま》や十《と》勝《かち》連峰の山々が望める。イワブクロの咲く尾根をぐんぐん下り、不思議な形の岩とハイマツやウラシマツツジが絶妙な配置を見せる斜面に入ると**当麻乗越**は近い。

ハイマツが広がる当麻乗越

安足間岳付近から望む旭岳（中央）と十勝連峰（右）

は熊《くま》ヶ岳《たけ》や旭岳の展望がよく、高台からは溶岩台地に点在する池塘が見渡せる。緑の海に点在する群青色の池塘が宝石のようだ。道もなく誰も訪れることのない水辺の静かなたたずまいは、このコースの大きな魅力である。

　愛山渓温泉へは当麻乗越から沼ノ平への道をとる。岩混じりの尾根を下るとやがて沼ノ平の池塘が見えてくる。沼ノ平は標高1400m付近の溶岩台地にできた中層～高層湿原。貧栄養の高層湿原に多いミズゴケ類のほかワタスゲ、ツルコケモモ、ヒメシャクナゲ、ミツバオウレンやミヤマリンドウなど多様な植物が見られる。周囲はハイマツやチシマザサにおおわれ、ダケカンバが点在する独特の景観が広がる。稜線を歩いてきた身には湿原の水平な広がりが心地いい。秋の紅葉時期も魅力的な場所だ。

　湿地を抜けて小沢を渡ると**八島《やしま》分岐**で、松仙園からの道が分かれる。松仙園《しょうせんえん》も雰囲気のいい湿原で、2020年から再整備されたが一方通行のため、21年3月現在八島分岐側からは入れない（P25参照）。

　八島分岐からまもなくの**沼ノ平分岐**で往路に戻り、**愛山渓温泉**へ下山する。

（上）安足間分岐からの比布岳（中央）。右は北鎮岳
（下）当麻乗越付近からの沼ノ平

プランニング&アドバイス

前泊地の愛山渓温泉には、2食つきの愛山渓倶楽部本館と自炊のヒュッテがある。本コースは歩行時間だけで9時間超の長いコースなので、安足間岳からは余裕がなければ往路を戻るといい。逆に健脚者なら愛別岳を組みこむと、さらに歩きごたえがある。当麻乗越から裾合平経由で旭岳ロープウェイ姿見駅に向かうのも好ルート（2時間40分）。途中ピウケナイ沢の徒渉は増水時注意。ほかに比布岳から北鎮岳を経て黒岳に向かうと、さらに稜線歩きが楽しめる（4時間10分）。秋は登山口の温泉と上部の稜線とでは季節感がかなり異なるだけに、寒気の入りこみと降雪に注意しよう。

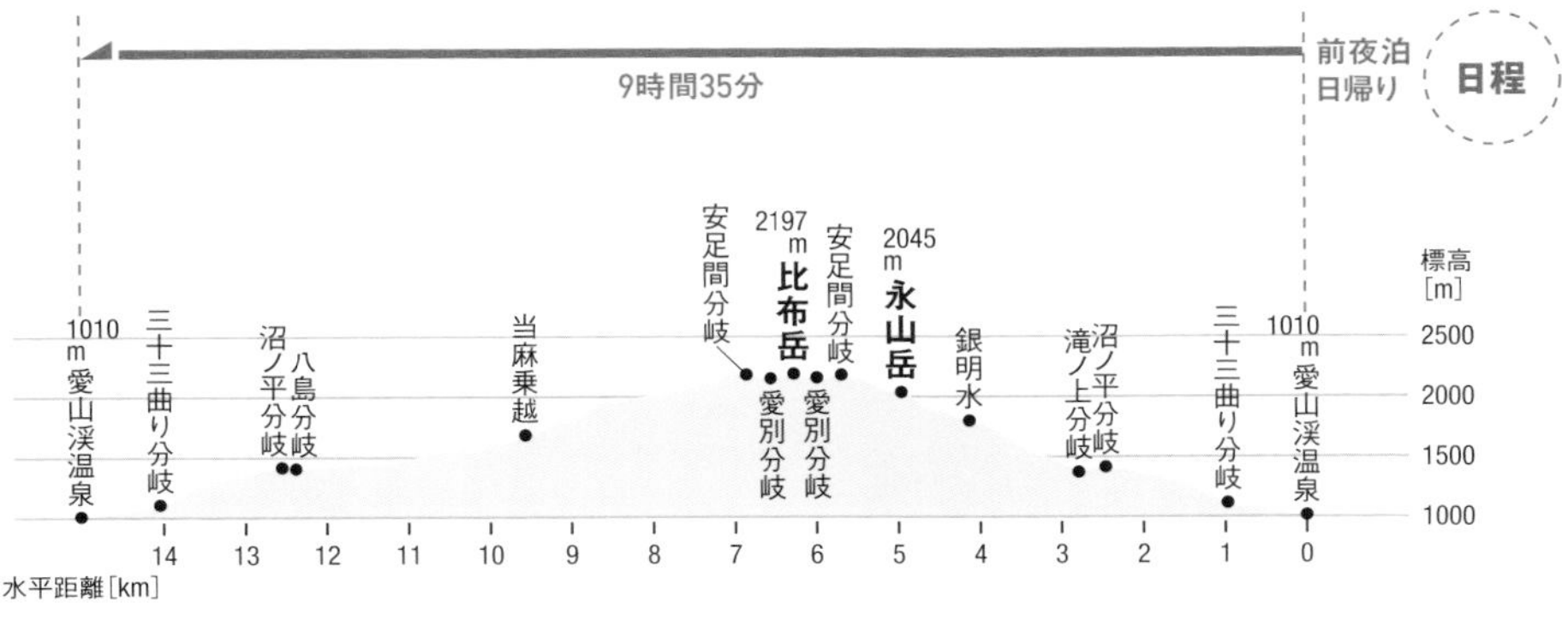

サブコース

愛別岳

愛別分岐↓愛別岳（往復） 2時間

標高2121mの愛別岳《あいべつだけ》は表大雪《おもてだいせつ》の北はずれに立つ鋭鋒で、孤高の雰囲気がある。その姿は登行欲をそそるが、愛別岳への登山道は整備された表大雪の道にくらべると手入れはされておらず、経験者向きのコースだ。とくに愛別分岐からやせ尾根に乗るまでの急斜面は滑落のリスクもあり、注意を要する。また、シーズン初頭は踏み跡がはっきりしないため、尾根に入るルートを見極めつつ歩こう。

愛山渓《あいざんけい》温泉から**愛別分岐**まではP20コース2を参照のこと。

愛別分岐からの急な下りと岩場をやり過ごし、白い火山灰のコルに出ればひと息つける。火山性の山らしく、メアカンキンバイやヒメイワタテが根を下している。

最後の愛別岳山頂の岩峰への登りも急で、踏み跡がいくつか分かれる。確実に登れるところを探そう。

狭い**愛別岳**の頂からの展望は申しぶんなく、安足間岳《あんたろまだけ》北側の急壁が地層をむき出しにして圧倒的に迫ってくる。北鎮岳《ほくちんだけ》や凌雲《りょううん》岳《だけ》、黒岳《くろだけ》の風景も新鮮で、北山麓へと続くハイマツの尾根ものびやかだ。

山頂からの下りや**愛別分岐**への登り返しは慎重に。帰路も同じくらい時間がかかるだけに、アタックは好天を選びたい。秋は初雪の早い山域で9月半ばには雪景色になることもある。

また下山に安足間分岐から沼《ぬま》ノ平《だいら》を経由すると長いコースになる（P20コース2参照）。とくに日暮れの早い秋は、愛山渓温泉から早朝のスタートを心がけよう。

Map 1-2B 愛別分岐

コースグレード	上級
技術度	★★★★☆ 4
体力度	★★★☆☆ 3

愛別岳側から見た吊り尾根（中央）と安足間岳（右）

愛別岳へは細い稜線が続く

サブコース

愛山渓温泉から松仙園

愛山渓温泉↓松仙園↓八島分岐↓愛山渓温泉 4時間25分

Map 1-1A 愛山渓温泉

コースグレード	初級
技術度	★★★☆☆ 2
体力度	★★★★☆ 2

松仙園《しょうせんえん》は表大雪《おもてだいせつ》の西はずれにある湿原で、沼《ぬま》ノ平《だいら》から一段西に下がった場所に沼が点在する。2020年に再整備されたが、21年3月現在は愛山渓《あいざんけい》温泉側からの一方通行で、反時計回りに歩くことになっている。

愛山渓温泉を出てすぐ右の古い林道に入り、やがて松仙園入口から登山道がはじまる。多雪地帯だけに、木道に入るまでぬかるみがち。ネマガリダケも多く、登山道の整備状況次第で足もとが悪い。スパッツの使用や底のしっかりした長靴でもいいくらいだ。

樹林帯をひと登りして台地に上がり、**松仙園**の湿地に入ると木道となる。二《に》ノ沼付近の湿原はのびやかで、前方に愛別岳《あいべつだけ》から旭岳《あさひだけ》にいたる山並みがみごとに広がる。いわば表大雪の裏庭の風情だ。9月半ば以降は、冠雪した稜線と草紅葉の湿原が楽しめるだろう。

ササや樹林を抜けてさらに進むと、左に四《よん》ノ沼を望む斜面に入る。周辺は岩や灌木が箱庭のようで、チングルマやエゾコザクラ、アオノツガザクラのお花畑となる。秋はミヤマリンドウが青い星のように咲く。

さらに西進して小沢沿いの木道を行くと**八島《やしま》分岐**。愛山渓温泉へは左に向かい、**沼ノ平分岐**を経て三十三曲《さんじゅうさんまが》りの急斜面を下る。

なお、八島分岐を右に入ると沼ノ平への道が続く。足をのばして湿原三昧もおすすめ。

また、**愛山渓温泉**の北に雲井《くもい》ヶ原《はら》湿原があり、アカエゾマツに囲まれた小気味いい湿原からは愛別岳が望める（愛山渓温泉から往復50分）。

松仙園からの愛別岳（左）から旭岳（右）への山並み

湿原に咲くミヤマリンドウ

黒《くろ》岳《だけ》（標高1984m）は層雲峡《そううんきょう》温泉の上部に立つ山で、冬は道内で最も早くからスキー場が営業する。七合目までリフトがあり、高山植物が咲く夏や紅葉に彩られる秋も人気が高い。北鎮岳《ほくちんだけ》（2244m）は御鉢平《おはちだいら》の北に立つ道内第2の高峰で、「千鳥」の雪渓模様で知られる。日帰りも可能なコースだが、黒岳石室《いしむろ》に1泊すれば、表大雪《おもてだいせつ》のロータリーのような御鉢平を余裕をもって一周できる。縦走入門者向けの充実した高山散歩になるだろう。

1日目 黒岳七合目から黒岳に登り黒岳石室へ

層雲峡からはロープウェイとリフトを乗り継ぎ、約30分で**黒岳七合目**へ。標高1500m超のため周囲はすでにダケカンバ帯で、山麓との気候の違いに注意したい（P29「プランニング」参照）。七合目から黒岳へは急登が続き、大きな石を越えつつどんどん標高をかせぐ。時おりシマリスが顔をのぞかせるなか、オガラバナやミネカエ

層雲峡温泉を拠点に「表大雪のロータリー」御鉢平を囲む山々をめぐる

コースグレード | **中級**

技術度 | ★★★☆☆ 3

体力度 | ★★★☆☆ 3

1日目	黒岳七合目→黒岳→黒岳石室　計1時間30分
2日目	黒岳石室→北鎮岳→間宮岳→北海岳→黒岳→黒岳七合目　計6時間10分

1泊2日

黒岳 北鎮岳 御鉢平

北海岳から俯瞰する凌雲岳（左）と桂月岳（右）。ツンドラに似た風景が広がる

黒岳石室キャンプ地。キツネに御用心

黒岳山頂から北鎮岳（左奥）を望む

デ、ウラジロナナカマドの斜面に入っていく。登るにつれ、層雲峡を隔てたニセイカウシュッペ山《やま》が存在感を放ちはじめる。

八合目から黒岳の山頂にかけて、花がぐっと多くなる。植物の種類が多く、樹林帯から高山帯までの大雪山《だいせつざん》の植物の垂直分布を肌で感じられるだろう。分布の限られたジンヨウキスミレ、ダイセツトリカブトのほか、チシマノキンバイソウ、ナガバキタアザミが目立つ。ウコンウツギ、チシマヒヨウタンボクなどの低木の花も登山道に彩りを添えている。山頂に近づくにつれ、マネキ岩とよばれる岩塔や石狩連峰の山々が見えてくる。9月中ごろは錦秋の紅葉に染まる場所だ。

黒岳の山頂からは凌雲岳《りょううんだけ》や北鎮岳、北海《ほっかい》岳《だけ》など、御鉢平を囲む山々が視野いっぱいに広がる。南の烏帽子岳《えぼしだけ》の斜面は残雪模様と紅葉が美しい。

山頂から20分ほど下ると**黒岳石室**とキャンプ地がある。雪渓の雪どけ水が貯水されているので、大事に使おう。

2日目 黒岳石室から北鎮岳に登り御鉢平を回って層雲峡へ

黒岳石室から北の**桂月岳**《けいげつだけ》まで20分ほど。好天なら出発前に朝日を眺めにいくといい。凌雲岳や「千鳥」の雪渓模様が描かれた北鎮岳の斜面では、運がよければヒグマの姿を見つけられるだろう。

石室から北鎮岳に向かう途中の雲《くも》ノ平《だいら》は、なだらかな高山帯。キバナシャクナゲやチングルマの群落が広がる快適なプロムナードだ。雲ノ平を過ぎて御鉢平の外輪のコブに立つと景色が変わる。ハイマツとナナカマドに縁どられた巨大なお盆のような御鉢平から、赤石《あかいし》川が手のひらを広げて水を集める。川がはじまる原初的な風景である。

ここから北鎮分岐までの斜面は雪渓が遅くまで残り、斜面の右手の小沢で雪どけ水がとれる。**北鎮分岐**から**北鎮岳**山頂へはひ

北海沢の上部に咲くエゾツツジ

赤石川は飛び石で渡る。増水時は無理は禁物

凌雲岳（左）と黒岳を背に北鎮分岐へ向かう

と登り。展望は期待を裏切らない。

北鎮分岐に戻ったら、反時計回りに御鉢平を回る。稜線行動が長く、夏も防風、防寒を心がけよう。中岳《なかだけ》を過ぎた**分岐**で中岳温泉と裾合平への道が分かれる（P14コース1参照）。じわじわと登っていくと山頂が平らな**間宮《まみや》岳《だけ》**。ここで旭岳《あさひだけ》方面の道が右に分かれる。

間宮岳からはゆるやかに下って荒井岳《あらいだけ》、松田岳《まつだだけ》を経て**北海岳**へ。見晴らしのいいおおらかな砂礫の尾根が続く。北海岳は白雲《はくうん》岳《だけ》や高根《たかね》ヶ原《はら》方面への道の分岐点だ。ここまでくると広大な御鉢平を半周したことになり、歩いてきた道が一望できる。

北海岳からの下りは花が魅力的だ。分岐付近はキバナシオガマやイワブクロが根を下し、ハイマツの斜面を下った北海沢付近は雪どけあとにエゾコザクラが咲き誇る。

水がとれる右手からの小沢を過ぎて、北海沢、さらに赤石川を渡る。いずれも飛び石で渡れるが、水量が多いときは慎重に渡ろう。赤石川の谷間には、北方的な風景が静かに広がっている。赤石川から**黒岳石室**へ戻るまでも花の坂道である。

黒岳石室からは往路をたどり、**黒岳**を越えて**黒岳七合目**へ戻る。疲れがたまるころなので、黒岳の急坂は気を抜かずに下ろう。

プランニング&アドバイス

マイカーは層雲峡温泉の入口に無料駐車場あり。初日の行動が短く、本州から早朝の飛行機で旭川空港に入ると、その夕方には黒岳石室まで上がることも可能。ロープウェイ駅に向かう途中の層雲峡ビジターセンター（6〜10月は8時〜17時30分開館・無休）で花の開花や黒岳石室の水場の状況など確認していこう。下山時の黒岳七合目発のリフト最終便はホームページなどで要確認。層雲峡温泉と黒岳山頂は約1300mの標高差で、気温差は約8度もある。とくに秋は天候変化が激しく、帽子や手袋、防寒着は必携。七合目〜黒岳石室間は水場がなく、あらかじめ用意しておく（黒岳石室には水がある）。

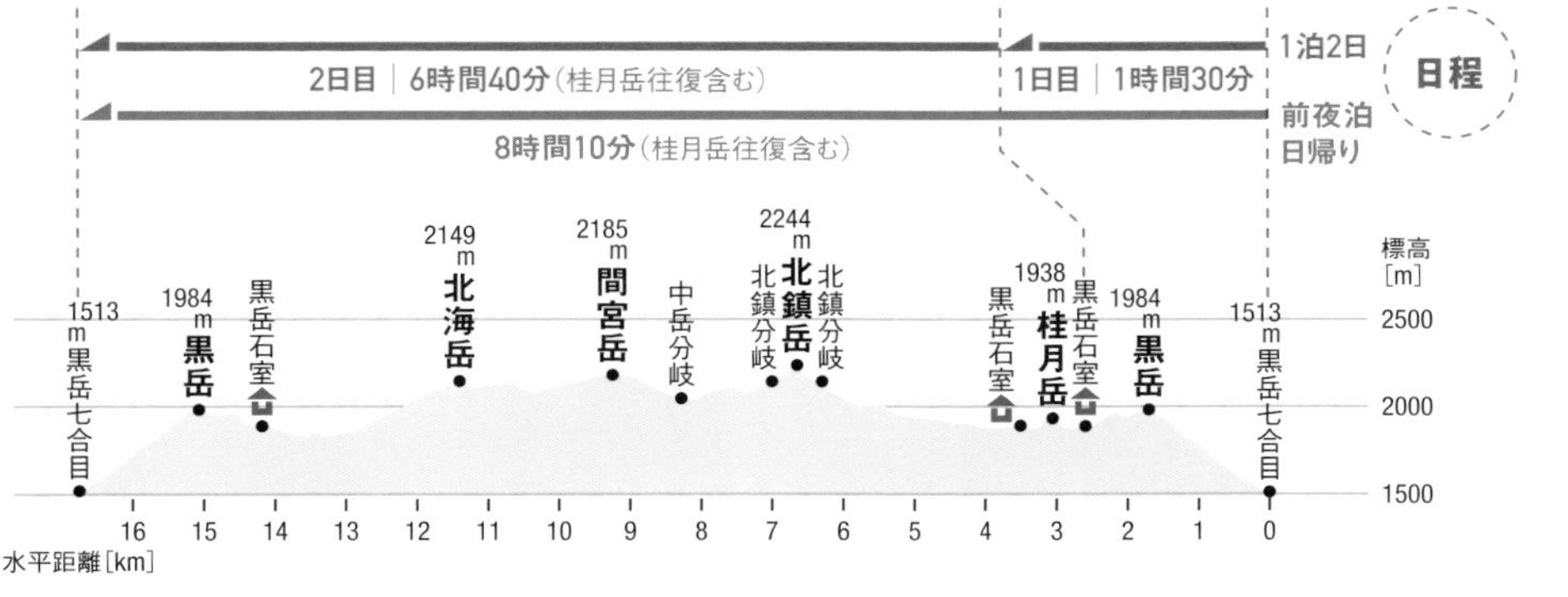

サブコース

黒岳から白雲岳、赤岳へ

黒岳七合目↓黒岳↓黒岳石室↓北海岳↓白雲岳↓赤岳↓銀泉台　7時間40分

Map 1-2D　黒岳七合目

Map 1-3D　銀泉台

コースグレード	中級
技術度	★★☆☆☆　2
体力度	★★★★☆　4

赤岳《あかだけ》は黒岳《くろだけ》の南方、紅葉の名所で知られる銀泉台《ぎんせんだい》の上部に立つ山だ。東斜面に四段の雪渓が残り、雪どけあとには数々の高山植物が咲く。御鉢平《おはちだいら》の外輪の一角である北《ほっ》海岳《かいだけ》から小泉岳《こいずみだけ》を経て赤岳へ、小気味いい縦走路が続いている。銀泉台から層雲峡《そううんきょう》へはバスが運行されているので、日帰り山行ができる。

リフト終点の**黒岳七合目**から**黒岳**を経て**黒岳石室**《いしむろ》へはP26コース[3]を参照のこと。

黒岳石室からハイマツ帯を抜けて、ゆるやかに赤石《あかいし》川の谷間に下りてゆく。赤石川は通常の水量なら飛び石で渡れる。さらに北海沢を渡る。夏にはエゾコザクラの咲く気持ちのいい谷間だ。取水は御鉢平から流れる赤石川より北海沢のほうがいい。北海岳へ登るにつれ、御鉢平や北鎮岳《ほくちんだけ》への展望が広がっていく。

北海岳からは白雲《はくうん》分岐めざして広々とした高山帯を下る。7月半ばなら、キバナシオガマやアオノツガザクラの大群落越しにトムラウシ山《やま》が遠望できるだろう。

ユウセツ沢源頭のコルを過ぎると、左手に大きな雪渓が残る花《はな》ノ沢の谷間を見る。岩の重なる白雲岳《はくうんだけ》の北斜面を横切り、花ノ沢の源頭を巻いて**白雲分岐**に出る。

白雲分岐は縦走路の交差点。ここで白雲岳と白雲岳避難小屋、小泉岳へ道が分かれる。周辺では黒曜石の矢じりなど、昔の狩

小泉岳付近に咲くキバナシオガマ

北海岳から白雲岳へ向かう（右奥はトムラウシ山）

人の痕跡が見つかっている。

白雲分岐から**白雲岳**へは約40分。火口原を横目に岩場を登りきると、山頂からは旭《あさひ》岳《だけ》や後《うしろ》旭岳のダイナミックな残雪模様が見渡せる。天気が許せば、ぜひ立ち寄ってみたい。

白雲分岐から**小泉岳**を経て赤岳までは、大雪山《だいせつざん》らしい広々とした高山帯が続く。エゾタカネスミレやチョウノスケソウ、ホソバウルップソウ、エゾオヤマノエンドウ、

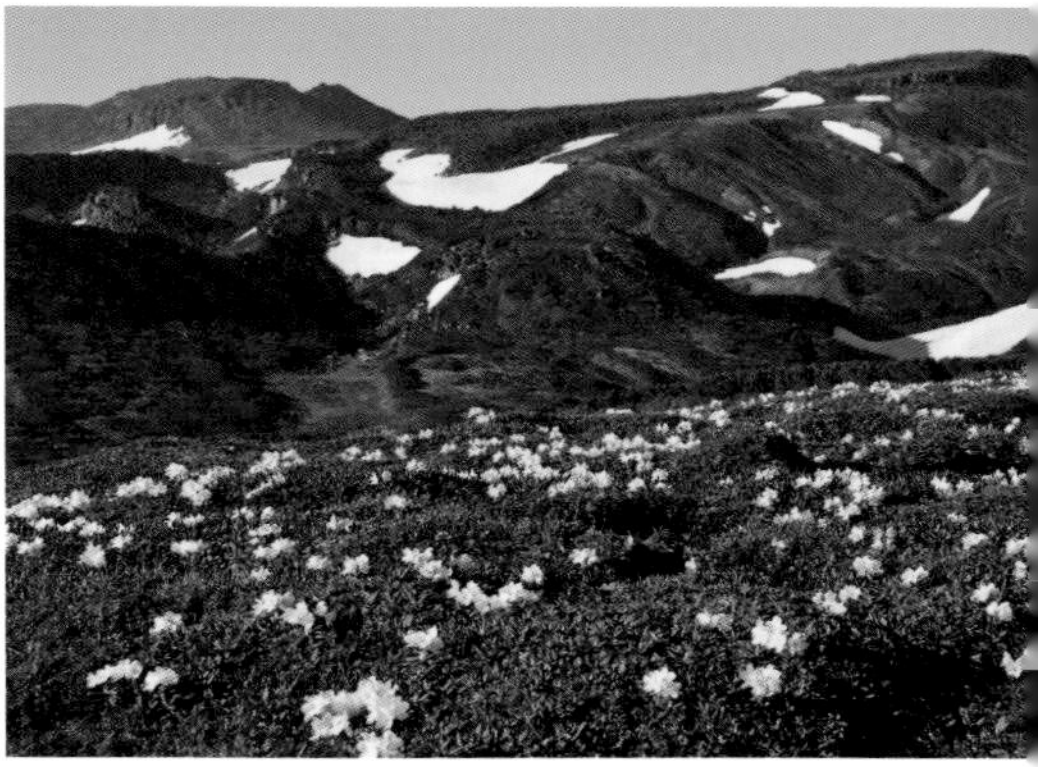

キバナシャクナゲの群落と白雲岳（左）、北海岳（中央）。黒岳石室付近から

エゾミヤマツメクサなど、夏のツンドラに似た景観が広がる。

赤岳で展望を楽しんでからは、段々になった4つの雪渓を下ってバス停のある**銀泉台**をめざす。夏の終わりまで雪どけを追って花が楽しめ、秋もダイナミックな紅葉が魅力の下山路だ。

花ノ沢の雪渓と烏帽子岳

プランニング&アドバイス

層雲峡～銀泉台は7～9月に道北バスが運行（1日2便・所要約1時間）。銀泉台への道道1162号は例年9月中旬～下旬はマイカー規制で大雪湖レイクサイド駐車場からシャトルバスを利用する。水場は黒岳石室の貯水と北海沢付近、白雲岳北斜面や赤岳の雪渓の融雪水で得られる。黒岳石室、白雲岳避難小屋はテント場もあり、山中泊の計画もいい。逆コースも可能。

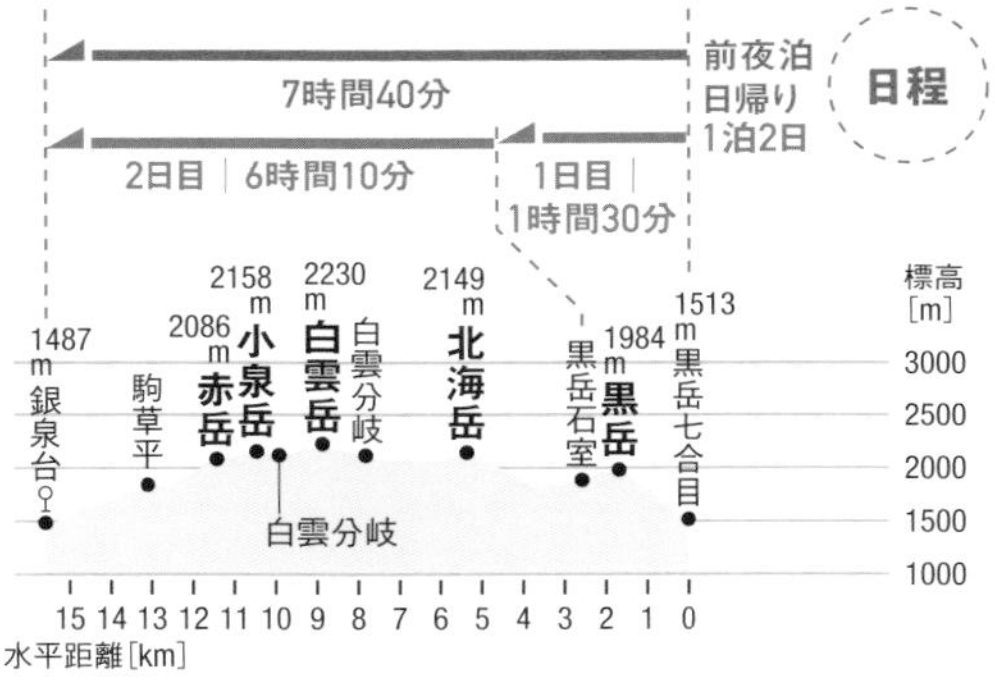

コースグレード	中級
技術度	★★☆☆☆ 2
体力度	★★☆☆☆ 2

1泊2日

赤岳 白雲岳 緑岳

錦秋の尾根と真紅のウラシマツツジ高原温泉の湯を楽しむ

緑岳北側のコルから望む白雲岳と後旭岳（左）

1日目	銀泉台→赤岳→白雲岳→白雲岳避難小屋　計4時間25分
2日目	白雲岳避難小屋→緑岳→大雪高原温泉　計2時間40分

標高約1500mの銀泉台《ぎんせんだい》は、層雲峡《そううんきょう》温泉東部の紅葉の名所で知られる。そこから登ること3時間ほどの赤岳《あかだけ》（標高2079m）は、夏遅くまで雪渓が残る花の見どころだ。途中の駒草平《こまくさだいら》は盗掘で激減したコマクサが回復しつつあり、6月半ばに高山蝶のウスバキチョウが舞う。また、小泉岳《こいずみだけ》周辺の高山帯は大雪山《だいせつざん》でも植物の種類が多いところ。白雲岳《はくうんだけ》避難小屋で1泊して緑岳《みどりだけ》（2020m）経由で大雪高原温泉へ抜ければ、その高山帯をじっくり味わう山行ができる。

1日目
銀泉台から赤岳、白雲岳に登り白雲岳避難小屋へ

銀泉台へは層雲峡からバスが利用できる。また、紅葉時期はマイカー規制が行われ、国道273号の大雪湖レイクサイド駐車場からのシャトルバスの利用となる。

かつて計画された大雪縦断道の名残の林道をたどり、潅木帯に入る。ウコンウツギやイソツツジの生える急坂をやり過ごすと、右手にニセイカウシュッペ山《やま》が裾野を広げて見えてくる。ここからは徐々に標高を上げて第一花園、第二花園を越えつつ駒草平をめざす。北斜面の雪渓がとけると、ショウジョウバカマやジンヨウキスミレ、エゾツガザクラなどさまざまな花が咲く。

駒草平に上がると、奥に東岳《ひがしだけ》や雪渓を抱いた赤岳が視界に飛びこむ。国内では大雪山系にのみ分布するウスバキチョウの生息地で、幼虫がコマクサを食草とする。1年目は卵で、2年目はサナギで越冬し、3年目に羽化する。6月上旬ごろからの好天には羽化した姿が見られるかもしれない。

駒草平からハイマツ帯を抜けると第三雪渓が現れる。夏の前半は雪渓で道が隠れているので、雪が硬いときはしっかり歩こう。雪どけを追ってチシマツクモグサやエゾヒメクワガタ、エゾツガザクラなどが咲く。さらに第四雪渓まで来れば、赤岳までひと

銀泉台からの登りはナナカマドの紅葉が魅力

小泉岳周辺は吹きさらしのなだらかな高山帯

東岳を眺めつつ駒草平を行く

登り。秋は眼下の紅葉が、夏は新緑と足もとの花々が励ましてくれるだろう。

赤岳の山頂で景色が一変する。巨岩の重なる岩峰越しに烏帽子岳《えぼしだけ》、北鎮岳《ほくちんだけ》から旭岳《あさひだけ》方面の展望がすばらしい。

赤岳から小泉岳までは、平坦な高山帯が広がる。植物の種類が大雪山でも最も多く、エゾタカネスミレ、チョウノスケソウ、ホソバウルップソウ、エゾオヤマノエンドウなど多彩な花が風衝地に根を下ろす。雪が少ないため、花期は早く7月上旬ごろが華やかだ。ただし悪天の際は、風当たりが強い稜線となるので対策は万全に。

平坦な**小泉岳**から**白雲分岐**間は、大雪山らしいなだらかな高山風景が続く。小泉岳の山名は大雪山系の調査に励み、1926（大正15）年に『大雪山—登山法及登山案内』を残した植物学者の小泉秀雄にちなむ。

白雲岳へは、白雲分岐から約40分の登り。石積みの斜面を上がり、上部のクレーターの際をつめて**白雲岳**の山頂に立つ。この凹部は融雪期のみ「幻の湖」が現れる。山頂は旭岳やトムラウシ山《やま》の展望がいいので、天候しだいで翌朝に回してもいい。

白雲分岐に戻ってからは広い沢地形を下り、白雲岳の東側を回って**白雲岳避難小屋**へ下る。小さな台地に小屋とキャンプ地があり、水場のある斜面の奥からナキウサギの声が響く。

2日目

白雲岳避難小屋から緑岳に登り高原温泉へ

2日目も余裕のある行程だ。出発前に高《たか》根《ね》ヶ原《はら》方面へ少し下って散歩するといい。

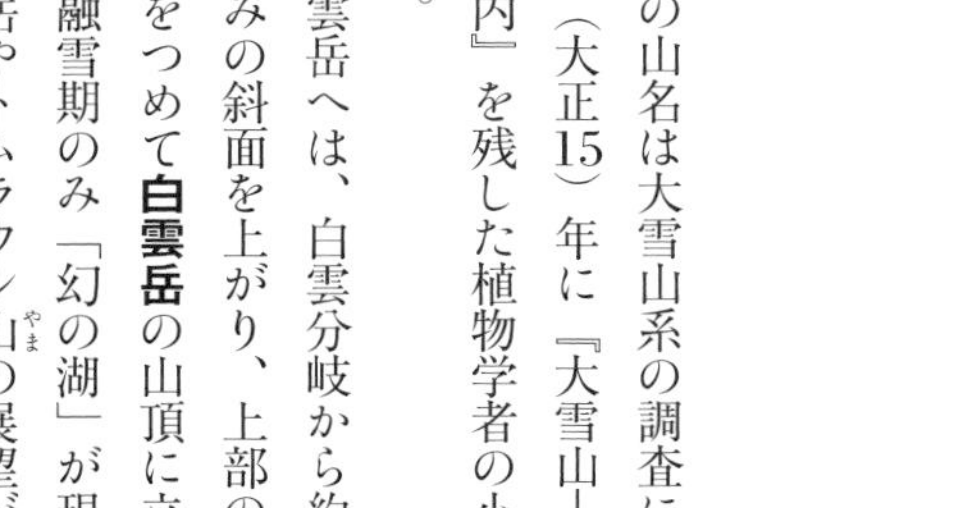

赤岳山頂から望む北鎮岳と凌雲岳（右）

白雲分岐から白雲岳避難小屋へ向かう

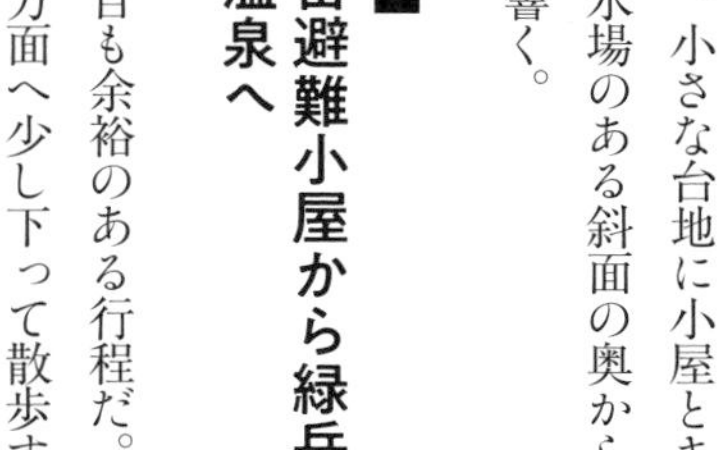

緑岳へは小屋のすぐ南側から緑岳とのあいだの雪渓に一度下って、小泉岳と緑岳とのコルへ登り返す。ここは板垣《いたがき》新道とよばれる道で、視界がないときは雪渓上の目印を探していこう。

コルで小泉岳からの道と合流し、ほどなく**緑岳**に着く。高根ヶ原やその奥にそびえるトムラウシ山、東《ひがし》大雪の展望が抜群。さらなる山行をそそられる場所だ。緑岳は北海道の名づけ親とされる探検家・松浦武四郎にちなみ、松浦岳《まつうらだけ》ともよばれる。

緑岳から高根ヶ原とトムラウシ山を望む

緑岳からは岩場の急斜面がはじまる。深紅の絨毯のようなウラシマツツジや高原温泉周辺の紅葉の見どころだ。秋はホシガラスがハイマツの実を集めて飛び交い、ナキウサギの姿に出会う。コケモモやクロウスゴ、クロマメノキなど秋の実もよく目立つ。

ハイマツ帯の終わりから第二お花畑へ下る段差はエイコの沢側が切れ落ちており、慎重に歩こう。石狩《いしかり》連峰を見つつ、ふたつの湿性のお花畑を抜けると樹林帯に入る。**大雪高原温泉**周辺の針広混交林は静寂なたたずまいで、山旅の最後を飾ってくれる。

プランニング&アドバイス

銀泉台へは層雲峡から道北バス1時間、タクシー約40分。水場とトイレあり。層雲峡とは気温差があり、赤岳からは2000m級の稜線が続くので防寒対策を。一軒宿の大雪高原温泉は要予約（6月上旬〜10月上旬営業）。高原温泉はバスがなく、マイカーか層雲峡からタクシー利用（約45分）。銀泉台同様に高原温泉も紅葉期はマイカー規制が実施され、大雪湖レイクサイド駐車場からシャトルバス利用。ダイヤは上川町役場に確認。白雲岳避難小屋（2020年秋再建）は6〜9月は管理人が入る。本項は余裕のある1泊2日としたが、日帰りの場合は早朝の出発を。逆コースは緑岳の登りで急坂が続く。

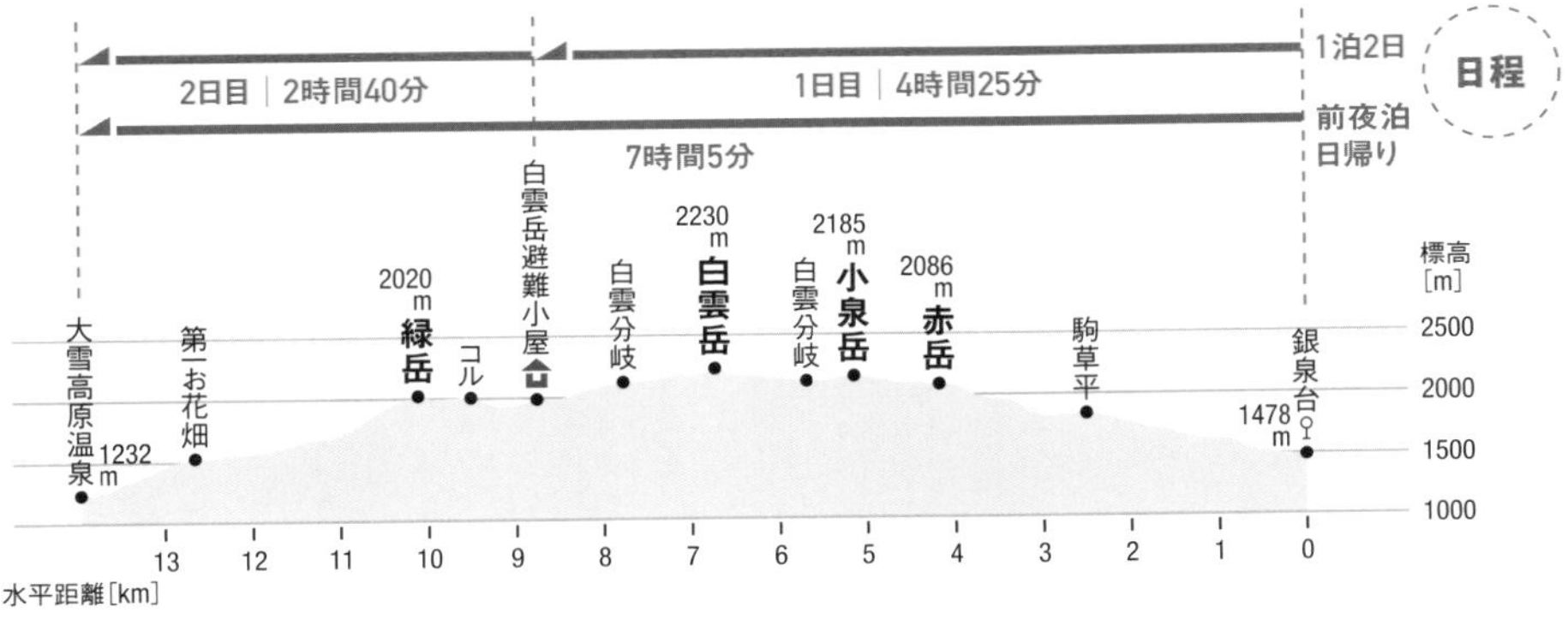

サブコース

高原沼めぐり

大雪高原温泉↓ヤンベ温泉分岐↓三笠新道分岐↓大雪高原温泉　3時間10分

高原《こうげん》沼一帯は石狩《いしかり》川源流のひとつ、ヤンベタップ川源流域に大小20個を越す沼が点在する瑞々しい場所。大雪《だいせつ》高原温泉から沼を縫うように登山道が巡回している。沼に雪の残る夏も、水辺に紅葉の映る秋も、山頂をめざす登山とは違う山歩きが楽しめる。一方で高根《たかね》ヶ原《はら》の下の斜面や水辺はヒグマの絶好の生息地で、コースの開放は当日のヒグマの動向しだいだ。ヒグマとの関わりを考える山歩きになるだろう。

大雪高原温泉へは9月中旬~下旬はマイカー規制となり、大雪湖レイクサイド駐車場からシャトルバスが運行。登山道はパトロールの状況により閉鎖されたり、通れても一周できない場合がある。当日歩けるコースは、登山口のヒグマ情報センターに掲示される。複数のヒグマが生息しているわりに幸いトラブルは起きていない。ただ鈴や声で人の存在を知らせたり、ヒグマ忌避スプレーを携行しても、人よりはるかに強力で山野に適応したヒグマ対策に決定的な方法はない。トラブルを予防するために、食べ物やゴミの管理を徹底したい。

ここでは左回りのコースを紹介する。入山口でレクチャーを受けて出発。ダケカンバやエゾマツの気持ちのいい混交林をしばらく歩くとヤンベタップ川の橋に出る。沢の上流にはヤンベ温泉（無施設）からの噴気が立ち上がる。まもなく**ヤンベ温泉分岐**で右回りのコースが分かれる。

左の道をとり、ショウコノ沢を渡ると沼

Map 4-2D　大雪高原温泉

コースグレード	初級
技術度	★☆☆☆☆ 1
体力度	★★☆☆☆ 2

紅葉した緑沼の水辺と新雪の稜線

ヒグマ情報センターで講習を受けてから出発

空沼は名前の通り秋には涸れてしまう

めぐりがはじまる。バショウ沼、土俵《どひょう》沼、滝見《たきみ》沼など、森に囲まれミツガシワの生える小さな水辺を縫って道が続く。やがて緑《みどり》沼に出て視界が広がり、アカエゾマツ越しに高根ヶ原や白雲岳《はくうんだけ》付近の稜線が望める。

緑沼からゆるやかに登っていき、鴨《かも》沼や式部《しきぶ》沼を眺めつつ大《だい》学《がく》沼へ。ここは平《ひら》ヶ岳《たけ》下部の斜面が見渡せる気持ちのよい水辺で、ミネカエデやオガラバナの紅葉も魅力的だ。

さらに進んで高原沼を経て、水辺をたどって**三笠《みかさ》新道分岐**に出る。周辺はヒグマの採食地の斜面から近く、足跡やフンなどもよく見かける。運がよければ黒い塊が動く姿を見つけられるだろう。なお高根ヶ原に続く三笠新道は閉鎖時期があり、ヒグマ情報センターのホームページで確認のこと。

三笠新道分岐からは徐々に下っていき、空沼を右に、雪壁《ゆきかべ》温泉（施設なし）を左にやりすごすとヤンベタップ沢の谷間に入るが、帰路は意外と傾斜がある。樹林内をさらに下ると**ヤンベ温泉分岐**で往路に合流する。ほどよく歩いたあとの**大雪高原温泉**が身に染みる。

空沼からヤンベタップ川源流沿いの下り

プランニング&アドバイス

大雪高原温泉の紅葉期のマイカー規制の詳細は上川町役場℡01658-2-1211へ。ほかの季節はマイカーか層雲峡温泉からタクシー（約40分）の利用。高原温泉への林道は後半細く、すれ違いに要注意。駐車場にトイレと水場あり。大雪高原山荘は6月上旬〜10月上旬営業、要予約℡0166-26-8300。雨後の沼めぐりは長靴が快適。緑岳への日帰り登山もいい。

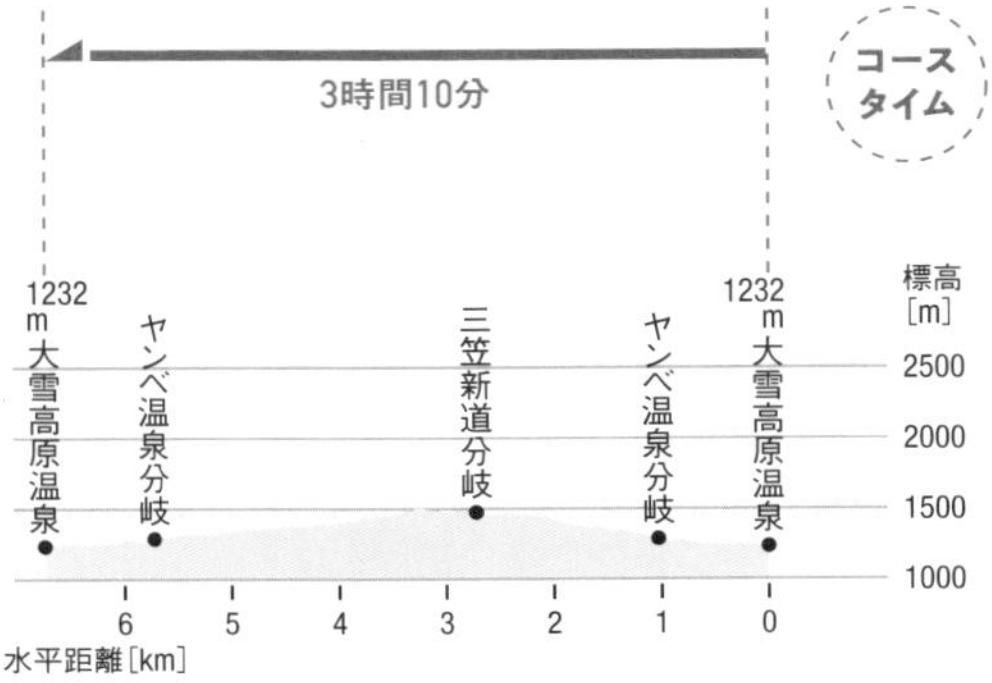

トムラウシ山《やま》（標高2141m）は旭《あさひ》岳《だけ》と十勝岳《とかちだけ》の中間付近に立つ山で、王冠のような岩峰が大雪山《だいせつざん》の各地からよく眺められる。独立峰的な風格が漂い、この山に憧れて遠方から縦走する登山者も多い。トムラウシ温泉からの往復登山者が多いが、本項で紹介するトムラウシ温泉からヒサゴ沼で1泊し天人峡《てんにん》へ下るルートは、『日本百名山』で知られる深田久弥がたどったコースに重なる。山名は東面を流れるトムラウシ川に由来するがはっきりせず、アイヌ語のトンラ（水草の一種）ウシ（たくさんある）川に由来するという説がある。

1日目 トムラウシ温泉からトムラウシ山に立ちヒサゴ沼へ

十勝川源流のひとつユウトムラウシ川沿いに湧くトムラウシ温泉は、古くから山奥の名湯として知られる。南麓の曙《あけぼの》橋から温泉まで15kmほどで、最後の6kmが未舗装。短縮路登山口を利用する場合、さらに8km

トムラウシ温泉から憧れの岩と花の殿堂へ

1日目	短縮路登山口→前トム平→トムラウシ分岐→トムラウシ山往復→ヒサゴ沼避難小屋 計8時間10分
2日目	ヒサゴ沼避難小屋→化雲岳→第一公園→天人峡温泉 計6時間

コースグレード | 上級

技術度 ★★★☆☆ 3

体力度 ★★★★☆ 4

庭園のようなトムラウシ公園越しに望むトムラウシ山

前トム平で樹林が切れて岩の道になる

カムイ天上をめざして樹林の尾根を登る

ほど細い林道をたどる（短縮路登山口起点の場合は歩行時間が1時間強短縮できる）。**短縮路登山口**は広い駐車場とトイレがあり、**短縮路分岐**までは約20分。トムラウシ温泉から歩く場合は国民宿舎東大雪荘《ひがしだいせつ》横の登山口から登りだす。短縮路分岐まで約1時間半、落ち着いた樹林の尾根道だ。

短縮路分岐からも尾根道をたんたんと登ってゆく。やがて**カムイ天上《てんじょう》**で、樹林越しにめざすトムラウシ山が垣間見える。カムイ天上からの道はかつてぬかるんでいたが、整備され歩きやすくなった。じわじわと標高をかせぎ、コマドリ沢出合いにいったん下る。ここで給水していこう。

ここからコマドリ沢沿いを登るが、シーズン前半は雪渓が残りやすい。ウコンウツギの咲く急坂の岩場を登ると樹林限界を超え、**前《まえ》トム平《だいら》**で一気に視界が広がる。

前トム平からひと登りで、平板状の岩が重なるケルンのある台地に出る。背後にはニペソツ山《やま》など東大雪の山々の展望がいい。

ヒサゴのコル南方から、ヒサゴ沼と沼ノ原の台地（右奥）と石狩連峰を望む

岩場を抜けて小尾根に上がれば、雪渓を抱いたトムラウシ山が凛々しくそびえている。

一段下ったトムラウシ公園は岩と水辺と花々が織りなす庭園のような空間で、華やかな場所だ。草紅葉の秋もいい。爽快なトムラウシ公園を眺めつつさらに標高をかせぐと、南沼《みなみぬま》キャンプ地の脇の**トムラウシ分岐**。ここはトムラウシ山頂への道と十勝連峰、化雲岳へ縦走路の交差点。荷物を置いて山頂をめざそう。

トムラウシ山の山頂へは、イワブクロやイワギキョウの咲く岩の斜面を約30分急登する。上部は火口跡がくぼんだ複雑な地形で、岩稜越しに十勝連峰や旭岳方面、東大雪や阿寒《あかん》の山々の絶景が広がる。北海道の中心部に位置する山ならではの眺めが疲れを癒してくれる。

展望を満喫したら縦走に向かおう。北《きた》沼側に下る道もあるが、まず**トムラウシ分岐**まで下り、南沼からトムラウシ山の西側を巻いて北沼へ向かう。2日目が長くなるが、状況次第で南沼に泊る手もある。南沼付近は道が広がりつつあり、周囲の植物に気を配りたい。携帯トイレ用のブースがあり、キャンプ地の小沢や北沼で水が補給できる。

北沼を過ぎると平坦な台地を抜けて、岩礫帯の急斜面を下る。この斜面は広く、下りたロックガーデンも東西が沢型になった微地形で視界がないと迷いやすい。踏み跡や目印などを拾いつつ進もう。

高山植物が彩る天沼を楽しみつつ進むと、**ヒサゴのコル**でヒサゴ沼へ下る道が右手に

ヒサゴ沼避難小屋とキャンプ地

ロックガーデンを下り、複雑な地形をヒサゴ沼へ

分かれる。コル手前にも沼への踏み跡があるが、こちらはやや不明瞭だ。いずれの道も夏遅くまで雪渓が残り、雪が硬いときは慎重に下りたい。沼の北側を回ると化雲岳への道が分かれ、まもなく**ヒサゴ沼避難小屋**とキャンプ地に着く。水は沼に流れこむ小沢で給水する。

2日目 ヒサゴ沼から化雲岳を経て天人峡温泉へ下る

ヒサゴ沼から化雲岳への斜面も雪渓が残る。雪どけを追ってチングルマやエゾコザクラの群落が広がり、上部は神遊びの庭とよばれる。トムラウシ山の展望も爽快だ。

化雲岳山頂は独特の岩峰で、五色岳からの縦走路が合流する。北側の絶壁越しに旭岳方面の展望が抜群である。天人峡へはこの崖を望みつつ標高2000m弱の稜線をゆるやかに下っていくが、キバナシャクナゲ、コマクサ、エゾノツガザクラなど花

化雲岳から小化雲岳へ、たおやかな稜線が続く

天人峡温泉にある無料の「天女の足湯」

第一公園付近からは旭岳を見つつ木道を下る

が多く、快適な道だ。深田久弥も『日本百名山』にてこの尾根からの展望に打たれたと記している。小さな沼を横目に進み、小《ポン》化雲岳の東を抜けてさらに下る。ヒグマがハクサンボウフウの根を掘った跡や、ハイマツ入りの糞を見かけるところだ。

やがて尾根は明確になってくるが、道はえぐれて水が流れ、足もとが悪い。アカエゾマツに囲まれた湿地の第二公園、さらにゆるく下り、正面に旭岳を見つつ木道を歩いて**第一公園**に入る。ワタスゲやエゾコザクラ、エゾカンゾウなどの花が咲く、気持ちのいい湿地である。

第一公園を過ぎると樹林帯に入り、天人峡への長い尾根道となる。エゾマツの大木を見あげつつ、たんたんと下った先の**滝見《たきみ》台**で右手に視界が広がり、忠別《ちゅうべつ》川に注ぐ羽衣《はごろも》ノ滝や旭岳が望める。涙《なみだ》坂のつづら折りをやり過ごせば**天人峡温泉**に着く。

プランニング&アドバイス

トムラウシ温泉へは夏期のみJR根室本線新得駅から北海道拓殖バスがある。下山地の天人峡に停車するバスはなく、タクシーをよぶことになる。マイカー利用の場合はトムラウシ温泉から天人峡へ車の回送サービスが利用できる。詳細は山岳好歩（すきっぷ）TEL011-784-0411へ。トムラウシ温泉には国民宿舎東大雪荘とキャンプ場がある TEL0156-65-3021。天人峡の宿はしきしま荘 TEL0166-97-2141のみ。前トム平より上は吹きさらしの稜線行動が続き、夏の低体温症に要注意。9月中旬ごろから初雪が降る。初日の行動が9時間を超えるため、2日目が長くなるが状況次第で南沼に泊まってもいい。

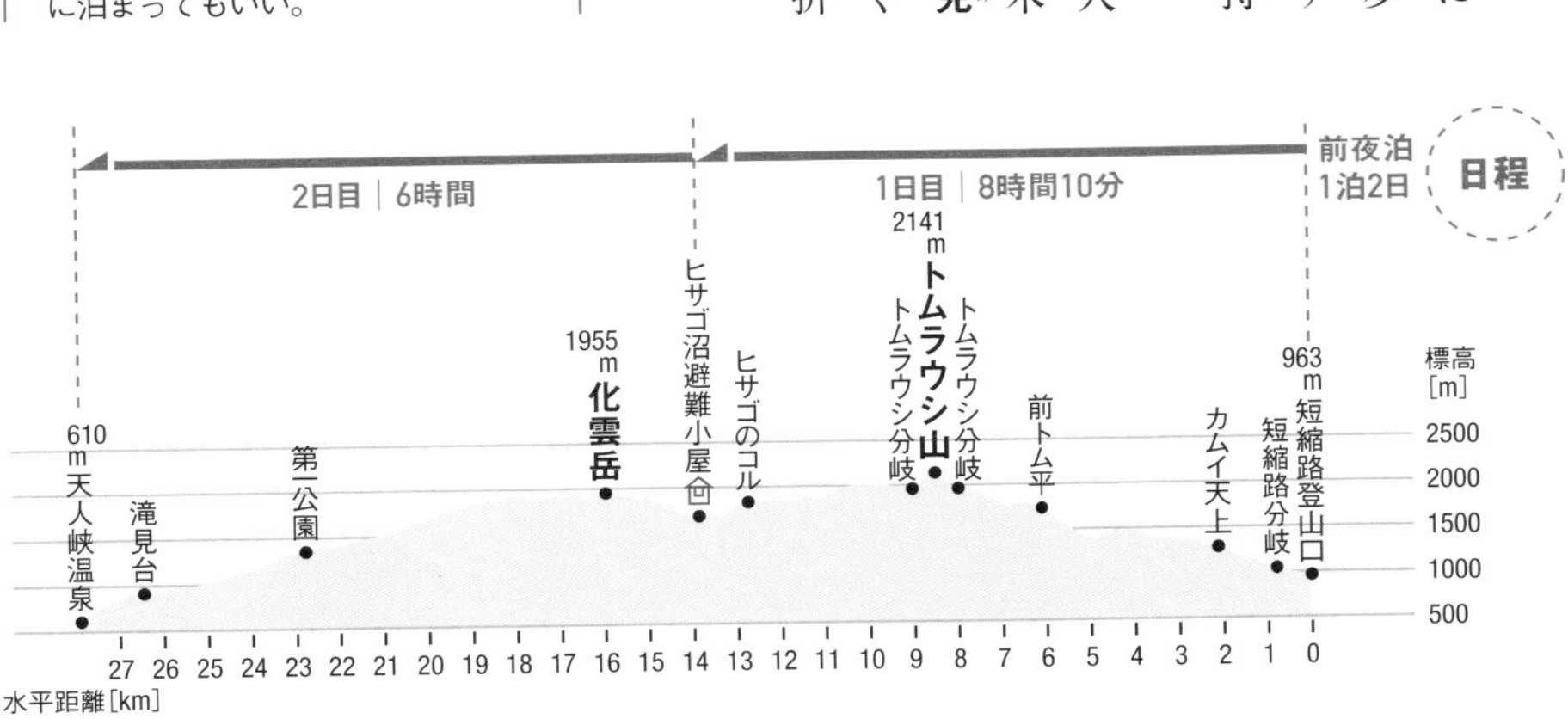

1泊2日

沼ノ原 トムラウシ山 五色ヶ原

大雪山の奥座敷・沼ノ原湿原と花の五色ヶ原を抜けてトムラウシ山へ

1日目	クチャンベツ沼ノ原登山口→ 沼ノ原→五色岳→ 化雲岳→ ヒサゴ沼避難小屋　計6時間35分
2日目	ヒサゴ沼避難小屋→ トムラウシ分岐→ トムラウシ山往復→ トムラウシ温泉　計8時間20分

コースグレード	上級
技術度	★★★☆☆ 3
体力度	★★★★☆ 4

沼ノ原湿原から望むトムラウシ山。王冠のような山頂部が目をひく

南北約1・2km、東西約1kmにおよぶ沼《ぬま》ノ原《はら》は、石狩《いしかり》川源流・クチャンベツ川上流の溶岩台地に広がる標高約1450mの高層湿原。大小の池塘を抱きトムラウシ山《やま》を望む端正な水辺は、「大雪山《だいせつざん》の奥座敷」ともよばれ、ここだけに生息する植物が見られる。また、沼ノ原北西の五色《ごしき》ヶ原《はら》は、エゾノハクサンイチゲやチシマノキンバイソウの大群落で知られる。これらをつないでトムラウシ山へと縦走するコースは、大雪山のエッセンスがつまっている。

1日目　沼ノ原、五色ヶ原を越えてヒサゴ沼へ

クチャンベツ沼ノ原登山口から樹林帯を登り、一度下って沢を徒渉する。通常の水量なら飛び石で渡れる。ドロノキの大木が立つ森を抜けて急斜面に取り付き、標高をかせぐと台地に上がり湿地帯に入る。沼ノ原はアカエゾマツやダケカンバに囲まれた池塘が点在し、開放感にあふれている。

沼ノ原分岐で石狩岳《いしかりだけ》方面への道（P76サ

ニシキノ沢を渡り沼ノ原へ向かう

化雲岳からトムラウシ山を眺めつつヒサゴ沼へ

ブコース）を分けると、トムラウシ山を望む木道歩きが続く。エゾカンゾウやワタスゲなどのほか、氷河期の遺存植物であるナガバノモウセンゴケは北海道の山中の湿地では沼ノ原だけの分布。**キャンプ指定地**の大《おお》沼はトムラウシ山の展望が抜群だ。

大沼を過ぎて湿原を抜けると、**五色ノ水場**へ続く樹林に入る。水場からの急斜面を上がると、湿原越しにニペソツ山《やま》が遠望できる。雪渓が晩夏まで残る小沢沿いの道をたどり、五色岳《ごしきだけ》の東の尾根に乗っていく。

五色ヶ原は大雪山らしいたおやかな草原をエゾノハクサンイチゲ、エゾコザクラ、ホソバウルップソウ、チシマノキンバイソウなどの大群落が埋める。大雪山随一の花園だが、近年は温暖化の影響やエゾシカの食害で群落が小さくなりつつある。

トムラウシ山を背に咲く花々を目に焼きつけながら**五色岳**に飛び出すと、忠別岳《ちゅうべつだけ》方面からの縦走路と合流する（P64コース10参照）。山頂は旭岳《あさひだけ》方面の展望がよく、ここまでの日帰り山行も充実感がある。

五色岳から平坦なハイマツ帯を抜けると化雲平《かうんだいら》。のびやかなお花畑を楽しみながら、化雲岳《かうんだけ》の岩峰へ。**化雲岳**は北も南も雄大な風景が続き、大雪山の広さを実感できる。

ヒサゴ沼へ下る斜面には、雪渓が遅くまで残る。ヒサゴ沼は岩山に囲まれた北方的な景観が広がり、水辺に**避難小屋**とキャンプ地がある。

2日目 トムラウシ山に登り トムラウシ温泉に下る

ヒサゴ沼からは万年雪の雪渓を登って**ヒサゴのコル**に上がり、岩と水辺が入り組んだ稜線をトムラウシ山へ向かう。天《あま》沼を過ぎたロックガーデンから岩礫地の大斜面の登りは、視界がないと迷いやすい。1995mの台地に上がった先が北《きた》沼で、雪渓が氷河のような雰囲気を漂わせている。

トムラウシ山頂付近からの南沼と十勝連峰の遠望

夏も万年雪の雪渓が残るヒサゴ沼

北沼からトムラウシ山頂へ向かう道も分かれるが、重荷なら南沼《みなみぬま》キャンプ地脇の**トムラウシ分岐**まで進み、空身で登頂するといい。分岐から30分の急登で岩の重なる**トムラウシ山**のピークに立つ。長い歩行の後の登頂は感慨深いことだろう。

分岐に戻ってからは、トムラウシ温泉への長い下山だ。岩と水辺に咲く高山植物が庭園のようなトムラウシ公園で平坦になり、登り返すとトムラウシ山の全貌が見渡せる。

夏も雪渓の残るコマドリ沢を下る

前《まえ》トム平《だいら》からは急斜面が続き、下りきるとコマドリ沢出合。この斜面も晩夏まで雪が残りやすい。確実に歩こう。

コマドリ沢出合から登り返して尾根に乗り、ここからはじわじわと標高を下げていく。ダケカンバの新緑や紅葉が楽しめる尾根だ。**カムイ天上《てんじょう》**で最後に上部の稜線を眺めてからは、エゾマツの大木が立つ尾根をたどって下山する。カムイ天上から30分ほどで**短縮路分岐**。さらに1時間ほどで**トムラウシ温泉**に着き、長い縦走が終わる。

プランニング&アドバイス

クチャンベツ沼ノ原登山口へは、層雲峡から約30km。タクシー利用可。下山は短縮路分岐から短縮路登山口まで15分。JR根室本線新得駅へタクシー利用の場合は要予約。夏期はトムラウシ温泉から新得駅まで北海道拓殖バスの便がある（1時間30分・2021年度運行未定）。バス運行期間外はタクシーか、国民宿舎東大雪荘℡0156-65-3021に宿泊した場合は新得駅への送迎バスが利用できる。マイカーの場合は両登山口間の代行運転サービス（山岳好歩℡011-784-0411）がある。ヒサゴ沼避難小屋からは、どの下山ルートも距離が長い。好天を狙うか予備日をもって望みたい。

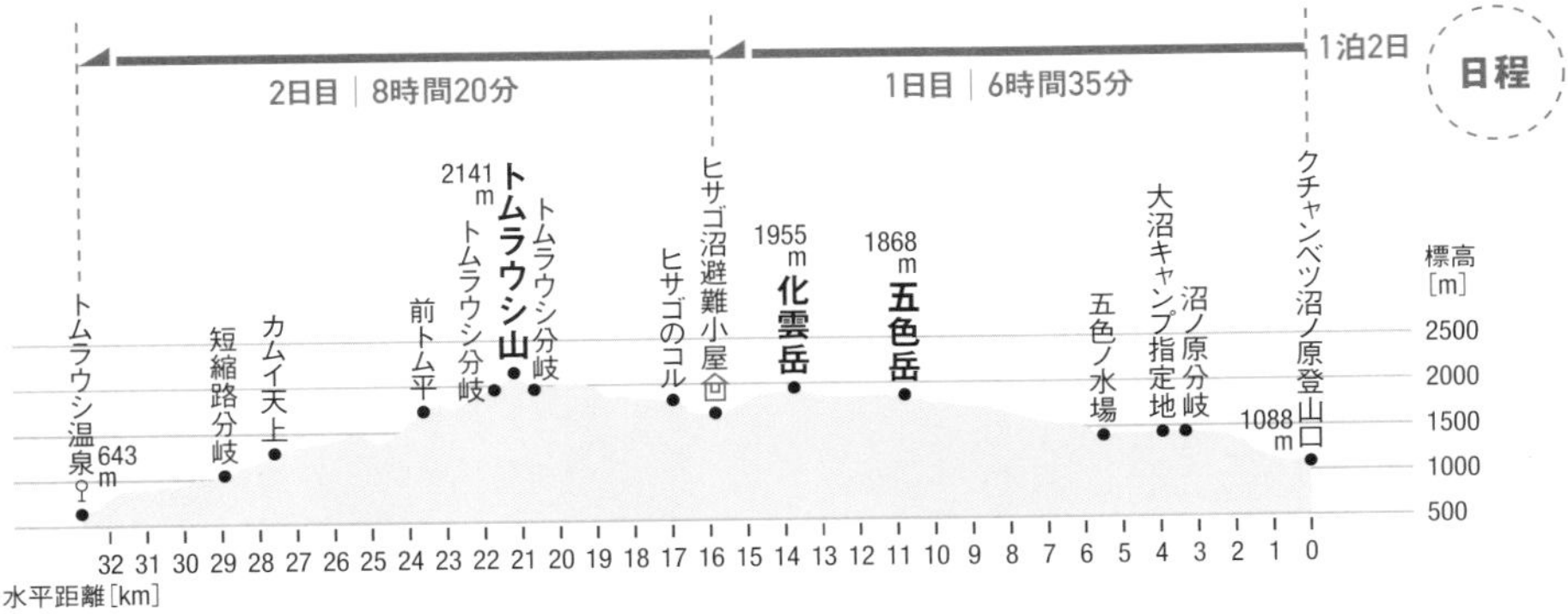

美瑛岳からの十勝岳。右の前十勝から噴煙が上がる。雪渓模様も美しい

主峰・十勝岳を中心に
火山独特の景観が展開する。
各登山口の温泉も魅力

十勝連峰

コースグレード | **中級**

技術度 | ★★★★★ 3

体力度 | ★★★★★ 5

前夜泊日帰り

十勝岳 美瑛岳

吹上温泉から十勝岳と美瑛岳をつなぐ健脚向きコース

日帰り 吹上温泉→雲ノ平分岐→十勝岳→美瑛岳→→美瑛岳分岐→雲ノ平分岐→吹上温泉　計9時間30分

富《ふ》良《ら》野《の》盆地の東に立つ十勝《とかち》連峰は2000m級の山が15kmほど続き、空知《そらち》川や十勝川の水源になっている。最高峰・標高2077mの十勝岳《とかちだけ》は今も噴煙を上げる活火山だ。近年は1988（昭和63）年に噴火があり、入山規制も行われた。上部は植物がほとんどない、独特の山岳風景が広がる。美瑛岳《びえいだけ》は十勝岳の北東に連なる山で、標高2052m。十勝岳に次ぐ高峰である。火山地帯だけに、十勝岳温泉や吹上《ふきあげ》温泉、白金《しろがね》温泉が登山口に控えている。

日帰り

吹上温泉から十勝岳、美瑛岳を周回する

最短コースの望岳台《ぼうがくだい》からの登山者が多いが、ここでは森やカラフトイソツツジの群落が楽しめる**吹上温泉**起点のコースを紹介しよう。吹上温泉には自炊の白銀《はくぎん》荘とキャンプ場があり、前泊に適している。水場で給水し、東はずれの登山口からエゾマツの大木が立つ森に入っていこう。十勝岳爆発記念碑を過ぎると富良野川を徒渉する。飛び石で渡れるが、雨後の増水時は慎重に。九条武子《くじょうたけこ》の歌碑を横目に溶岩とハイマツ、カラフトイソツツジの独特な景観のなかを進むと視界が広がる。十勝岳の泥流跡で、ここで広い道となり左手に望岳台方面への道が分かれる。十勝岳方面にゆるやかに登ると**白銀荘分岐**に出て、ここから前方の十勝岳避難小屋めざして見通しのいい道をたどる。避難小屋の手前の**雲《くも》ノ平《だいら》分岐**で、下山時に利用する美瑛岳への道が分かれる。

1926（大正15）年5月の大噴火は、中央火口丘が噴火し、1分以内に熱い岩屑雪崩が約2・4km下の硫黄事務所を襲った。溶けた残雪は泥流となり、25km離れた上《かみ》富良野まで約25分で到達したという。犠牲者146人におよぶ泥流の恐ろしさは、三浦綾子の小説『泥流地帯』に描かれている。

十勝岳避難小屋からグラウンド火口とスリバチ火口のあいだにのびる尾根に取り付

コース中の火山礫地に咲くエゾオヤマノリンドウ

富良野川の徒渉は増水時注意

十勝岳避難小屋と噴煙を上げる前十勝岳

き、礫地を急登する。スリバチ火口の横で尾根は一度なだらかになり、右手の大きなグラウンド火口を望みつつ広い台地に上がる。鋸岳の尾根越しに、美瑛岳の鋭い姿が目をひく。避難小屋から上部は、まったく樹林のない吹きさらしの尾根が続く。

登山道はやがて十勝岳の肩《かた》に続く急斜面の下に出る。この斜面はザレ場で足もとが悪い。山頂から続く左手の沢形には雪渓が残りやすく、時期によっては雪渓をつめてもいい。十勝岳の肩で前《まえ》十勝への尾根が分かれるが、前十勝への道は閉鎖されている。

肩からはひと登りで**十勝岳**の頂に立つ。岩の重なる山頂は360度の展望だ。十勝連峰の全貌や王冠に似たトムラウシ山、境《さかい》山《やま》の奥に日高《ひだか》山脈が遠望できる。

縦走路が富良野岳《ふらのだけ》から十勝岳を経て美瑛岳へ続く。ここは北東の美瑛岳へと向かう。

山頂をあとに平ヶ岳《ひらがたけ》へ向かうと、すぐ新《しん》得《とく》側からのコースが合流する。平ヶ岳は名前の通り平坦でどこでも歩けてしまうため、視界がないとコースをはずしやすい。

鋸岳《のこぎりだけ》に近づくと登山道は山頂の東を巻いて尾根を下り、礫地の沢地形を越えて1824mのコブに出る。このあたりも雪どけあとは踏み跡が流れがちだ。コブからコルに下ったあとは、美瑛岳からの尾根に乗って高度を上げていく。十勝岳からほとんどなかった植生が少しずつ回復してくる。

美瑛岳の肩で山頂への道が左へ分かれ、急登するとかなり細い稜線に出る。登山道は南の崖を避けて稜線の北側についている。視界のきかないときは、南側へ踏みこまないようにしたい。

2等三角点がある**美瑛岳**山頂からは、オプタテシケ山《やま》からトムラウシ山への大きな

下山路の北向沢は深くえぐれている

十勝岳へは火山礫地の広い尾根が続く

美瑛岳山頂付近から十勝岳への稜線を望む

風景が展開する。南には噴煙をたなびかせる十勝岳のダイナミックな姿。残雪期は鋸岳の斜面に雪渓模様が描かれ、ポンピ沢源頭の崖との対比が印象的だ。

帰路は山頂から西《にし》尾根を下る。コケモモやガンコウランの生える急な尾根を一気に下ると、１６５０m付近の**美瑛岳分岐**で美《び》瑛《えい》富《ふ》士《じ》方面からの道と合流する。さらに急斜面を下るとポンピ沢に出る。狭いが水量のある沢で、コース中の貴重な水場だ。

沢から上がって鋸岳の山腹を斜上しつついくと、深い函《はこ》状の北向《きたむき》沢に出合う。近年はかなりえぐられており、ハシゴで何とか登り下りできる状態。

雲ノ平に出るとハイマツのなだらかな斜面にイワギキョウやメアカンキンバイなどが現れ、ほっとする。**白銀荘分岐**からは往路を**吹上温泉**まで戻る。

プランニング&アドバイス

吹上温泉へはJR富良野線上富良野駅から上富良野町営バスで35分。望岳台からの入下山の場合、歩行時間は30分ほど短縮できる。広い駐車場と防災シェルター、トイレあり。望岳台へはJR富良野線美瑛駅からタクシー約35分（上富良野駅からも入ることができる）。本コースは稜線行動が長いだけに、夏でも防寒着の準備を怠りなく。美瑛岳からの帰路も起伏があり疲労する。美瑛富士分岐からそのまま稜線を1時間ほど行くと美瑛富士避難小屋がある。吹上温泉保養センター白銀荘（通年営業・収容70人）は素泊まりで自炊可。キャンプ場も併設されている ℡0167-45-4126（キャンプ場も）。

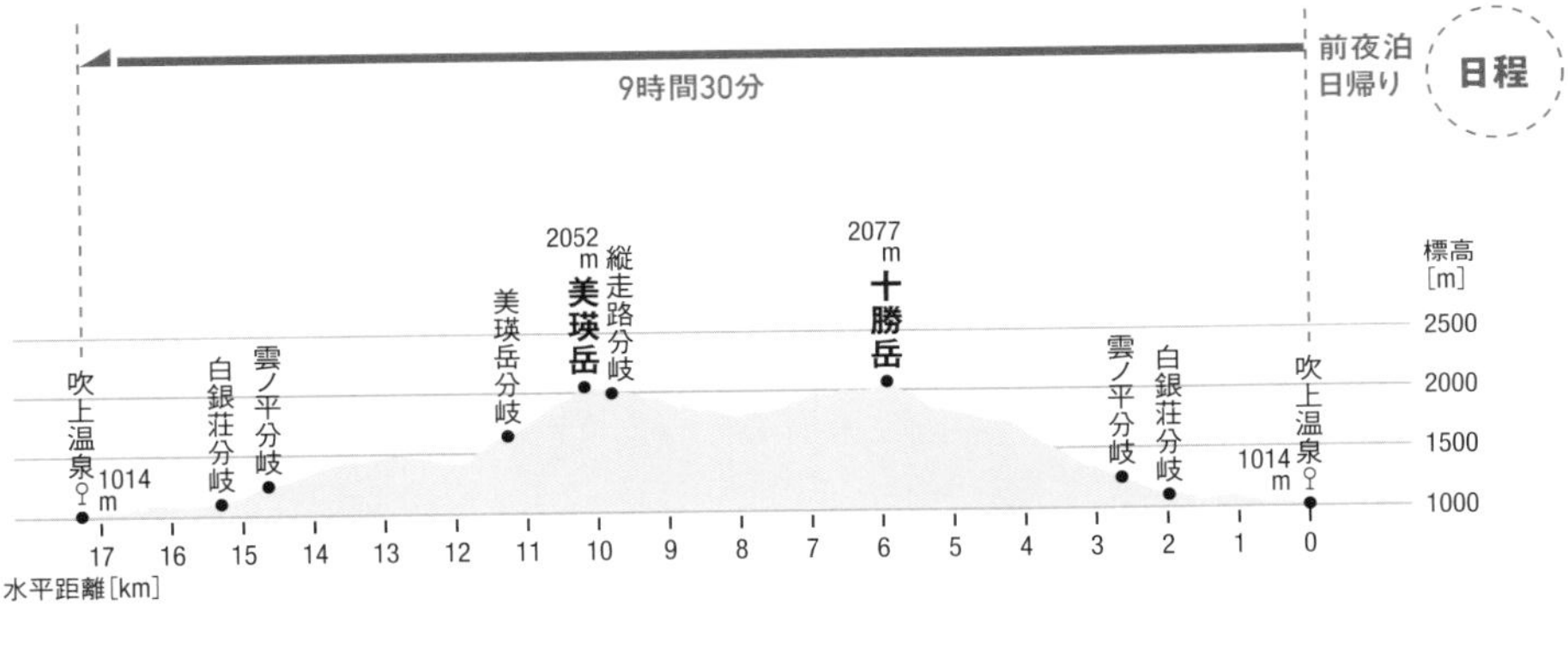

前夜泊日帰り

富良野岳 上富良野岳

チングルマの咲くD尾根上部から三峰山と富良野岳を望む

雲上の十勝岳温泉をベースに十勝連峰随一の花の山へ

コースグレード	中級
技術度	★★☆☆☆ 2
体力度	★★★☆☆ 3

日帰り 十勝岳温泉→上ホロ分岐→富良野岳→上富良野岳→上ホロ分岐→十勝岳温泉　計7時間10分

富《ふ》良野《らの》岳《だけ》（１９１２ｍ）は十勝《とかち》連峰の南端に立つ山。ボリューム感があり、殺伐とした礫地の広がる十勝連峰のなかで最も緑におおわれている。これは富良野岳がいち早く火山活動を停止したためで、連峰内では圧倒的に高山帯の花の種類が多い。山名はアイヌ語のフラ・ヌ・イ（臭気をもつもの）から。富良野川に山の硫黄が流れこむことに由来する。幕末の探検家・松浦武四郎がこの川の水を飲もうとしたとき、アイヌ人に毒があると止められたという。

日帰り

十勝岳温泉を起点に富良野岳、上富良野岳を周回する

十勝岳《とかちだけ》温泉は標高約１２７０ｍで、道内の最高所にある温泉。ここを起点に富良野岳、三峰山《さんぼうざん》、上《かみ》富良野岳をつなぐコースは十勝連峰の魅力がつまった好ルートである。十勝岳温泉の登山口からは富良野岳や三峰山、切り立った上ホロカメットク山が一望できる。冬もここまで道が開いており、四季を通じて山岳風景を楽しめる場所だ。

三峰山からの沢には夏まで雪渓が残る

安政火口。奥は上ホロカメットク山

登山口から噴煙を上げる安政《あんせい》火口への遊歩道をたどる。安政火口は1857（安政4）年に爆発した火口で、前述の松浦や幕府の足軽で広く大雪山を調査した松田市太郎（大雪山《だいせつざん》・松田岳《まつだだけ》は彼の名字から）が噴火を記録している。遊歩道の途中で三段山《さんだんやま》に向かう道が左に分かれるが、上部が崩壊しているため2021年現在通行止め。

富良野岳へは安政火口の手前で谷を渡り、D尾根下部へ回りこむ。**上《かみ》ホロ分岐**で帰路に使う上富良野岳への尾根道が分かれる。

上ホロ分岐からは三峰山の山腹を斜上していく。この斜面はウコンウツギの多い潅木帯で、7月上旬は華やかだ。途中で三峰山沢と支流を渡るが、7月上旬は雪渓が残る。水を飲む場合は2本目の富良野岳寄りの沢のほうが臭気はない。標高をかせぐにしたがい高山植物が現れ、やがて稜線上の**縦走路分岐**に出る。

縦走路分岐は広いコルで、ここから富良野岳へ往復してこよう。山頂への道は崩壊が進み、前半は階段状の整備が進んでいる。

斜度を増してくる道は岩混じりの細い稜線を巻きつつ山頂に続く。山麓から眺める印象より鋭い稜線だ。草地にはウサギギク、コイワカガミ、ウズラバハクサンチドリなどのほか、トカチフロやチシマノキンバイソウの群落がみごとだ。わずかだがエゾルリソウやエゾタカネスミレの姿も見える。

富良野岳の山頂に立つと、十勝連峰が一望のもと。富良野盆地越しには芦《あし》別岳《べつだけ》が鋭い。また南の山麓には森に囲まれた原始《げんし》ヶ原《はら》湿原が幾何学模様を描いている。山頂から湿原へ続く尾根に登山道もあり（P57「プランニング」参照）、車の手配ができれば縦走も可能だ。

山頂で展望を楽しんだら**縦走路分岐**に下り、上富良野岳をめざそう。分岐から**三峰山**へは、チングルマの群落が広がる気持ちのいい稜線歩きだ。岩の露出した三峰山

D尾根上からのハツ手岩と十勝岳

縦走路分岐付近で見つけたヒグマの足跡

をやり過ごすと、広い砂礫の台地に上がり**上富良野岳**に着く。ここは近年名前がついた1893mのピークで、D尾根上部の稜線分岐に標識が立っている。上ホロカメットク山《やま》や十勝岳の展望がいい。また上ホロカメットク山を越えた先に上ホロ避難小屋があり、分岐から約35分（上富良野岳から十勝岳へはP58サブコース参照）。

富良野岳山頂から望む三峰山と十勝岳（左）

上富良野岳からはD尾根を一気に下る。稜線下の荒々しい斜面と十勝岳を眺めつつ下ると、左手に形のいい富良野岳が望める。7月は三峰山沢源頭の雪どけ跡にエゾツガザクラやエゾコザクラ、チングルマの小さなお花畑が広がる。ハイマツの尾根の右手には八ツ手岩や化物岩など、冬期のバリエーションルートになる岩峰が連なる。

富良野盆地を眺めつつ下降し、**上ホロ分岐**で往路と合流する。花と火山の山肌が印象的な周遊ルートだ。

プランニング&アドバイス

公共交通利用で十勝岳温泉へ向かう場合は、JR富良野線上富良野駅から上富良野町営バス50分（1日3便）。同駅からタクシーの利用も可（約30分）。登山口前に十勝岳温泉凌雲閣℡0167-39-4111と広い駐車場、トイレがあるが、飲料水の水場はない。逆コースでD尾根を登り富良野岳へ向かってもいい（上ホロ分岐~上富良野岳間はP58サブコース参照。紅葉は9月中旬ごろだが、稜線は同時期から寒気が入ると降雪を見る。風当たりも強いので防寒対策を。富良野岳山頂から南側のニングルの森（原始ヶ原登山口）へは約3時間の下り。原始ヶ原の沢コースは2021年3月現在閉鎖中。

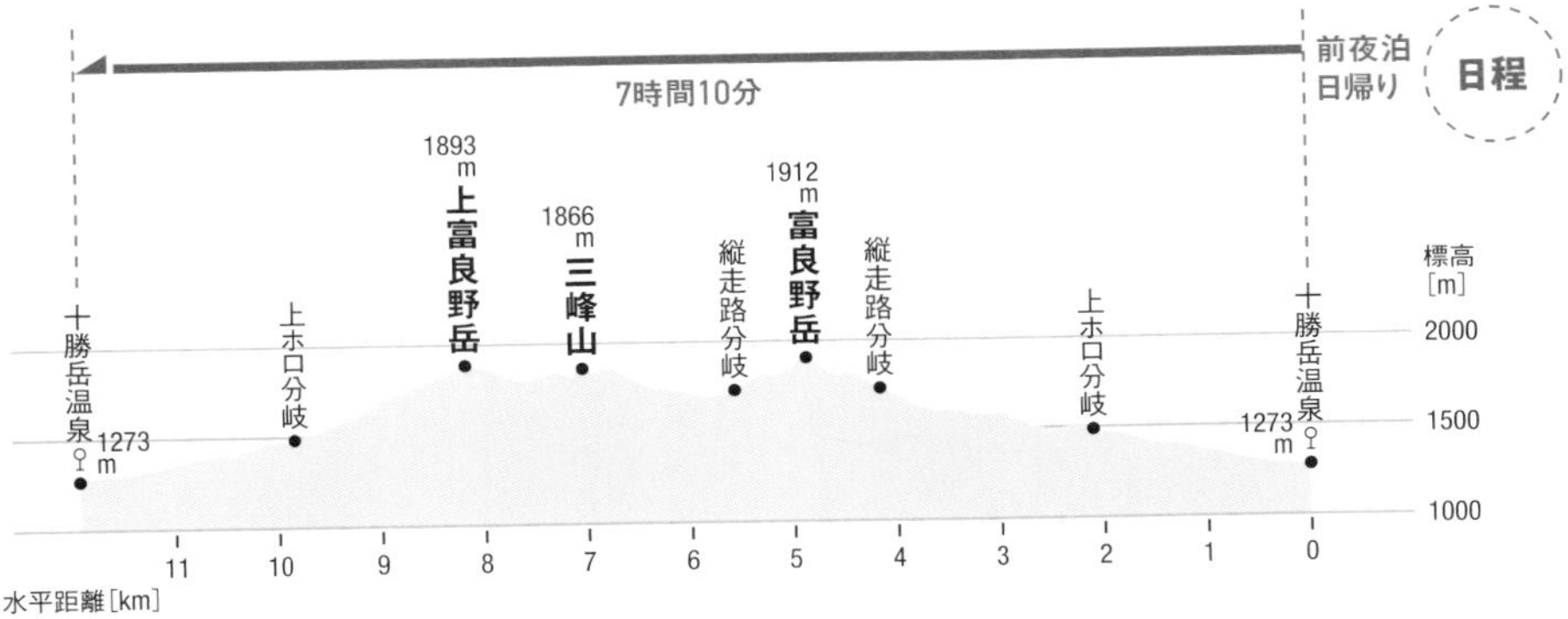

サブコース

上ホロカメットク山

十勝岳温泉↓上富良野岳↓上ホロ避難小屋↓十勝岳↓吹上温泉　6時間20分

上《かみ》ホロカメットク山《やま》（標高1920m）は十勝岳《とかちだけ》の南西に立ち、太平洋に注ぐ十勝川の水源の山である。アイヌ語山名の由来ははっきりせず、「カミホロ」の略称で親しまれている。十勝岳温泉からの絶壁は、とくに冬、圧倒的な迫力で迫ってくる。上《かみ》富良野岳《ふらのだけ》に続くD尾根は稜線に上がる最短ルート。展望がよく、周辺の八《や》ツ手《で》岩などの岩峰は積雪期の登攀ルートとなってきた。上富良野岳から十勝岳への縦走は、温泉をつないで充実した稜線歩きが楽しめる。

十勝岳温泉から**上ホロ分岐**間はP54コース8参照。分岐からD尾根を1時間ほど急登する。右手の谷間は雪渓が残りやすく、雪どけあとにエゾコザクラやチングルマが咲く。富良野岳や背後に芦別岳《あしべつだけ》の展望が広がり、やがて左に八ツ手岩がそそり立つ。火山礫地の急斜面を登りきると稜線に出て、まず**上富良野岳**に立つ。ここから高い稜線が続く。天候判断して進もう。

上富良野岳から目前に見える上ホロカメットク山へは20分ほど。十勝岳の展望が抜群だ。その先の**上ホロ避難小屋**は無人で、宿泊の際は雪渓の雪どけ水を利用。周辺はお花畑で、ここがまさに十勝川の源頭だ。避難小屋へは山頂の東側を巻く道もある。

上ホロ避難小屋から十勝岳へも西側が切れ落ち、東側がゆるい稜線が続く。植物はハイマツがところどころで稜線に迫るほかは、メアカンキンバイが咲くくらい。白茶けた火山灰地が露出してくると、大砲岩《たいほう》の

Map 7-3B　十勝岳温泉

Map 7-3B　吹上温泉

コースグレード	中級
技術度	★★☆☆☆ 2
体力度	★★★☆☆ 3

火山灰地に根づいたシラタマノキ。サロメチールのにおいがする

上ホロカメットク山からの上ホロ避難小屋と十勝岳

上ホロカメットク山（中央）と富良野岳（大砲岩付近から）

分岐だ。左に分かれる三段山《さんだんやま》への道は崩壊により通行止めとなっている。

大砲岩から十勝岳へはもうひと登りだ。背後には歩いてきた稜線が波打って続き、富良野岳の緑色の山肌が際立つ。馬の背とよばれるコブを越えれば、形のいい十勝岳山頂への斜面が待っている。イワツバメの飛び交う山頂から先に、美瑛岳《びえいだけ》へ褐色の稜線が続いている（P50コース7参照）。

十勝岳山頂からの下山は、左手の尾根をまず肩まで下る。そこで前《まえ》十勝の火口へ続く尾根が左に分かれるが、通行止めなので入りこまぬよう。右の急斜面を下りグランド火口の上を大きく回るように進む。やがて十勝岳避難小屋に続く尾根に乗っていく。

避難小屋から吹上《ふきあげ》温泉へは**白銀荘《はくぎん》分岐**を左に入る。富良野川を渡り（増水時注意）、岩とハイマツの庭園を抜けると針葉樹林となり、**吹上温泉**のキャンプ場に出る。白銀荘分岐を直進すれば望岳台《ぼうがくだい》に向かうが、バスはなく、タクシー利用か車の回送となる。

無料の露天風呂の「吹上の湯」

プランニング&アドバイス

十勝岳温泉、吹上温泉へはJR富良野線上富良野駅から上富良野町営バスを利用する（吹上温泉まで35分、十勝岳温泉まで50分）。バスは両温泉も結ぶ。吹上温泉白銀荘はP53「プランニング」参照。白銀荘のやや下に無料の露天風呂「吹上の湯」もある。上ホロ避難小屋は収容30人。稜線は9月半ばの寒気で初雪を見るので、防寒対策は万全にしたい。

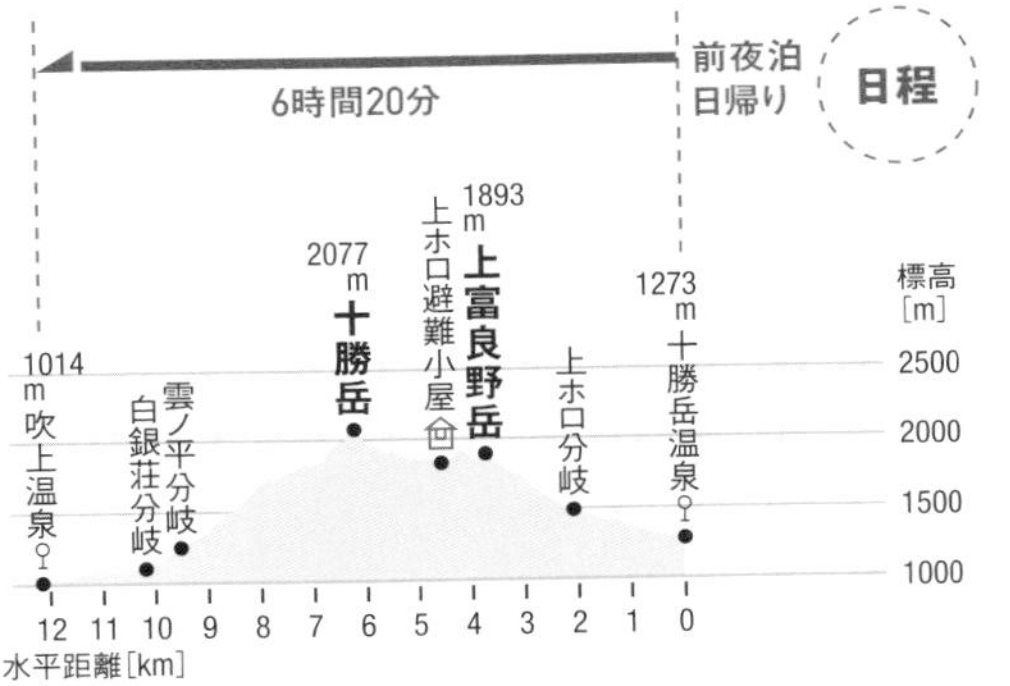

ベベツ岳からは大きなコルを隔ててオプタテシケ山が立つ（右は石狩連峰）

十《と》勝《かち》連峰北東端に位置するオプタテシケ山《やま》（２０１３ｍ）。ピラミダルな山頂から深い谷を抱くように東西の尾根がのび、そのあいだを中央稜が貫く。無雪期の登山とともに冬期バリエーションルートが知られる。アイヌ語の山名は「槍がそこで跳ね返った」の意。山同士の争いで投げた槍が跳ね返ったというアイヌ神謡があり、元来は広く大雪山《だいせつざん》の連なりを指していたともいわれる。白金《しろがね》温泉からのコースは変化に富み、歩きごたえある好ルートだ。

1日目 登山口から美瑛富士避難小屋へ

オプタテシケ山往復は日帰りも可能だがややきつく、日の長い夏向き。ここでは美《び》瑛《えい》富《ふ》士《じ》避難小屋１泊の行程で紹介しよう。白金温泉の国設白金野営場から美瑛川上流方面へ約２㎞で登山道への林道入口。すぐに舗装された涸《かれ》沢《さわ》林道に入る。ゲートは２０２０年時点で原則開放されている（２０２１年は未定）。

美瑛富士登山口から歩きだし、やがてア

美瑛富士避難小屋とキャンプ地。奥は美瑛富士

風情のあるアカエゾマツが並ぶ天然庭園

1泊2日

オプタテシケ山

十勝連峰北東端の秀峰 トムラウシ山を望む絶頂へ

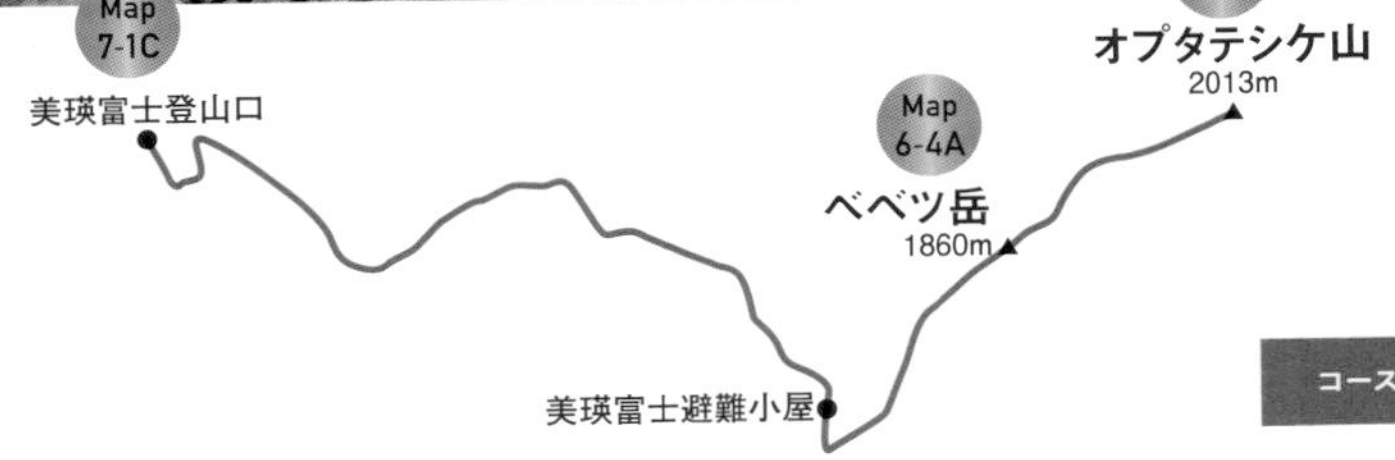

1日目	登山口→美瑛富士避難小屋　計2時間40分
2日目	美瑛富士避難小屋→オプタテシケ山往復→美瑛富士避難小屋→登山口　計7時間

コースグレード	中級
技術度	★★★☆☆ 3
体力度	★★★☆☆ 3

避難小屋への道沿いに咲くコイワカガミ

カエゾマツの落ち着いた樹林に入る。苔むした根元の回りにゴゼンタチバナが咲く、気持ちのいい道だ。少し登った標高1200m付近のゆるい斜面は矮性化したアカエゾマツが林立し「天然庭園」ともよばれる。樹氷におおわれる冬も独特の景観を見せる。

美瑛富士の北側を巻くように斜上すると巨岩帯となり、高山の雰囲気が広がる。ここから高度をかせいで水無《みずなし》川の源頭を越える。雪渓の消えた草地には雪どけを追ってチングルマやエゾコザクラ、コイワカガミなどが咲く。石垣山《いしがきやま》のハイマツの尾根や扇沼山のおおらかな稜線越しに旭岳《あさひだけ》方面の展望がいい。美瑛富士避難小屋に着く前に、途中の小沢の流水があれば取水していこう。

石垣山と美瑛富士のコルにある**美瑛富士避難小屋**周辺は、お花畑と岩場が目前に広がる美しい場所だ。3～4張ほどの天場と携帯トイレブースがある。宿泊の際は周辺の植物に気を配りたい。

2日目 オプタテシケ山を往復して下山

翌日はオプタテシケ山を往復して白金温泉へ下る。小屋から岩の重なる尾根を登り、石垣山山頂の東を巻いていく。標高が上がるにしたがい、背後には美瑛岳や円錐形の下《しも》ホロカメットク山が見えてくる。

オプタテシケ山山頂からは東尾根の先に旭岳（左）やトムラウシ山（右）が一望のもと

石垣山付近のお花畑と美瑛岳。左は下ホロカメットク山

ハイマツ帯の稜線は、南東側の斜面にお花畑が広がる。チングルマやエゾツツジ、エゾヒメクワガタなどが咲き競い、オプタテシケ川源流の谷へと続いている。イワブクロやコマクサが根を下ろす稜線は快適に歩けて、足がはかどるだろう。

標高1860mの**ベベツ岳《だけ》**は稜線上の大きなコブ。ここまで来るとオプタテシケ山がすっきりした形で望めるが、コルまで一度大きく下らなければならない。岩場からはナキウサギの甲高い声が響く。

オプタテシケ山は山頂付近が細く、登りがいがある。最後まで楽しませてくれるだろう。**オプタテシケ山**山頂からは東尾根の先に、トムラウシ山《やま》への稜線が魅惑的に続いている。いつかたどってみたい長い縦走路である（P64コース10参照）。

帰路は**ベベツ岳**の登り返しがきついが、オプタテシケ登頂後なら気は軽いはず。**美瑛富士避難小屋**で一服し、**登山口**へ下ろう。

プランニング&アドバイス

公共交通利用の場合、白金温泉へはJR函館本線旭川駅から道北バスが運行（JR富良野線美瑛駅を経由する）。美瑛駅からタクシーやレンタカー（ニコニコレンタカー℡0166-76-5252）も利用可。登山口への涸沢林道の状況は北海道上川中部森林管理署美瑛森林事務所℡0166-92-2063へ。美瑛富士避難小屋は約20人収容。水は小屋手前の小沢か近くの斜面の雪どけ水だが、晩夏は涸れるので持参が確実。天候次第で初日にオプタテシケ山へ往復してもいい。7月中旬以降は稜線の花がにぎやか。

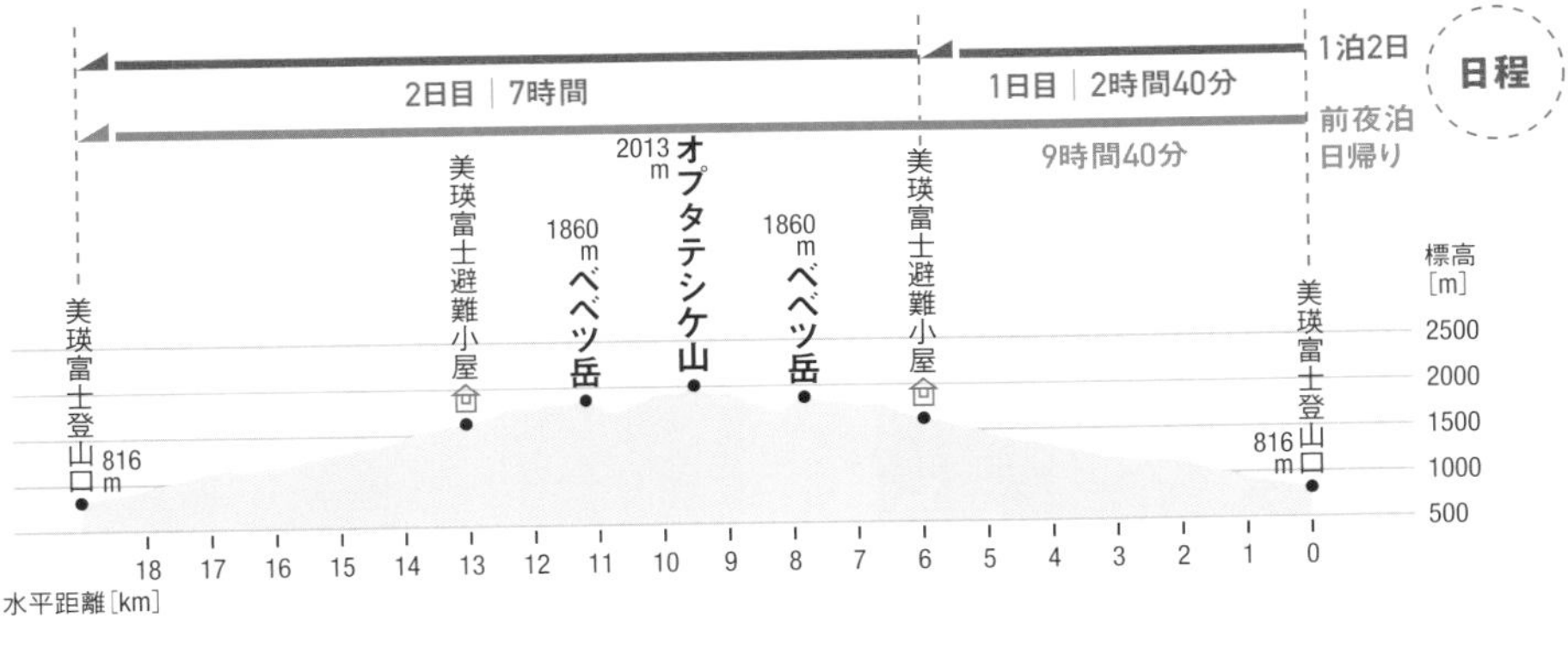

旭岳から富良野岳をめざす チャレンジコース

コースグレード | 上級

技術度 ★★★★★ 3

体力度 ★★★★★ 5

本コースは、「北海道の屋根」と称される大雪山《だいせつざん》の最高峰・旭岳《あさひだけ》から中間点のトムラウシ山《やま》を経て十勝《とかち》連峰最南端の富良野岳へと踏破する。距離約70㎞、日本屈指のロングトレイルだけに、深い山で確実に行動する体力と判断力が求められる。重畳と続く山稜を幾多の花々が彩り、ハイマツの海が囲む。雄大な高根ヶ原や、トムラウシ山からオプタテシケ山《やま》の山域などでは、見渡す限り人のいない、野生圏の自然に向き合う時間を得られるだろう。

1日目 旭岳を越えて白雲岳避難小屋へ

最初に登る旭岳は標高２２９０ｍ。その後も２０００ｍ前後の稜線が続く。

初日は**姿見《すがたみ》駅**までロープウェイが使えるが、旭岳の登りが荷も重くきつい。翌日の高根《たかね》ヶ原《はら》越えと合わせて2日ほどは好天を見込んで出発したい。**旭岳**から遠く霞む十勝連峰を望めば、果たして歩き通せるのか、期待と不安が入り交じるだろう。旭岳の東斜面は雪渓が残りやすい。その量で残雪状況

高根ヶ原を越えて忠別沼と忠別岳を望む。右は化雲岳

白雲岳山頂から旭岳、後旭岳の大斜面を望む

大雪山 十勝連峰縦走

前夜泊4泊5日

縦走のハイライトのひとつ、高根ヶ原とトムラウシ山。
右奥に十勝連峰が続く（緑岳より）

1日目	姿見駅→旭岳→北海岳→白雲岳避難小屋	計6時間20分
2日目	白雲岳避難小屋→五色岳→化雲岳→ヒサゴ沼避難小屋	計6時間10分
3日目	ヒサゴ沼避難小屋→トムラウシ山→三川台→双子池	計10時間20分
4日目	双子池→オプタテシケ山→美瑛岳→十勝岳→上ホロ避難小屋	計8時間35分
5日目	上ホロ避難小屋→富良野岳→十勝岳温泉	計5時間35分

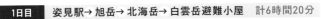

がおおよそつかめる。7月上旬まではコースに雪が残りやすい反面、各地で水が得やすい。**北海岳**《ほっかいだけ》を経て**白雲分岐**《はくうん》から**白雲岳**《はくうんだけ》を往復すると、後《うしろ》旭岳や高根ヶ原が一望できる。また**白雲岳避難小屋**に早く着けば緑岳《みどりだけ》（松《まつ》浦岳《うらだけ》）への往復も可能だ。山に慣れつつじっくり歩きたい。白雲岳避難小屋はコース中で唯一6～9月に管理人が入り、登山者も多い。ヒグマの動向や先のコースの情報を得ておこう。混雑する夏はテント泊基本で望みたい（コース1 3 4参照）。

2日目 高根ヶ原を踏破し、ヒサゴ沼へ

白雲岳避難小屋裏の水場で充分給水していこう。この日は前半のハイライトともいえる行程だ。標高差が少なく、とくに高根ヶ原はトムラウシ山を眺めつつ、歩きやすい高山帯が続く。7月上～中旬はホソバウルップソウ、リシリリンドウ、コマクサの群落などが足もとを彩る花の回廊である。

高根ヶ原分岐から大雪高原温泉へ下る三《み》笠《かさ》新道は貴重なエスケープルートだが、ヒグマの生息地に重なり通行止め期間が長い。白雲岳避難小屋で現状確認のこと。高根ヶ原は風当たりが強く標高が下げづらい。また高根ヶ原分岐を過ぎると下山口が遠くなる。悪天の際は無理せず天気待ちするか、**忠別岳**《ちゅうべつだけ》**避難小屋**で区切ろう。

木道沿いにエゾカンゾウやワタスゲの咲く忠別沼は小さなオアシスのよう。**忠別岳**や五色岳《ごしきだけ》周辺はハイマツ帯が広がるが、数年おきに手が入って歩きやすい。化雲平《かうんだいら》周辺も木道整備が進んだ。

五色岳からは沼《ぬま》ノ原《はら》を経てクチャンベツ沼ノ原登山口へ、**化雲岳**《かうんだけ》からは天人峡《てんにんきょう》温泉に下れるが、小《ぽん》化雲岳からの下りは前半道が悪い。**ヒサゴ沼避難小屋**も夏は混雑気味。テントは周辺の植物に気を配りつつ張りたい（コース5 6参照）。

三川台からハイマツの刈り分け道をツリガネ山へ

縦走中間点のトムラウシ山からの南沼と十勝連峰

オプタテシケ山からの雪どけ水が流れる双子池キャンプ地

3日目
トムラウシ山を経て懐深い双子池へ

この日はじわじわと近づいてきたトムラウシ山に登頂し、オプタテシケ山手前の双《ふた》子《ご》池へ向かう。大雪山で最も奥深く静寂な山域。体力的にもきつい場所だ。

ヒサゴ沼から稜線へは万年雪が残る。トムラウシ山までは岩礫地と花咲く水辺が入り組む美しい行程だが、視界がないと迷いやすい。トムラウシ山は花の多い北側を巻いて**トムラウシ分岐**に出て、軽身で往復するといい。**トムラウシ山**山頂はコースの中間点。旭岳や十勝連峰までの全容と距離感がつかめるだろう。南沼キャンプ地からトムラウシ温泉へエスケープできる。十勝連峰へ継続するかの判断地になる。

トムラウシ山以降は登山者が急減する。氷河湖のような南沼《みなみ》を眺めつつの快適な下り道が三川台《さんせんだい》に続く。三川台下のユウトムラウシ花園はいくつもの池が輝き、夏から秋、雪どけの草原でヒグマが悠々と草を食む。北海道の原風景に触れる山道である。

三川台からは小刻みな起伏の連続で疲労するが、ルートは明瞭だ。ツリガネ山《やま》周辺のハイマツも時おりの手入れ後は快適だが、笹刈り後の足もとの切り口に要注意。

三川台とツリガネ山のコル、**コスマヌプリ**に小さなテントスペースがあるが、指定地ではなくビバーク用に頭に入れておこう。

オプタテシケ山の斜面からの双子池とトムラウシ山への稜線

オプタテシケ山へは後半の最大の登り

三川台から扇沼山《おおぎぬまやま》を経て俵真布《たわらまっぷ》へ下るエスケープルートは、台地《だいち》林道入口にゲートがある（2021年3月現在通行止め）。

水場は南沼キャンプ地脇の小沢以外は沼水。三川台下で融雪水が得られる。**双子池キャンプ指定地**はオプタテシケ山の雪どけ水。秋で涸れていれば双子池の水を煮沸利用。オプタテシケ山の斜面下と双子池脇にも小スペースあり（コース5 6参照）。

4日目
オプタテシケ山を経て上ホロ避難小屋へ

オプタテシケ山から十勝連峰の主稜線をたどる起伏の大きい行程。好天を狙いたい。

キャンプ地で充分給水して出発。まず**オプタテシケ山**への登りがきつい。石垣山《いしがきやま》と美瑛富士《びえいふじ》のコルに避難小屋があり、白金《しろがね》温泉へ下れる。**美瑛岳**《びえいだけ》から上ホロカメットク山まではところどころ西側が険しい崖で、稜線は火山性の裸地が続く。とくに美瑛岳から**十勝岳**《とかちだけ》付近の尾根は視界がないと迷いやすい礫地で、風当たりも強い。水は美瑛富士避難小屋周辺とやや進んだ美瑛富士南東面に夏まで融雪水あり。**上**《かみ》**ホロ避難小屋**も融雪水のみなので、できるだけ途中で確保していきたい。十勝岳に登頂後に望岳台《ぼうがくだい》、吹上《ふきあげ》温泉へ下る際は、前《まえ》十勝の火口方面への入りこみに注意（コース7 9参照）。

5日目
富良野岳に登頂後十勝岳温泉へ下る

上ホロ避難小屋から上《かみ》ホロカメットク山《やま》を越えるとまもなく**上富良野岳**《かみふらのだけ》に着く。ここから十勝岳温泉へのD尾根は急だが短いエスケープルートだ。**三峰山**《さんぽうざん》の岩稜をやり過ごすとチングルマの群落が広がる。

富良野岳手前のコル（**縦走路分岐**）に荷を置き、軽身で**富良野岳**の稜線を往復する

上ホロカメットク山からの最終ピーク・富良野岳

オプタテシケ山からは美瑛岳と十勝岳が見渡せる

コラム1

原始ヶ原と松浦武四郎

原始ヶ原は、富良野岳の南山麓、標高1000〜1300mに広がる湿原だ。幕末の探検家・松浦武四郎は1858（安政5）年の春、旭川アイヌのクチンコロら12人の案内人と、美瑛方面から富良野岳西側の「ルーチシ」とよぶ峠を越えて原始ヶ原に入った。さらに空知川源流のシーソラプチ川から十勝側へ抜けた記録を『十勝日誌』に残している。風情のあるアカエゾマツに囲まれた原始ヶ原で、幕末の北海道に想いを馳せるのもいい。

といい。大縦走の最後のピークは、夏には多彩な花が、秋には山麓の原始《げんし》ヶ原《はら》の静かな紅葉が祝ってくれるだろう。**縦走路分岐**からは十勝岳温泉へ三峰山の中腹をトラバースしつつ下る。2本ある沢は手前のほうが水場としては適している。D尾根下の**上ホロ分岐**を過ぎると、やがて安政《あんせい》火口の谷に着く。あとは遊歩道を**十勝岳温泉**へ下るだけだ。長い縦走を終えて浸かる湯は至極の温もりに違いない（コース8参照）。

プランニング&アドバイス

本項は4泊5日のロングプランとしたが、1日の歩行距離は最も短い日でも5時間を超える。夏はオホーツク高気圧が強いと稜線はガスが出やすく、低体温症に要注意だ。無理なく完遂するには3日ほどの予備日を持ち、天候に合わせて柔軟に前進しよう。避難小屋以外のキャンプもあり、テントは必携だ。全山継続が難しければ、季節を変えて区切りつつ、つなぎ歩くのも優れた方法かもしれない。その場合、1日目は銀泉台、2日目は化雲岳から天人峡温泉、3日目はトムラウシ分岐からトムラウシ温泉、4日目は十勝岳から望岳台もしくは吹上温泉に下るとよい（登りの際の起点にもなる）。

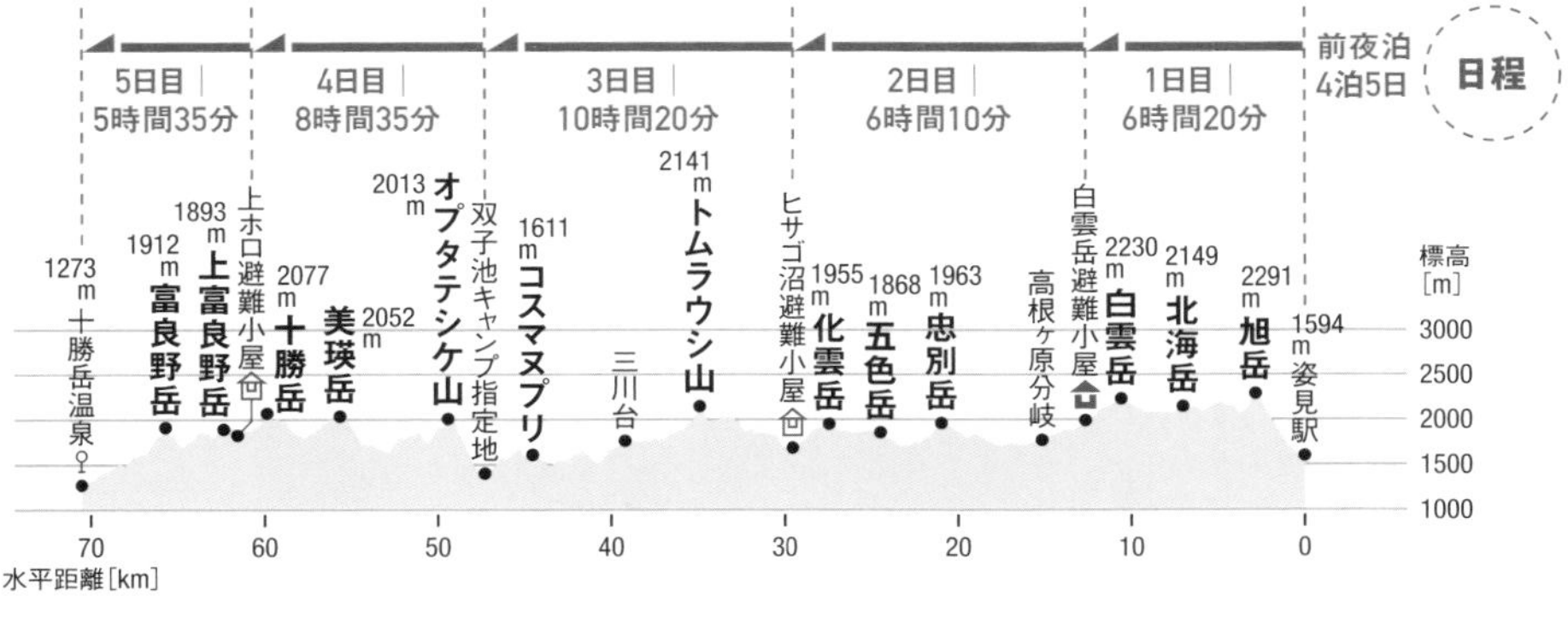

石狩連峰

音更山の下りからの石狩岳。左奥にはニペソツ山が鋭い頂を見せる

大河・石狩川源流に位置し
個性的な山々がそろう。
通称「東大雪」

コースグレード	中級
技術度	★★★☆☆ 3
体力度	★★★★☆ 4

1泊2日 音更山 石狩岳

石狩川と音更川の水源をめぐる 東大雪屈指の縦走コース

新緑のシュナイダーコースからの石狩岳の肩とニペソツ山を望む

1日目	音更山登山口→十石峠→ブヨ沼　計4時間
2日目	ブヨ沼→音更山→石狩岳→二十一ノ沢出合→音更山登山口　計7時間

石《いし》狩《かり》連峰の主峰・石狩岳《いしかりだけ》（標高1966m）と隣接する音更山《おとふけやま》（標高1932m）は、大雪山《だいせつざん》東部に鎮座する重量感のある山。日高《ひだか》山脈同様の褶曲山脈で深い谷と急峻な尾根が稜線から山麓の森にのびる。この2山の縦走は、道内一の大河・石狩川と十勝《とかち》川支流・音更川の分水嶺をめぐる好ルート。ボリューム感のある山をつなぎつつ、東大雪らしい静寂な山域に浸れる。爽快な稜線風景を背景に咲く花々や秋のダイナミックな紅葉も魅力だ。

1日目 十石峠を越えブヨ沼へ

2016年の台風被害により、国道273号の十勝三股《みつまた》から層雲峡《そううんきょう》側へ約6kmの地点から林道に入る。標識にしたがって山麓を進み、最後は音更川沿いの林道に入り**音更山登山口**へ。国道から登山口まで約12km。4〜5台ほどの駐車スペースがある。

登りはじめてしばらくは展望のない樹林帯が続く。斜度が増すと、標高1100m付近の小沢で水がとれる。ブヨ沼までの唯一の水場だ。十石峠まではさらに急坂が続く。標高差のある登路は針葉樹林からダケカンバ帯へ。さらにハイマツ帯に入ると視界が広がる。

標高1576mの**十石峠**は旧十勝国と石狩国との境界にあることからその名がついた。いわば北海道の分水嶺のような山域だ。峠はポンユニイシカリ沢コース（閉鎖中）とユニ石狩岳への登山道が交差し、縦走路はここから西へ向かう。ユニ石狩岳は十石峠から往復1時間半弱。余裕があれば登っていくといい。音更山や石狩岳への稜線がよく見渡せる。

十石峠からはハイマツ帯の稜線が続く。小さなコブをひとつ越えた1626mのコルに**ブヨ沼**のキャンプ地がある。テント4〜5張ほど、水は踏み跡を下ったブヨ沢

十石峠から音更山（右奥）への稜線

ブヨ沼キャンプ地。スペースは少ない

音更山東側のお花畑と石狩岳

で得られる。ヒグマやキタキツネなどを誘引しないよう、ゴミの管理は徹底しよう。

2日目

音更山、石狩岳に登りシュナイダーコースを下る

2日目は下山路のシュナイダーコース下部まで水場がない。ブヨ沢で補給しよう。

ブヨ沼を出発してからは標高をかせぎつつ音更山へ向かう。7月はエゾノツガザクラやアオノツガザクラ、キバナシャクナゲなどが雪どけを追って咲く。秋は尾根筋の紅葉が魅力だ。

音更山の肩への急坂を越せばなだらかになり、7月上旬から絨毯のようにイワウメやチングルマの群落が広がる。**音更山**の山頂は思いのほか平坦で、高根《たかね》ヶ原《はら》を抱く表大雪の山並みが一望できる。次に向かう石狩岳が最もいい形で望める場所だ。

音更山の南側一帯はロックガーデンで、ナキウサギの絶好の棲息地になっている。ここからは石狩岳を正面に見つつ下る、このコースの最も楽しい行程だ。稜線にはヒメイソツツジやコケモモが咲き、秋はウラシマツツジやクロマメノキの紅葉に彩られる。石狩岳の斜面はダケカンバの黄葉がおおらかに広がる。

シュナイダーコースの分岐からは石狩岳の登りがはじまる。分岐付近は音更川の谷間越しにニペソツ山《やま》やウペペサンケ山《やま》の展望がいい。またヒグマもよく目撃されている。石狩岳へ向かう前にハイマツ帯をよく

音更山からの石狩岳とトムラウシ山（右奥）

シュナイダーコース下の沢。踏み跡などを探していく

石狩岳山頂からは大雪山の稜線が一望のもと

見回していこう。コース近くにいる場合は、刺激せず引き返すこと。

　分岐からは気持ちよく高度を上げ、1時間ほどで**石狩岳**の山頂に着く。トムラウシ山《やま》を中心に十勝連峰から旭岳《あさひだけ》へと連なる大雪山の全貌がわかる大パノラマ。山深い台地に輝く沼《ぬま》ノ原《はら》にも目を奪われる。山頂からは川上岳《かわかみだけ》を経て沼ノ原へも道が続いており、さらなる縦走へと誘われる（P76サブコース参照）。

　帰路は**分岐**まで戻り、シュナイダーコースを下る。はるか下には二十一《にじゅういち》ノ沢出合の登山口が見える。この尾根は急なだけでなく、ところどころ細い上に長い。気を抜かずに歩こう。だが秋はダケカンバやウラジロナナカマド、ミネカエデなどの紅葉に染まり、十石峠方面の展望も爽快だ。針葉樹が目立ってくると斜度はゆるくなり、沢の音が聞こえてくる。

　尾根の下で沢を徒渉するが、倒木などで毎年状況が変わるので、踏み跡や目印を探しつつ進もう。あとは沢沿いの樹林を下っていき、小さな祠を過ぎるとまもなく**二十一ノ沢出合**に出る。そこから起点の**音更山登山口**まで約2kmの林道歩きだ。

プランニング&アドバイス

登山口へはマイカーやレンタカー利用が一般的。シュナイダーコースの二十一ノ沢出合は広い駐車スペースと簡易トイレがあり、沢から水がとれる。二十一ノ沢出合からは稜線のシュナイダー分岐まで登り約4時間、下り3時間。シュナイダー分岐から音更山まで1時間10分。石狩岳まで50分。日帰りは日の長い夏をすすめる。二十一ノ沢出合から音更川沿いの音更川本流林道を約1.5km進むと岩間温泉の露天風呂（無施設）があるが、2021年3月現在林道が通行止め。稜線歩きが長いので、とくに秋は防寒対策を万全に。

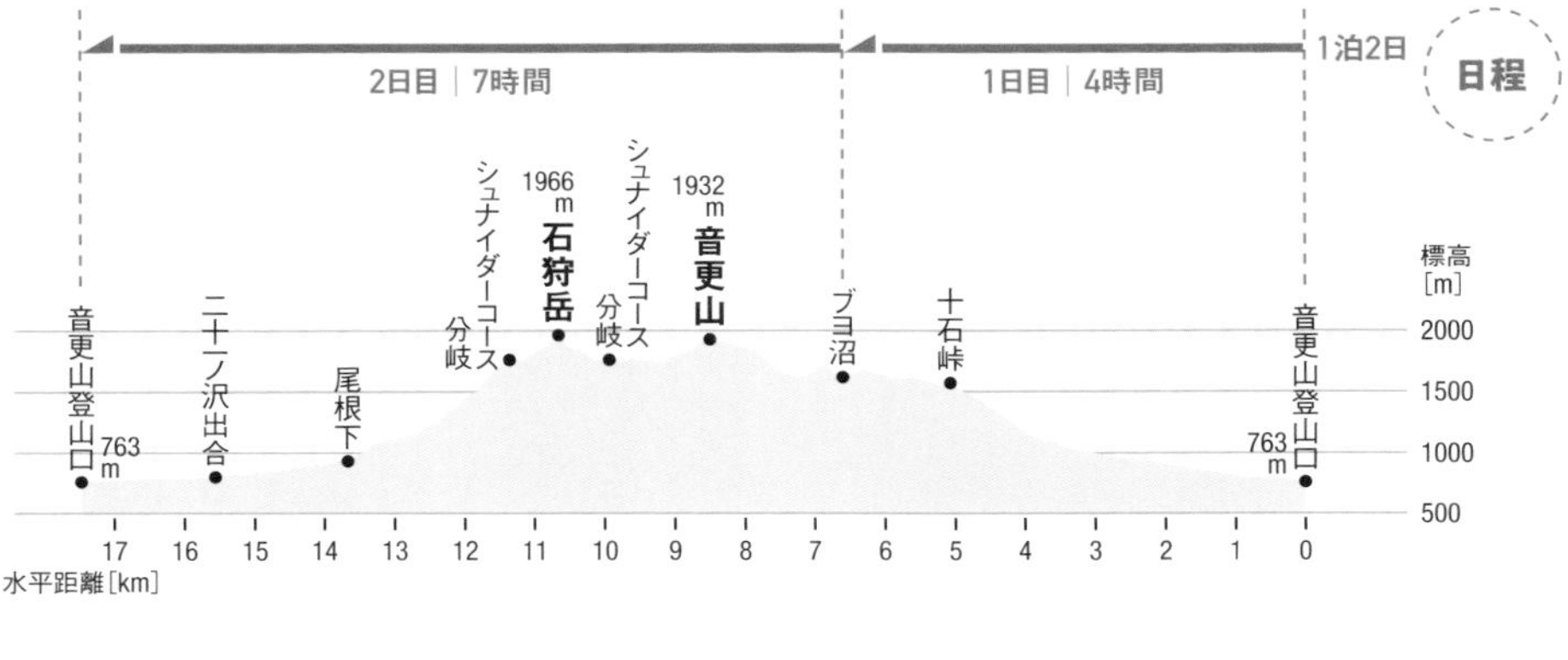

サブコース

石狩岳から沼ノ原へ

石狩岳↓1289mのコル↓石狩分岐↓沼ノ原分岐↓クチャンベツ沼ノ原登山口 6時間30分

ここで紹介する石狩岳《いしかりだけ》～沼《ぬま》ノ原《はら》間は、東《ひがし》大雪《だいせつ》と大雪山《だいせつざん》中央部、さらに十勝《とかち》連峰へ続く縦走路の要所だ（石狩岳へはP72コース[11]、沼ノ原分岐からクチャンベツ登山口、五色岳《ごしきだけ》はP44コース[6]参照）。

石狩岳から南へのびる稜線は標高1894mの川上岳、1895mのジャンクションピークへと続き、そこから西へ下って通称「根曲《ねま》がり廊下《ろうか》」の樹林帯に入る。背丈を超すササのトンネルで知られる場所で、ここは沼ノ原との中間部となる。石狩岳から先は入山者が少なく、深く静寂な山々に囲まれた山旅ができる一方、歩行の疲労感は数年ごとのササの刈払いなど整備の入り方しだいとなる。体力とキャンプ地の区切り方が行程のポイントだ。

石狩岳から石狩岳南峰《なんぽう》を越し、小石狩《ポンいしかり》岳《だけ》とよばれる1924mピークへ。このあたりは尾根がとくに鋭い。起伏のあるハイマツ帯を抜けて川上岳《かわかみだけ》へ向かうが、道は明瞭で残雪期以外は技術的な問題はない。爽快な稜線歩きだが、奥深い山ゆえヒグマの糞が散見され、同じ道を歩いていることを知るだろう。先の稜線を見渡しつつ歩きたい。

川上岳は山頂をかわし、トラバース気味にジャンクションピーク（通称ニペノ耳《みみ》）に向かう。ニペノ耳から南方の踏み跡は廃道なので入りこまないこと。**ニペノ耳**は2つのコブで、そのあいだから西に向かう長い尾根に乗ってじわじわと下降していく。

ハイマツ帯から樹林帯に入れば、秋は紅

Map 9-2C 石狩岳

Map 9-2B クチャンベツ沼ノ原登山口

コースグレード	上級
技術度 ★★★☆☆	3
体力度 ★★★★☆	4

1289mコルには小スペースあり

石狩岳南峰からは起伏のある稜線をたどる

葉のトンネルになる。急坂を下った**1289ｍのコル**から南側に少し下ると沢の源頭で水がとれるが、踏み跡は不明瞭。コルには1~2張程度のスペースがある。

コルからはゆるやかな広い尾根道で、この付近から石狩分岐手前までが「根曲がり廊下」とよばれる。多雪地帯だけに背丈を超える深いやぶだが、笹刈り後なら問題ない。石狩分岐の台地に上がる急坂手前のコルは沼ノ原沢の源頭となっており、雨後は取水できるチャンスがある。

沼ノ原から望む石狩岳（左）からニペノ耳（右）の山並み

石狩分岐で左からヌプントムラウシ温泉コース（2021年3月現在、アプローチの林道が通行止め）が合流する。

石狩分岐からは20分ほどで**沼ノ原分岐**。そこから15分ほどで**大沼《おおぬま》キャンプ地**だ。沼ノ原分岐から**クチャンベツ沼ノ原登山口**へ下山できるが、車の手配が必要となる（下段「プランニング」欄参照）。

また、沼ノ原から五色岳へ継続して登れば大雪山から十勝連峰へ続く縦走路と合流する。北は高根《たかね》ヶ原《はら》を経て黒岳《くろだけ》や旭岳《あさひだけ》方面へ、南はトムラウシ山《やま》や十勝岳《とかちだけ》への大縦走も可能で、より充実した山旅になるだろう（いずれもP64コース10参照）。

石狩岳方面からは行程が長いだけでなく、稜線に水場がないので注意したい。シュナイダーコースから入る場合は下部の沢で、十石《じゅっこく》峠からブヨ沼のキャンプ地を経て音更《おとふけ》山《やま》経由で入る場合は、ブヨ沼下の水場で確実に給水できる。

プランニング&アドバイス

入山前に山行記録などで根曲がり廊下の整備情報を得ておこう。ビバークスペースは1289ｍコルのほかシュナイダーコースの頭にもあるが（P72コース11参照）、ヒグマの出没に注意。秋は歩くのに快適な時期だが、日が短いだけに行動できる時間も短くなる。入下山後に車を回送する場合は、「山岳好歩（すきっぷ）」TEL 011-784-0411で受け付けている。

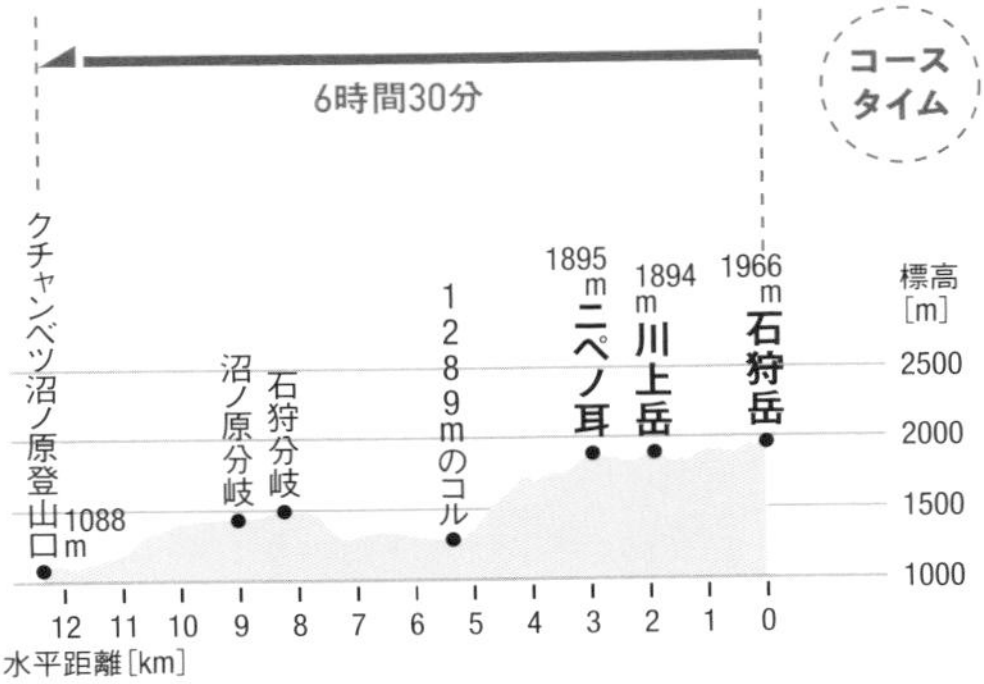

天狗岳の先から新雪のニペソツ山を望む

近年整備された 幌加温泉コースで 北海道きっての鋭鋒へ

コースグレード	中級
技術度	★★★☆☆ 3
体力度	★★★★☆ 4

1日目	林道ゲート→ 登山口→ 三条沼→ 前天狗キャンプ地　計4時間20分
2日目	前天狗キャンプ地→ ニペソツ山→ 前天狗キャンプ場→ 林道ゲート　計6時間10分

ニペソツ山《やま》（標高２０１３ｍ）は、東《ひがし》大雪《だいせつ》山系で唯一２０００ｍを越す頂が鋭く天を突く。山名はアイヌ語のニペシ・オツ（シナノキの樹皮・多い）に由来し、この山を源とするニペソツ川は十勝《とかち》川源流のひとつだ。幌加《ほろか》温泉から三条《さんじょう》沼をへて続く尾根はニペソツ東壁の展望がよく、前天狗《まえてんぐ》、天狗岳《てんぐぬま》を越して山頂に向かう稜線は歩きごたえ充分。高山植物の種類も多く、岩場にナキウサギの声が響く。自然度の高い山域に浸る充実した登山になるだろう。

1日目 幌加温泉登山口から前天狗キャンプ地へ

登山口は国道２７３号から幌加温泉への道に入り、右折して林道に入った最奥。**林道ゲート**右手に登山ポストと約10台の駐車場、簡易トイレ、携帯トイレ回収ボックスがある。ゲートからも林道の状況次第で２km先の**登山口**まで車で行ける。日帰りも可能だが、ここでは稜線上の前天狗泊まりで紹介しよう。

三条沼先に広がる苔むしたアカエゾマツの森

静寂な森のなかに水を湛えた三条沼

登山口からユウンナイ川を左手に作業道を進む。やがて小沢を渡りつつ登り出すが、前半は道がぬかるんでいる。標高が1000mを超えたあたりの小沢で給水していこう。ここから先は沼や森の小沢、上部の残雪くらいで、確実な水場はなくなる。

やがて森のなかに**三条沼**が現れる。標識には鋭い爪痕が残り、ヒグマのサインポストになっている。沼から続く斜面をやり過ごすと平坦になり、アカエゾマツの大木や苔の美しい森に入る。

徐々に標高を上げてダケカンバ帯に入り、尾根上で視界が開けると展望台がある。東壁が切れ落ちたニペソツ山が遠望できるが、足もとの崖は崩れやすく気をつけたい。ここからはきれいなダケカンバ林が続く。シャクナゲ尾根ともよばれるように、初夏はハクサンシャクナゲが華やかな道だ。**1662mのコブ**は展望がよく、秋は紅葉の見どころである。

このコブからハイマツのからまる尾根を一度下り、広い沢形の斜面を登っていく。段々のお花畑とナキウサギの棲む岩場が箱庭のようだ。最後はロープのある急斜面をひと登りして稜線に出る。

右手から十六《じゅうろく》ノ沢コースが合流し、イワウメやウラシマツツジが広がる快適な稜線を行く。前方にニペソツ山が現れると気合が入るだろう。踏み跡がいくつか分かれるが、やがて**前天狗のキャンプ地**に収束する。スペースは3～4張ほど。

2日目 ニペソツ山に登り幌加温泉へ下る

前天狗からはいよいよ核心部。起伏のある稜線歩きがはじまる。一度コルに下ってひと登りすると天狗平《てんぐだいら》に出て、堂々としたニペソツ山が現れる。天狗岳は西側を巻いていったん大きく下り、そこから山頂への急登に差しかかる。東

視界のよい高山帯を前天狗キャンプ地(右)へ

1662mコブから迫力あるニペソツ山東壁を望む

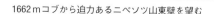

側の急斜面にはチシマノキンバイソウやエゾウサギギク、ダイセツトリカブトなどが咲く。上部で登山道は北側へトラバースし、最後はかなり細い稜線をつめて**ニペソツ山**の頂に到達する。

高度感あふれる山頂だ。トムラウシ山から十勝連峰の雄大な連なりや山麓に続く十勝川源流域の森は、この山ならではの眺め。

天狗岳付近からトムラウシ山を遠望する

大雪山《だいせつざん》全体の見晴らし台のようだ。山頂の崩れ落ちそうな絶壁にも、エゾルリソウやトカチオウギ、チシマゲンゲ、フタマタタンポポ、トカチビランジなど分布の限られた花が生育し、植物のたくましさを感じる。

山頂の南へ続く道は荒廃している。以前、秋にウペペサンケ山《やま》から丸山《まるやま》を経てニペソツ山に縦走したことがあるが、ブッシュをこぎながらの極めて原始的な山行だった。道なき山は積雪期に登るほうがいい。

帰路は往路を戻るが、とくに天狗岳までは起伏が大きく、体力がいる。

プランニング&アドバイス

公共交通の場合は、帯広~旭川間のバス「ノースライナー（拓殖バス・要予約）」で幌加温泉バス停へ。登山口までは約3km・50分弱歩く。また、JR帯広駅から十勝バス1時間40分でぬかびら温泉へ行き、上士幌タクシーに乗り換えて林道ゲート付近まで入ることも可能（約40分）。前天狗の天場は狭いので、登山ポストで入山状況の確認を。ほかに十六ノ沢コース側（2021年3月現在林道の崩壊により実質通行不可）の天狗のコルに2～3張可。7月半ばまで雪解け水が利用できる。前天狗から山頂は悪天時、風当たりが強い。展望が魅力のひとつだけに、条件のいい日に望みたい山だ。

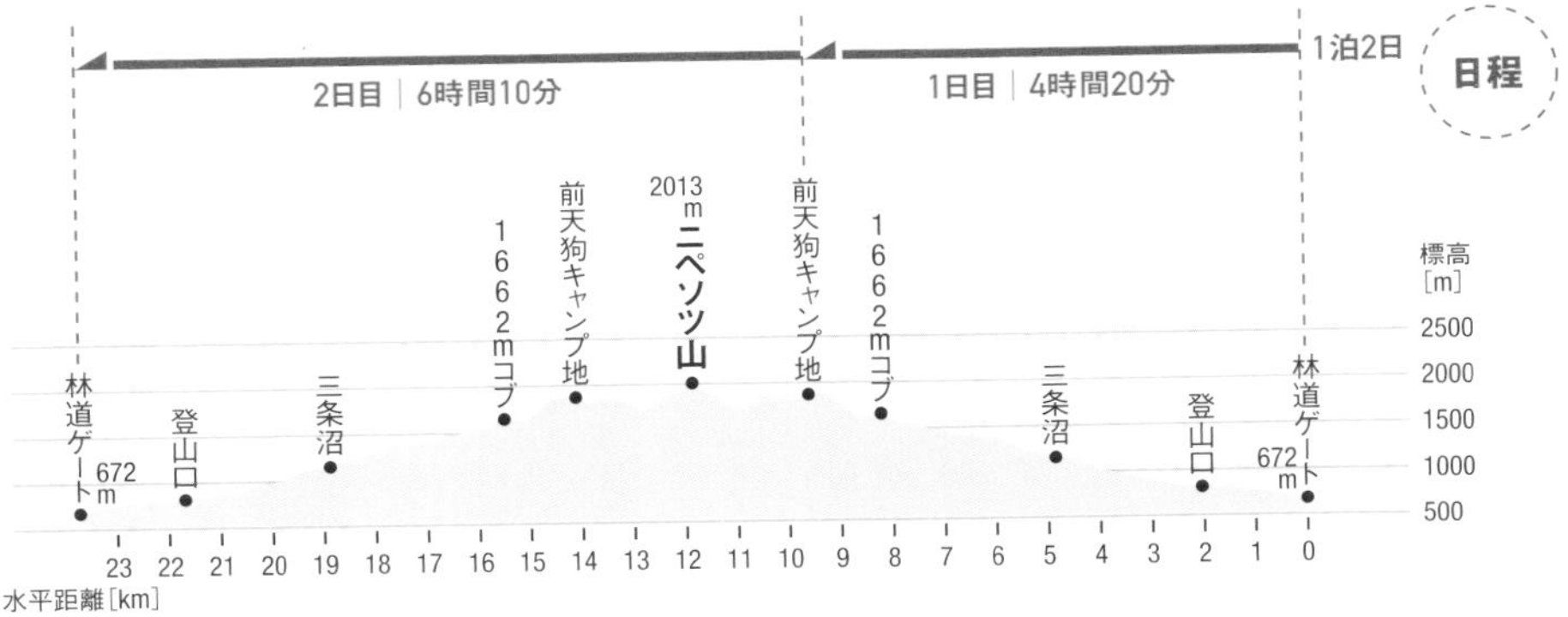

コラム2

然別湖畔の山

大雪山《だいせつざん》国立公園東部の然別湖《しかりべつ》は、北海道で最も標高の高い位置（標高約810m）にある天然湖。気温が低く、針葉樹林と岩石が独特の北方的な景観を織りなす。

白雲山《はくうんざん》や天望山《てんぼうざん》、東西ヌプカウシヌプリ、南ペトウトル山といった1200m前後の山が囲み、いずれも日帰りのコースがある。

登山口の然別湖、白雲橋、白樺峠《しらかば》、扇《おうぎ》ケ原《はら》展望台へはJR根室《ねむろ》本線帯広《おびひろ》駅から鹿追《しかおい》経由の北海道拓殖バスが運行されているほか、各登山口付近に駐車場もある。

また、西側に然別湖畔温泉、北には然別湖北岸野営場があり、宿泊して複数の山に登るのもおすすめ。

■白雲山【標高1186m】

然別湖の南湖畔に天望山と並んで立つ。下部は針葉樹林、上部は岩場が広がる然別湖畔の典型的な山容で、多彩なコースを楽しめる。南岸の白雲橋で然別川を渡った先が登山口。山頂まで1時間30分。天望山とのコルへ下って湖畔に出て登山口まで1時間10分。山頂からの登り下りが急だ。山頂は湖と東大雪・ウペペサンケ山《やま》の展望抜群。

白雲山山頂からの然別湖。左奥はウペペサンケ山

南側の士幌《しほろ》高原コースは、ヌプカの里の上の登山口から1088mの岩石山《がんせきやま》の分岐を経て、山頂直下で白雲橋からの登山道と合流する。山頂まで1時間40分。岩石山までは分岐から15分。

■天望山【標高1174m】

湖に映る山影と合わせて「唇山」の愛称をもつ。東側に東雲湖《しののめ》を抱き、湖めぐりができる。5月末ごろはエゾムラサキツツジがアカエゾマツの森に映える。白雲山とのコルの分岐から、秋はダケカンバの黄葉が美しい斜面を登る。さらに広い沢地形をつめて山頂へ。コルから30分。山頂から北ピークの南を巻いて東雲湖畔に下り、さらに然別湖畔を回って白雲橋の登山口まで戻ると約2時間。東雲湖は周囲1㎞弱。最大水深2m。流入河川がないため枯れたヨシなどの堆積で徐々に浅くなっており、将来消滅する可能性があるという。

■東ヌプカウシヌプリ【標高1252m】

白樺峠の登山口から山頂まで約1時間。ノギランやツリガネニンジンの草原から、苔むした森を抜ける。ダケカンバの尾根をつめると十勝《とかち》平野の展望がいい山頂に立つ。登山口の北側の駒止《こまどめ》湖沿いに遊歩道があり、合わせて歩くのもいい。岩場にはナキウサギの声が響く。

■西ヌプカウシヌプリ【標高1251m】

扇ヶ原展望台の100mほど下に登山口がある。展望台に広い駐車場あり。山頂まで約1時間30分、下り約1時間。カラマツやシラカバの林を抜けて1205mの台地に上がる。チシマフウロ、スズラン、ホタルサイコなどの花が見られるが、1205mから先は倒木などで荒廃。山頂下は岩礫地の踏み跡をたどる。登山前に然別湖ネイチャーセンターで現状確認を。

■南ペトウトル山【標高1345m】

然別湖畔の山々の最高峰。温泉バスターミナル横に登山口があり、ダケカンバとアカエゾマツの林を抜けるシンプルな登路。ハクサンシャクナゲも散見。好展望の山頂手前の胸突《むなつき》坂が急で滑りやすい。往復2時間30分強。

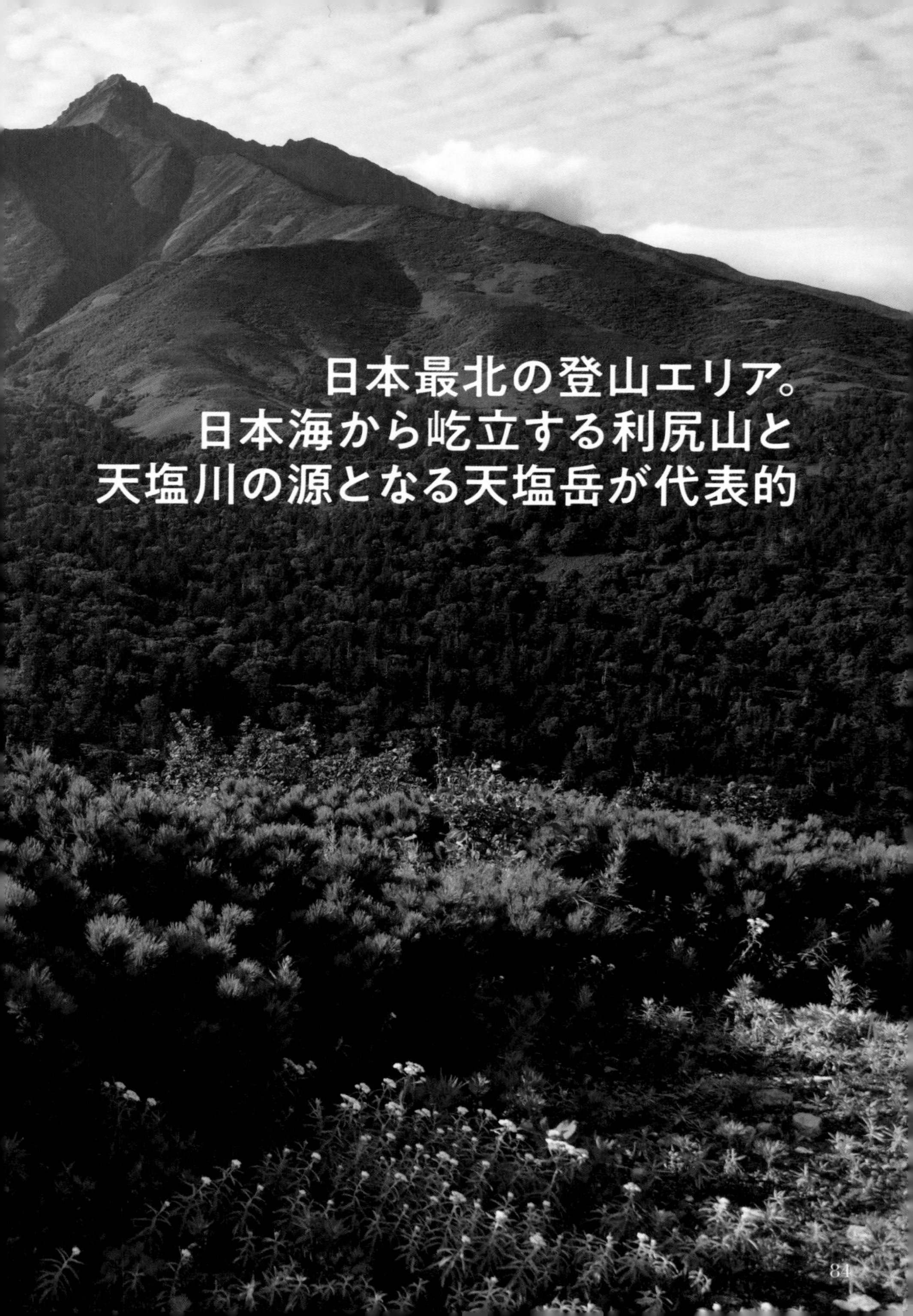

日本最北の登山エリア。
日本海から屹立する利尻山と
天塩川の源となる天塩岳が代表的

最北の日本海にそびえる利尻山。ポン山（標高444m）から

道北の山

コースグレード｜**上級**

技術度 ★★★☆☆ 3

体力度 ★★★★☆ 4

利《り》尻《しり》島の名峰・利尻山《りしりざん》

利《り》尻《しり》島の名峰・利尻山《りしりざん》（別名「利尻富《ふ》士《じ》」・標高1719m）はアイヌ語の「リィシリ（高い島）」が由来の通り、山そのものが最北の日本海に突き出たような姿をしている。隣の礼文《れぶん》島が平坦なだけに、利尻山の鋭さは際立ち、一度目にしたら忘れられない孤高感がある。

北海道本島のサロベツ原野付近からも日本海越しに遠望でき、単純な登山の対象というより、海を渡って向かう山旅の終着点のような山である。山頂付近から急峻な岩稜が裾野の森へ向かってのび、大斜面では幾多の花々が海風に揺れている。

日帰り 鴛泊から山頂に立ち、沓形へ下る

稚内《わっかない》からのフェリーが鴛泊《おしどまり》港へ近づくにつれ、均整のとれた利尻山が目に飛びこんでくる。下船した鴛泊港から歩くこと約1時間で、登山口の**利尻北麓野営場**に着く。快適なキャンプ場でコテージもあるだけに、ここを前泊地にして登山に臨むのもよい。

樹林を抜けるとポン山とペシ岬の展望が広がる

鴛泊コースのダケカンバ帯を登る

前夜泊日帰り

利尻山
鴛泊コース
沓形コース

下山路の三眺山から望む利尻山（左）。方角によってさまざまな山容を見せる

日本海に浮かぶ最北の鋭鋒
利尻山の2大コースをたどる

日帰り　利尻北麓野営場→ 甘露泉→ 長官山→ 沓形コース分岐→ 利尻山北峰→ 沓形コース分岐→ 三眺山→ 見返台園地　計6時間45分

野営場までは鴛泊港や利尻空港からタクシーでもアクセスできる。早めに野営場に入った際は、前日のうちに往復1時間強のポン山《やま》（標高444m）まで足をのばし、利尻山の全容を眺めておくことをおすすめする。

登山口から遊歩道を歩き出す。利尻山は上部に携帯トイレブースがあり、鴛泊コースと沓形コースの登山口には回収ボックスが設置されている。

歩き出しほどなく**甘露泉**《かんろせん》の水場に出るが、上部に確実な水場はないので、ここで充分給水していこう。ポン山と姫《ひめ》沼への遊歩道が左に分かれ、八合目の長官山《ちょうかんざん》への長い登りがはじまる。

登山道（鴛泊コース）は前半が道内屈指の針葉樹林帯。利尻島はクマゲラの生息地で、キョロローと鳴いて飛ぶ姿に出会えるかもしれない。

エゾマツやトドマツの森を抜けて進むと、ダケカンバの美林に入っていく。曲がった

鴛泊コース・長官山からの利尻山。山頂は雲がかかりやすい

幹や枝が風雪の強さを物語る。標高をかせぎ第一見晴台《みはらし》へ出ると視界が広がり、上陸した鴛泊港や市街地が一望できる。海風が心地いい。

ここから徐々に急坂となる。七合目の岩場の露出した尾根を登り、ハイマツ帯へ入っていく。尾根筋がはっきりしてきた先で八合目となる**長官山**に到達し、めざす利尻山が正面に現れる。利尻山はとくに長官山から山頂付近で強風が吹きやすい。気温や風の強さも予報で確認しておこう。

長官山から尾根を15分ほど進むと、**利尻山避難小屋**と携帯トイレブースが建っている。

避難小屋からミヤマハンノキのなかを抜け、いよいよ急な礫地と火山灰の尾根の登りとなる。高度をかせいでいくとやがて下山で利用する**沓形《くつがた》コースとの分岐**に出るが、周辺は登山道のえぐれが激しい。リシリヒナゲシも遠い斜面に眺めるほどになってしまったが、くれぐれも崖に踏みこまないように。

足もとの岩場にもチシマイ

花の咲く道を日本海と長官山を背に山頂へ

南峰（中央奥）とローソク岩に囲まれた狭い北峰山頂

高山帯に咲くリシリブシ（8月上旬）

ワブキやリシリゲンゲ、リシリリンドウなどこの山ならではの花が咲き、左手の斜面にはボタンキンバイ、エゾノハクサンイチゲの群落が広がっている。

右手にローソク岩を見ると、ほどなく狭い**利尻山北峰**《ほっぽう》の山頂に立つ。海を見下ろす全方位の展望が爽快だ。フェリーで来た登山者にとってはとくに、海から眺めた山の頂に立って、海を見渡す感動は大きい。海に浮かぶ礼文島も新鮮な風景に映るだろう。

利尻山最高点の南峰《なんぽう》への稜線に踏み跡があるが、一般コースは祠のある北峰までである。

下山は**沓形コース分岐**まで急坂を下ってから三眺山《さんちょうざん》を経て沓形稜（沓形コース）をたどるが、帰路も手強い。体力、天候と相談して進もう。

分岐から崖のような下りをやり過ごし、親不知子不知《おやしらずこしらず》の斜面のトラバースに入る。7月上旬までは雪渓が残りやすく、上部からの岩なだれも起きる場所だけに、素早く

親不知子不知のガレ場。落石に注意し迅速に抜けよう

夜明かしの坂を越えて見返台園地へ下る

通過すること。その一方、そこかしこで花の群落に出合う野生的な道のりだ。

さらに背負子《しょいこ》投《な》げの岩場をやり過ごすと**三眺山**に立つ。仙法志稜《せんぼうしりょう》や西大空《にしおおから》沢の谷が目の前に広がる圧巻の展望である。

ここからは山の険しさが薄れ、リシリビャクシンやゴゼンタチバナを見つつハイマツの尾根を下っていく。

夜明《よあ》かしの坂を過ぎるとやがて**七合目避難小屋**。後半はダケカンバの尾根をたんたんと下り、長い山裾を体感しつつ、**見返台《みかえりだい》園地**横の登山口に着く。

プランニング&アドバイス

本コースは登山口から山頂まで1500mあまりの標高差があり、上部は天候変化が早く、体力、天候判断力の必要な経験者向きのコース。一般的には鴛泊コースの往復が主体となる（コースグレードは中級）。鴛泊港から野営場へ向かう道路の一合目から遊歩道（甘露泉ハイキングコース）があり、三合目の甘露泉上部へ続く。鴛泊コースの利尻山避難小屋と沓形コースの七合目避難小屋での宿泊は原則緊急時のみ。長官山南東側の沢は雪渓が残り、融雪水を得る踏み跡もあるが、転落事故が起きているので要注意。下山地の見返台園地からタクシーをよべるが台数が少なく、下山時間に合わせて予約しておきたい。携帯トイレは宿やコンビニ、北麓野営場で販売。鴛泊は利尻富士温泉℡0163-82-2388、沓形は港に近いホテル利尻℡0163-84-2001で日帰り入浴可能。

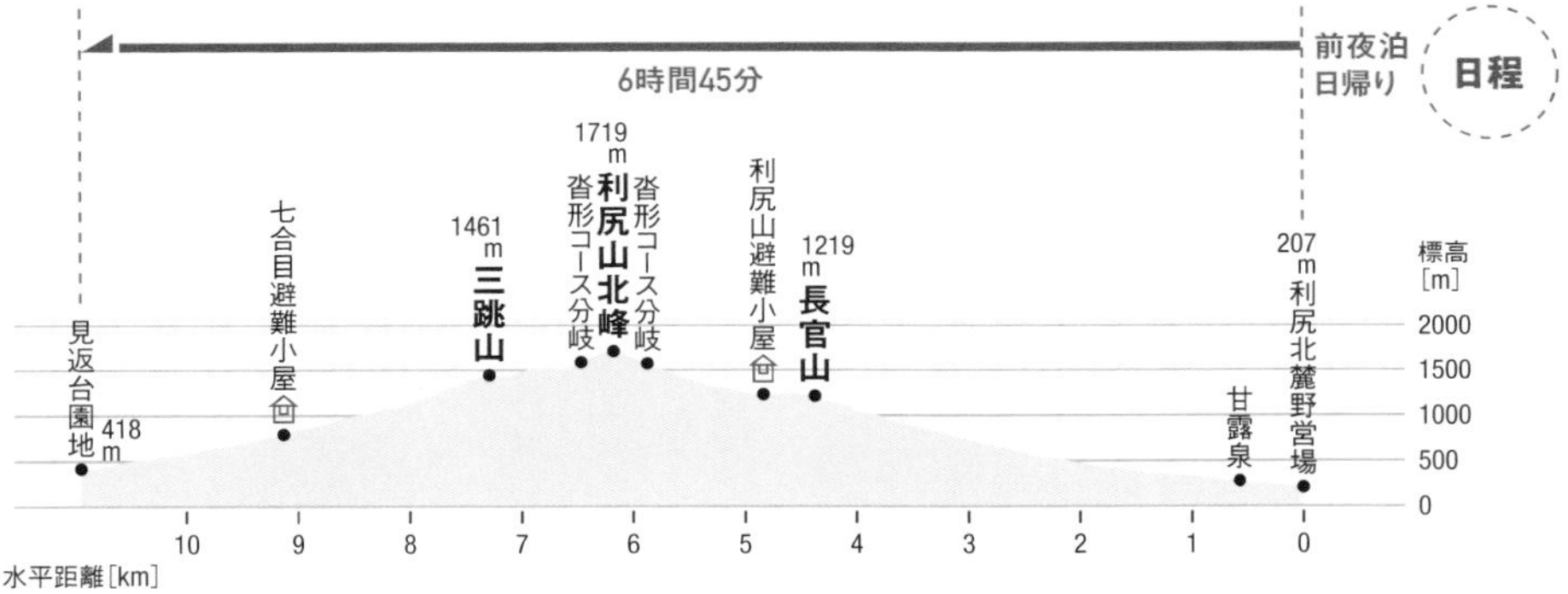

天塩岳

前夜泊日帰り

天塩川の水源に立つ
道北の雄大な山塊へ

コースグレード｜**中級**

技術度｜★★☆☆☆ 2

体力度｜★★★☆☆ 3

西天塩岳からハイマツの稜線の奥に天塩岳を望む

日帰り 登山口→旧道分岐→前天塩岳→天塩岳→西天塩岳ヒュッテ→登山口 計6時間10分

大《だい》雪山《せつざん》の北方に立つ天塩岳《てしおだけ》は、国内４位の長さをもつ天塩川の水源だ。天塩の地名は、「簗《やな》」を意味するアイヌ語の「テシ」に由来するという。１５５８ｍの本峰のほかに前《まえ》天塩岳、西《にし》天塩岳が並び、たおやかな山塊をつくっている。上部の岩場にはナキウサギが生息し、エゾゴゼンタチバナなど分布の限られた花が根づいている。山頂へ続くガマ沢をたどる旧道も登りごたえがある。登山口の天塩岳ヒュッテを起点に、さまざまな登り方ができるのも魅力だ。

ここでは前天塩岳経由で登頂し、新道を下る西側のコースを紹介しよう。

日帰り

登山口から前天塩岳経由で山頂へ新道コースで下山する

登山口には快適な天塩岳ヒュッテとキャンプ場があり、前夜泊に最適だ。

まず天塩川源流のひとつ、ガマ沢沿いの道をたどる。鉄橋を渡り、その後数回大水で荒れた沢筋を木橋で渡りつつ進む。

下山で利用する**連絡路への分岐**を過ぎると、20分ほどでそのまま沢沿いに進む**旧道が分かれる**。前天塩岳へはここで沢を離れ、標高をかせいでいく。コース中最もきつく長い登りだ。

標高をかせいでダケカンバ帯を抜けると、ガマ沢越しに西天塩岳や帰路の新道の尾根が一望できる。

前天塩岳手前であたりのハイマツが枯れ、白骨のようになっているのは山火事跡だ。途中で山頂を巻く道が分かれ、こちらのほうが天塩岳山頂への時間が短縮できるが、好天ならぜひ展望のいい**前天塩岳**に寄っていこう。6月下旬ならキバナシャクナゲが華やかだ。また近年、周辺の礫地にもともとはなかったコマクサが植えられ、物議を醸した。

前天塩岳からは一度コルへ下ったあと、稜線をたどって天塩岳へ向かう。２０２０年夏に付近で登山者がヒグマに追われてい

天塩岳ヒュッテからガマ沢を渡ってスタート

西天塩岳ヒュッテ。隣にトイレがある

キバナシャクナゲ咲く前天塩岳からの天塩岳

る。視界のないときは声や鈴で人の存在を知らせるとともに、ゴミや食料の残置は決してしないこと。山頂手前で渚滑川《しょこつがわ》からのコースが合流するが、荒廃している。

天塩岳山頂は道北の山らしく、静寂で雄大な風景が広がる。連なる尾根の奥に大雪山が広がり、夏は雪渓模様が美しい。秋はダイナミックな紅葉が魅力。空気が澄んだ秋には利尻山《りしりざん》が遠望できるかもしれない。

山頂からは新道コースに入り、ガレた急斜面を下っていく。ハイマツ帯の道沿いにキバナシャクナゲやガンコウラン、コケモモが根づいている。笹原を抜けて平坦になると、やがて避難小屋の**西天塩岳ヒュッテ**手前で西天塩岳への道が分かれる。30分ほどで往復できるので、余裕があれば小屋に行く前に登ってみよう。上部の岩場にはナキウサギの声が響く。

西天塩岳ヒュッテはしっかりしたつくりで、天塩岳を真正面に望む。新道はここから展望のよい快適な尾根道歩きとなる。円《まる》山《やま》周辺では、中央部が黒いエゾゴゼンタチ

円山付近のエゾゴゼンタチバナの実

前天塩岳（左）から天塩岳山頂へ向かう

バナが見られる。

ヒグマのフンが転がる尾根道をたんたんと下ると**連絡路分岐**に出て、右手の連絡路に入る。樹林内をゆるく下りつつガマ沢で**往路と合流**し、**登山口**に戻る。新道コース上の分岐からそのまま下り、林道に出て天塩岳ヒュッテに戻ることもできる。

サブコース

●旧道コース

Map 11-3B **旧道分岐**

ガマ沢沿いの旧道は、沢沿いの踏み跡をつめて山頂へ向かう経験者向き。通常の水量なら登山靴でも行けるが、小刻みな徒渉やへつり（沢などを泳がずに通過する際、左右どちらかの壁を横断すること）、沢が狭くなる中間部手前の巻き道は滑りやすく要注意。7月半ばまで雪渓次第で難度が変わる。最後はライオン岩を左に見つつ、細い源流をつめ、草原を急登して山頂に飛び出す。ライオン岩を越えたあたりが最後の水場。下りはおすすめしない。（コースタイム＝**2時間30分**／コースグレード＝**上級**）

旧道のガマ沢。ライオン岩までは水量がある

プランニング&アドバイス

公共交通利用の場合、登山口へはJR石北本線愛別駅かJR宗谷本線士別駅からのバス便がある朝日町からタクシーを利用するが、いずれも35〜40㎞と距離が長く非現実的。7月上旬は残雪が多く、ダケカンバの新緑が美しい。この時期の稜線ではキバナシャクナゲやミヤマキンバイが咲く。紅葉、初雪は9月中旬から。天塩岳ヒュッテは収容約40人。西天塩岳ヒュッテは18人。いずれも無人で無料。天塩岳ヒュッテは7月上旬まで周辺の残雪が水に使える。愛別町郊外に湯元協和温泉 ℡01658-6-5815、士別市朝日町の「和が舎（わがや）」があり、いずれも宿泊・入浴可 ℡0165-28-2339

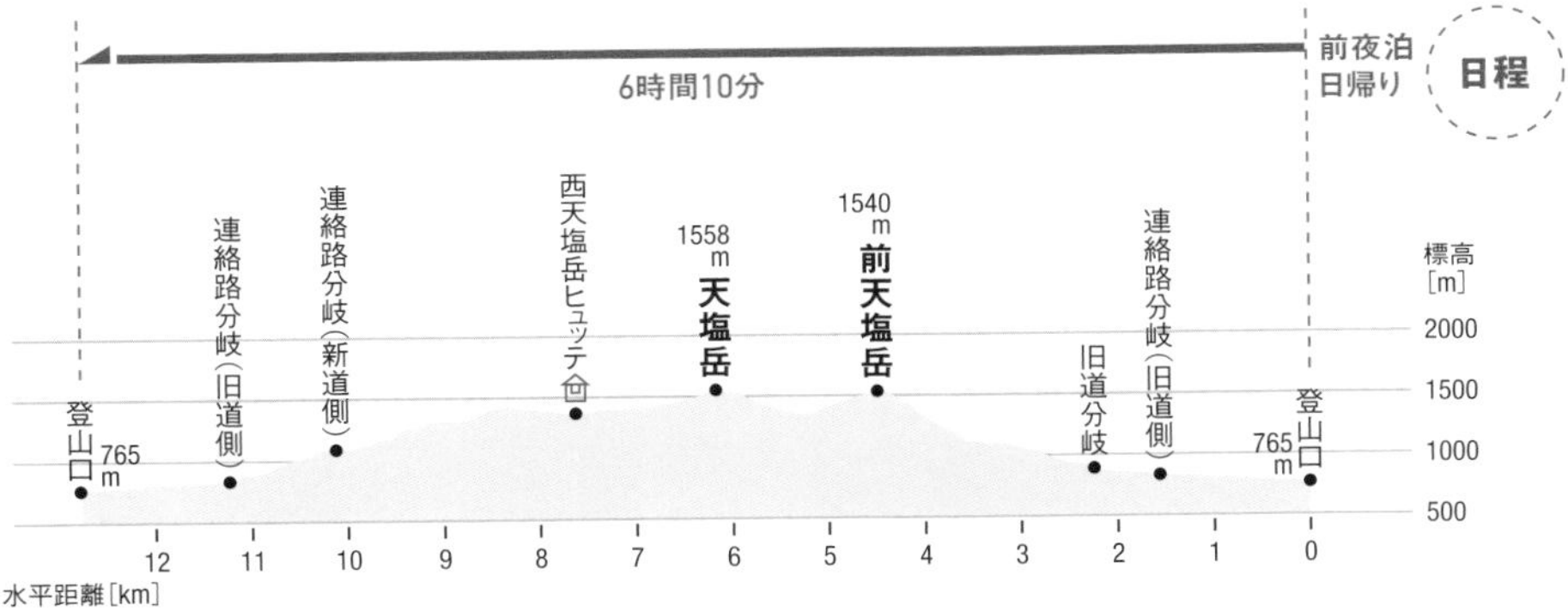

三ツ峰からの知床半島最高峰・羅臼岳。右奥はオホーツク海

世界自然遺産の半島と阿寒湖畔にそびえる3座の「日本百名山」

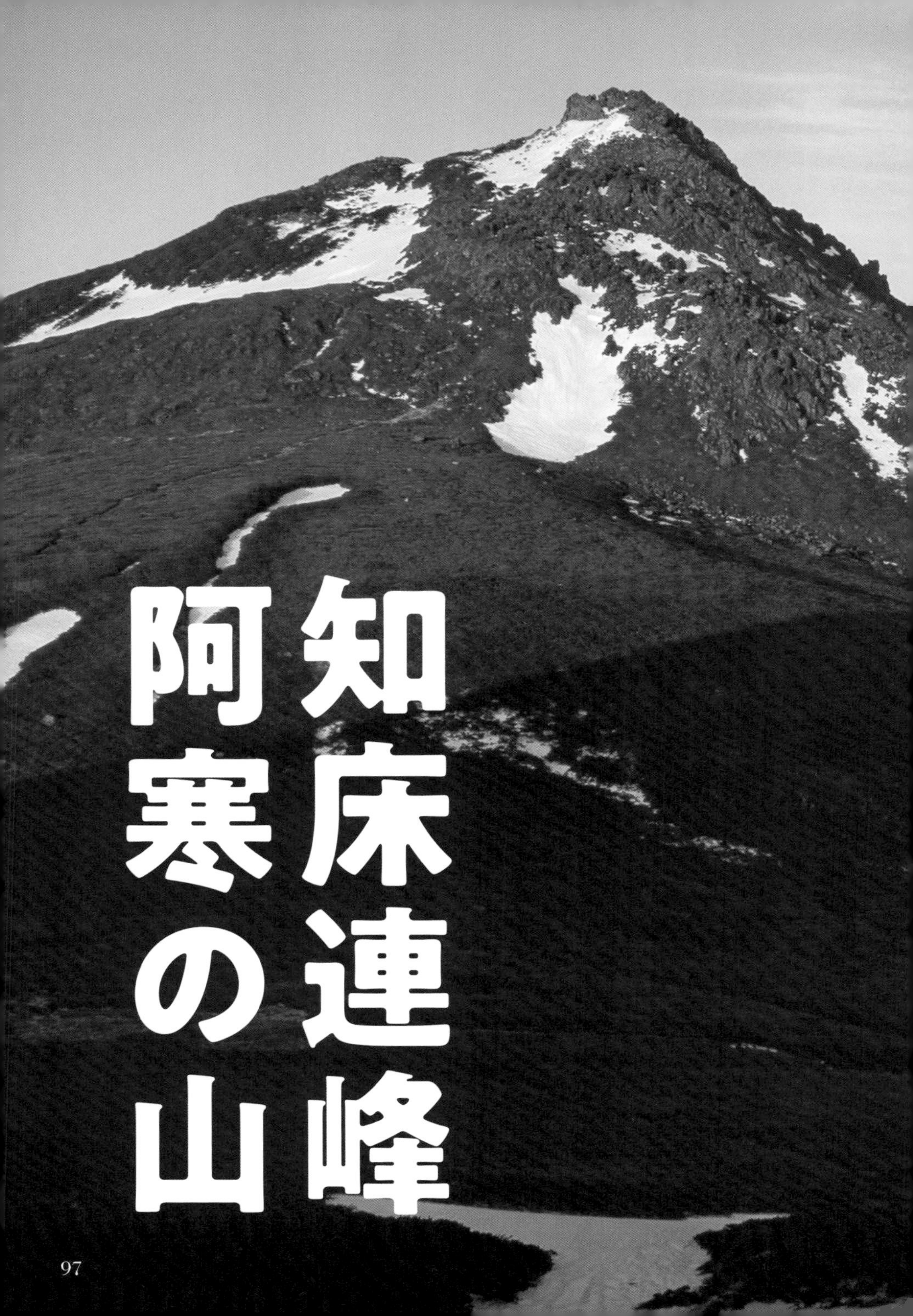

知床連峰　阿寒の山

羅臼岳からは海に挟まれた硫黄山への稜線が見渡せる
前夜泊1泊2日
羅臼岳
硫黄山

最果ての知床連峰を羅臼岳から縦走する

1日目 岩尾別温泉→羅臼平→羅臼岳→三ツ峰キャンプ指定地 計5時間10分

2日目 三ツ峰キャンプ指定地→二ツ池→知円別岳→硫黄山→下山口→湯の滝バス停 計7時間25分

コースグレード	上級
技術度 ★★★☆☆	3
体力度 ★★★★☆	4

北海道の北東に角のように突き出す全長約60㎞の知床《しれとこ》半島。海から山まで連続する生態系が評価された世界自然遺産登録地だ。その基部から知床岬まで知床連峰が波打って続く。稜線は強力なハイマツにおおわれ行く手を阻むが、最高峰の羅臼《らうす》岳《だけ》（1661m）から硫黄山《いおうざん》（1562m）まで縦走路があり、最果ての山をめざす登山者を受け入れる。北方四島を望む展望、雪どけを追って咲くシレトコスミレ、徘徊するヒグマ――。野生に浸る山旅である。

1日目 木下小屋から羅臼岳に登り三ツ峰キャンプ地へ

ここでは**岩尾別《いわおべつ》温泉**奥の木下《きのした》小屋から入山して羅臼岳登頂後に三ツ峰で1泊、翌日硫黄山をめざすコースを紹介する。羅臼側のコースは後述（P103サブコース参照）。前日は宇登呂《うとろ》や登山口の岩尾別温泉、木下小屋に投宿し、翌朝出発しよう。

コース前半は太いミズナラの森で、ヒグマが時おり出没する。知床のヒグマは人を

オホーツク海を背に大沢の雪渓を登る

風雪の激しさを語る極楽平のダケカンバ

恐れない個体もおり、登山道付近に居座る場合は刺激せず遠くで様子をみよう。ヒグマに対して決定策はない。コース中の各キャンプ指定地にはフードボックスが設置されているので、宿泊の際はできる限り食料をテントに入れず、においの漏れない袋に入れフードボックスで管理しよう。

標高をかせいでオホーツク展望台の岩場を過ぎ、さらに登った**弥三吉水**《やさきち》で給水できる。斜度がなくなると極楽平《ごくらくだいら》で、曲りくねったダケカンバのトンネルが続く。

銀冷《ぎんれい》水を過ぎると、コース中で最もきつい大《おお》沢の登り。7月下旬でも雪が残り、シーズン前半は雪渓をつめて羅臼平《らうすだいら》をめざす。雪どけあとはキバナシャクナゲやイワウメ、エゾツツジやエゾコザクラが咲く爽快な谷だ。ただしシーズン前半や早朝は雪渓が固いこともある。下りで通る際は確実に雪面に足を置くこと。

羅臼平に出ると、羅臼岳の岩峰が目に飛びこむ。縦走に向かう前に羅臼岳の山頂を往復しよう。ここでも食料はボックスに入れるとヒグマやキツネの被害を防げる。

昭和初期に知床連山の登山道を開いた木下弥三吉のレリーフを過ぎると羅臼側からの道が合流し、ハイマツの台地へ向かって登りだす。徐々に斜度がきつくなり、岩壁から水の滴る岩清水《いわしみず》を過ぎると、巨岩の重なる山頂への急壁だ。目印を頼りに登りきれば背後に硫黄山への展望が開け、やがて**羅臼岳**の山頂に立つ。高度感充分の岩峰からは、羅臼湖や斜里岳《しゃりだけ》、根室《ねむろ》海峡越しの北方四島など圧巻の風景が広がる。

羅臼平へ引き返してからは、三《み》ツ峰《みね》の峠に向かってハイマツのなかを進む。峠からはすっくと立つ羅臼岳の眺めがいい。ここからチングルマの咲く沢形を下って**三ツ峰のキャンプ地**へ下る。スペースは4～5張ほどと狭く、周辺の植物に気を配りたい。水は7月中な

三ツ峰のキャンプ地とサシルイ岳

オッカバケ岳から羅臼岳への稜線

ら雪どけ水が得やすい。

2日目 三ツ峰キャンプ地からサシルイ岳、南岳を越えて硫黄山へ

この日の行程はアップダウンが多く、硫黄山からの下りも長い。天候を判断しつつ進もう。キャンプ地からじわじわとサシルイ岳《だけ》の登りがはじまる。チングルマが彩る斜面を登りきると、背後には三ツ峰越しに羅臼岳が美しい。山頂の西側を抜けて下りの沢形に入るが雪渓が残りやすいところだ。

下りきると道は左に折れ、オッカバケ岳《だけ》の斜面に向かう。**オッカバケ岳**もサシルイ岳同様の稜線のコブ。少しずつハイマツのにおいが身体に染みこんでくる。山頂から硫黄山を背に青い二《ふた》ッ池が目に入るだろう。

オッカバケ岳の斜面を下った**二ッ池**はキャンプ指定地。狭いスペースを上手に利用したい。池の水は煮沸して利用したほうが無難だ。

池の端を縫って南岳《みなみだけ》の西にのびる尾根に出ると、45分ほどで**南岳**に着く。この尾根はすでに硫黄山を取り巻く外輪山の一角だ。南岳付近の礫地にはシレトコスミレが根を張っている。踏みつけに気を配ろう。

南岳からは稜線を進んだのち、一度東側のお花畑に入り、広い沢形をつめて**知円別岳**《ちえんべつだけ》に出る。ここは知床岳《しれとこだけ》へ続く稜線と、これから向かう縦走路との分岐点。北側はウブシノッタ川の深い谷が続く。縦走路は知円別岳山頂直下の急斜面をトラバースし、硫黄山への稜線上を行く。白い火山灰の稜線を過ぎると岩峰が突出し、複雑な地形になってくる。左手には指定キャンプ地のある第一火口が見下ろせる。

雪渓が残る急斜面をつめて1550mのコブに立つと、いよいよオホーツク海を背に硫黄山が正面にそそり立つ。

知円別岳から火山灰地と岩峰の複雑な稜線が続く

チングルマの咲く二ツ池

知円別岳北部からの第一火口キャンプ地(中央右)と羅臼岳

山頂とのあいだにある小火口の手前に第一火口への分岐がある。ここを過ぎると右手から硫黄川からの道が合流し、山頂へ向かう。かなりの急登で足場ももろい。目印を確認しつつ、後続がいる場合は落石に注意したい。狭い岩峰の**硫黄山**山頂からは、知床岳や知床岬へと続く稜線、たどってきた羅臼岳からの山並みなど、半島核心部の展望に感動することだろう。

　山頂からはカムイワッカ側に下るが、硫黄山の基部に下りて硫黄川の谷間に入るまでの火山灰地は視界がない時、ウブシノッタ川方面に入らないよう注意が必要だ。硫黄川はほとんど涸れ沢で、小さな滝を巻きながら下る。不安定な雪渓が残る初夏は踏み抜きに気をつけよう。

　標高960m付近で沢から左手のハイマツ帯に上がり、見通しのない道を新噴火口へ向かう。**新噴火口**付近に来るとゆるい裸地の下りになる。ペイントを目印にさらに下ると硫黄採掘跡地があり、左手の谷間にカムイワッカ湯《ゆ》の滝を見れば下山口は近い。

　ミズナラの林を抜けてたんたんと下ると

エゾコザクラの咲く硫黄川の谷間

硫黄山基部から知床岳（奥）を見つつ下る

下山口となる林道に出る。このあたりもヒグマの出没が多く、気が抜けない。岩尾別方面に20分ほど歩くとカムイワッカ湯の滝入口の**湯の滝バス停**に着く。

サブコース

●羅臼コース

Map 12-3A 羅臼岳登山口

南面の羅臼側からのコースで、長いうえに歩く人が少なく経験者向け。

熊《くま》の湯の上のキャンプ場横に**登山口**がある。前半はミズナラの尾根道で、**里見台**《さとみだい》から羅臼港の展望がいい。一度左手の登山《とざん》川へ下り、鉱泉が湧く谷から登り返したところが**泊場**《とまりば》。水は湧水が得られる。ここから標高をかせぎ、右に屏風《びょうぶ》岩を見つつさらに雪渓をつめる。羅臼平へは**分岐**を右へ。そのまま直上すると岩清水の下で羅臼平からの道と合流して**羅臼岳**山頂へ向かう。残雪期にこのコースを下る場合、雪渓を下り過ぎぬよう注意。（**コースタイム＝5時間50分**／**コースグレード＝上級**）

第一の壁付近からの羅臼岳（サブコース）

プランニング&アドバイス

宇登呂へは札幌、網走駅、女満別空港からのバス便もある。宇登呂から岩尾別温泉へのバスは秋に数日運行されるのみで、それ以外はタクシーを利用する。カムイワッカ湯の滝への知床林道の通行期間は6月～10月下旬。8月と10月の混雑期は知床五湖から先がマイカー規制となり、シャトルバスに乗り換える。詳細は知床自然センター℡0152-24-2114（フードボックスやクマスプレー貸出あり）へ。下山地の硫黄山登山口～カムイワッカ湯の滝のゲート間の歩行は、北海道オホーツク総合振興局℡0152-41-0726に要申請（詳細はオホーツク総合振興局HPへ）。木下小屋は6月中旬～9月下旬営業で管理人常駐、露天風呂あり。カムイワッカ川は硫黄泉が湧き、お湯のナメ滝だ。湯の滝バス停から徒歩約15分。紅葉は大雪山よりやや遅く、9月中旬ごろから。

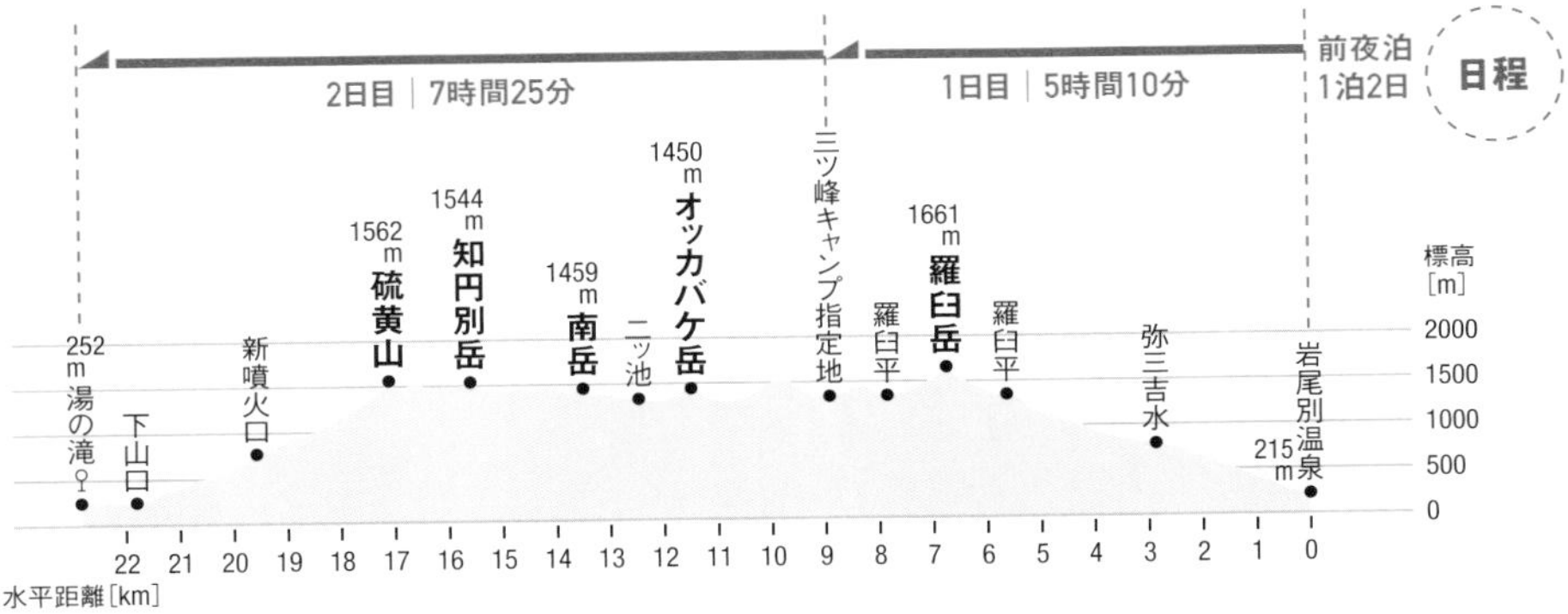

北山麓の斜里町豊里集落からの斜里岳

斜《しゃ》里岳《りだけ》（標高１５４７ｍ）は知床《しれとこ》半島のつけ根に裾野を広げる古い火山だ。山名はアイヌ語のサルン・ペッ（葦原にある川）にちなみ、斜里川の水源にあたる。古くはオンネ・ヌプリ（大きな・年老いた山）ともよばれた。コースは清岳《せいがく》荘のある清里《きよさと》側と、北の斜里側から。清里側は沢沿いの旧道と尾根道の新道で周回できることから入山者は多い。斜里側（三井《みつい》コース・Ｐ１０７サブコース参照）は大木の森と上部の岩稜が魅力。静かな山歩きができる。

日帰り

清岳荘を起点に山頂を周回

まず清里側の旧道から新道へ回るコースを紹介しよう。旧道は飛び石の徒渉と小滝の巻きが連続し、登りの計画をすすめる。通常の水量なら登山靴でなんとか通過できるが、沢歩き未経験だと時間がかかり滑落のリスクがある。幌尻岳《ぽろしりだけ》（額平川《ぬかびらがわ》コース・Ｐ１１８コース19参照）と並び、日本百名山のなかではまれな沢登りの要素があり、夏道と難度が違うと考えよう。

オホーツク海を望む 知床半島基部にどっしりと 裾野を広げる秀峰

日帰り 清岳荘→下二股→上二股→斜里岳→上二股→熊見峠→下二股→清岳荘 計6時間10分

コースグレード｜**中級**

技術度｜★★★☆☆ 3

体力度｜★★★☆☆ 3

山頂付近に咲くヨツバシオガマ

馬ノ背（中央）と南斜里岳を背に山頂をめざす

滝を巻きつつ旧道を登っていく

清岳荘脇の登山口から樹林を抜けて一度林道に出て、終点から一《いち》ノ沢沿いに入る。徒渉しつつ沢に慣れてくると、やがて**下二《しもふた》股《また》**の分岐で新道が右に分かれる。さらに沢をたどると傾斜がきつくなり、羽衣《はごろも》、白糸《しらいと》、竜神《りゅうじん》ノ滝など、次々と滝が続く。ほとばしる水流を横目に巻きつつ登るが、ところどころ高度感があり、足を滑らせれば沢底に落ちる箇所もある。集中していこう。水辺にはウコンウツギやミソガシワが涼し気に咲いている。

徐々に水量が少なくなり、**上《かみ》二股**で新道と合流して源頭に出る。最後の給水場所だ。曲がったダケカンバをくぐりつつガレ場を登ると馬《うま》ノ背《せ》に出る。上部を見渡せば、斜里岳が小さなピークが集まる複雑な地形であることに驚くだろう。

馬ノ背から前峰へのガレた道をさらに急登すると、斜里岳神社の祠のある稜線に出る。夏はミヤマオダマキ、ミヤマアズマギク、エゾカンゾウ、ハクサンチドリやヨツバシオガマなど多彩な花に迎えられる。

ひと登りして立つ**斜里岳**山頂は、独立峰だけに爽快な展望だ。開墾された裾野の彼方にオホーツク海や知床連峰が続き、時の経つのを忘れる風景が広がる。山頂からは北に三井コースがのびる（サブコース参照）。

鉄釜ともよばれる竜神ノ池

斜里岳神社の祠と斜里岳山頂。右は知床連峰

帰路は**上二股**から新道に入る。登山道から脇道に入ると、鉄釜とよばれる竜神《りゅうじん》ノ池が澄んだ水を湛えている。**熊見《くにみ》峠**への道はハイマツの尾根道で見晴らしがいい。1250mのコブからは、山頂や南《みなみ》斜里岳が新鮮な姿で望めるだろう。

熊見峠付近から山頂を振り返る

峠を越えてしばらく尾根道をたどったあと、往路の沢に向かって急斜面に入る。崩れがちな道は、時おり地元の人の手が入っている。

下二股からは再び一ノ沢をたどり**清岳荘**に戻る。稜線歩き後の水辺が心地よい。

サブコース

●三井（玉石ノ沢）コース

Map 11-1C
三井登山口

斜里側は三井（玉石《たまいし》ノ沢《さわ》）コースともよばれる。前半は名の通りの涸れ沢をたどって長い尾根に乗り、最後は細い岩稜を縫いつつ頂をめざす。見通しのない登りが続くが、岩稜の展望は圧巻で、花も楽しめ、辛抱が報われるコース。帰路の交通手段を手配すれば、新道（P104コース16）へ下ることも可能だ。

登山口へはマイカーかレンタカー、タクシーとなろう。林道はシカ除けゲートがあるほか、道が何度か屈曲するので地図を確認しておこう。JR釧網《せんもう》本線中《なか》斜里駅、南《みなみ》

プランニング&アドバイス

清岳荘へはJR釧網本線清里町駅か知床斜里駅から斜里バスで斜里岳登山口下車、徒歩約8km。タクシー約30分。車の場合、未舗装の後半は注意。清岳荘は6月中旬～9月下旬営業。詳細と予約はきよさと観光協会TEL0152-25-4111。駐車場でのテント泊不可（車中泊は有料）。山麓にはきよさと温泉緑清荘TEL0152-25-2281や清里オートキャンプ場TEL0152-25-3500がある。

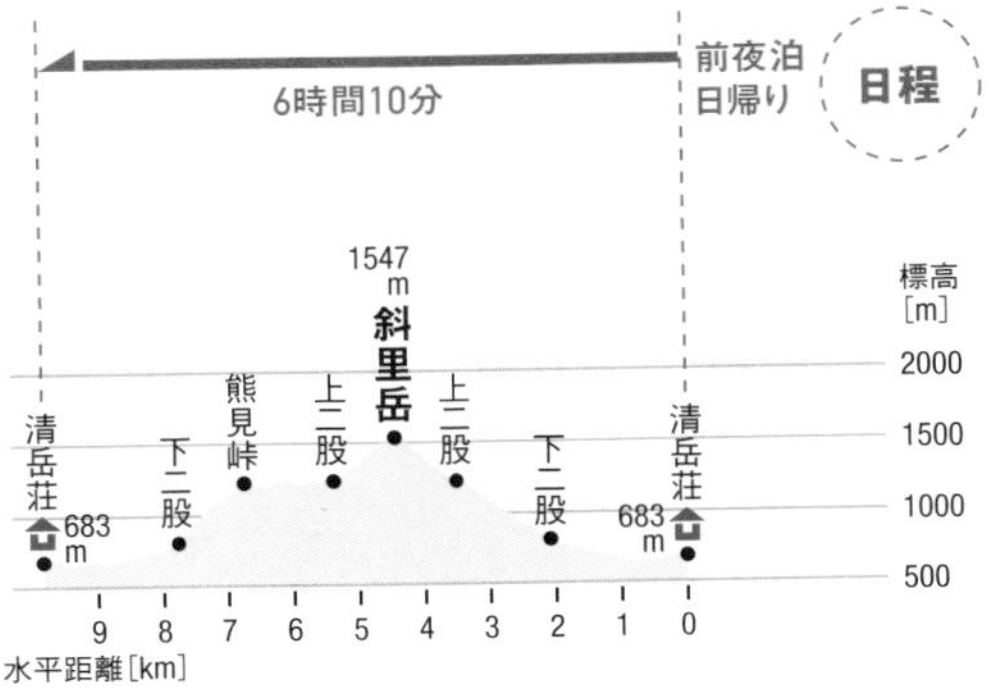

山頂から登路の尾根とオホーツク海を望む

斜里駅方面から道道1000号経由で山麓の三井から豊里《とよさと》方面へ。何本か経路はあるが、要所にある標識を見落とさないこと。**三井登山口**には登山ポストと5～6台分の駐車スペースがある。玉石ノ沢は涸れ沢で水がとれないので、事前に用意しておこう。

登山口から点々とある目印を頼りに玉石ノ沢をたどり、尾根に取り付く。森に立つ枝ぶりのいいダケカンバやエゾマツの大木は、山麓の多くの巨木が伐採された今の北海道ではなかなか見かけない風格。木を見に行くだけでも価値ある登路だ。

斜度が上がり、たんたんと標高をかせいでいくと1175mの**ガマ岩**付近で尾根が明確になる。風雪が厳しいのだろう、あたりは激しくねじ曲がった木のトンネルだ。

ハイマツ帯に入り、さらに標高をかせいで山頂直下の岩稜へ向かう。7月上旬はゴゼンタチバナ、エゾツツジ、カラフトイソツツジの群落が岩とハイマツの尾根を彩る。清里方面の展望が広がり爽快な登りだ。圧倒的な山頂を見上げてじわじわ岩稜を進み、急坂を乗り越せば**斜里岳**山頂に飛び出す。（**コースタイム＝3時間20分／コースグレード＝中級**）

極太のダケカンバが残る森（サブコース）

カラフトイソツツジ咲く細い稜線（サブコース）

コラム3 北海道の原野に生きるエゾヒグマ

上／秋の草原でじゃれあうヒグマの兄弟。ヒグマが生きていることは北海道の自然度の高さそのもの　左／夏の山麓でセリ科植物の葉や根を食べる親子。海辺から山の稜線までヒグマの行動範囲であり、食料庫だ。いずれも知床連峰

ヒグマの居場所にはさまざまなサインが残る。五感をめぐらせその意味を読み解いてみよう　1／新雪の朝の足跡　2／トドマツに目立つ爪跡　3／高山帯やカールに咲くハクサンボウフウの根は大好物だ　4／コケモモが丸のまま入ったフン

雄阿寒岳は阿寒湖と雌阿寒岳（左）の展望が広がる（九合目から）

日帰り

雄阿寒岳

活火山・雌阿寒岳と対をなす静かで端正な山へ

コースグレード	初級
技術度	★★☆☆☆ 2
体力度	★★☆☆☆ 2

日帰り 滝口バス停→五合目→雄阿寒岳（往復）　計5時間20分

阿《あ》寒《かん》湖東方に立つ雄《お》阿《あ》寒《かん》岳《だけ》（標高1370m）は、アイヌ語で「ピンネシリ（男山）」とよばれる。阿寒湖を挟んで対峙する「マチネシリ（女山）」の雌《め》阿寒岳（標高1499m・P113コース18参照）との夫婦山である。道内の夫婦山は大抵、女山が大きい。阿寒湖畔や国道241号の双岳台《そうがくだい》付近からは端正な姿を見せ、山頂からは針葉樹の森に包まれたパンケトー、ペンケトーが眺められる。雌阿寒岳と合わせて登ればより充実した山旅になる。

日帰り　滝口バス停からの山頂往復

阿寒湖畔から4㎞弱、国道240号沿いの**滝口《たきぐち》バス停**奥が登山口。木立越しに雄阿寒岳を望みつつ阿寒湖畔を歩き出す。すぐに右手の太郎《たろう》湖へ続く水門を渡り、川沿いの森を太郎湖へ向かって進んでいく。秋は苔むした水辺と紅葉が美しい場所だ。ここが釧路《くしろ》へ流れ出る阿寒川の水源である。

太郎湖を離れ、トドマツの林を抜けていくと次郎《じろう》湖が垣間見えるが、次郎湖へは踏

阿寒湖から太郎湖へ注ぐ阿寒川沿いを行く

九合目から山頂（左）への尾根をたどる

み跡程度。コースはしばらくトドマツが密生する斜面で見晴らしはきかないが、林床をおおう苔が魅力的だ。苔むした倒木の上でエゾマツやトドマツの小さな実生が芽生え、ゴゼンタチバナが林床を彩る。

大岩を縫って登り、二合目を過ぎて急登すると阿寒湖がダケカンバ越しに望める。1194mの**五合目**に出ると緩斜面になり、やがてザレ地の登り。カラフトイソツツジやコケモモの生えるハイマツ帯を進むと、背後に阿寒湖がのびやかに広がり、雌阿寒岳、フップシ岳《だけ》が展望できるだろう。やがて出合うコンクリートの建造物は旧陸軍の気象観測所跡。戦中・戦後は、ここに観測員が常駐していたことに驚かされる。

随所で苔むした倒木が目をひく

ここから山頂へのフィナーレ。上部は予想外に複雑な地形だ。小さな窪地を越え、右下にひょうたん沼など眺めつつひと登りで**雄阿寒岳**へ。岩の重なる山頂からは深い針葉樹の森に包まれたパンケトー、ペンケトーの湖や、屈斜路《くっしゃろ》湖を越えて遠く斜里岳《しゃりだけ》へと雄大な展望が広がる。阿寒湖越しに望む雌阿寒岳の山塊もいい。今も活発に噴煙を上げる雌阿寒岳と、火山活動が静まっている雄阿寒岳が対照的だ。森と水辺と火山が織りなす道東らしい風景の山頂である。

帰路は往路を戻る。

秋は中腹の紅葉も魅力

プランニング&アドバイス

公共交通の場合、JR根室本線釧路駅から阿寒湖温泉行き阿寒バスで滝口下車（バスは釧路空港にも立ち寄る）。マイカーでの移動の際は、朝夕、周辺のシカの飛び出しに要注意。前半の森はシカ道が交錯する。9月中旬ごろからカツラやナナカマドの紅葉、10月以降は新雪をみる。水場は太郎湖へ注ぐ阿寒湖の水のみ。湖畔にビジターセンター、阿寒湖畔野営場あり。

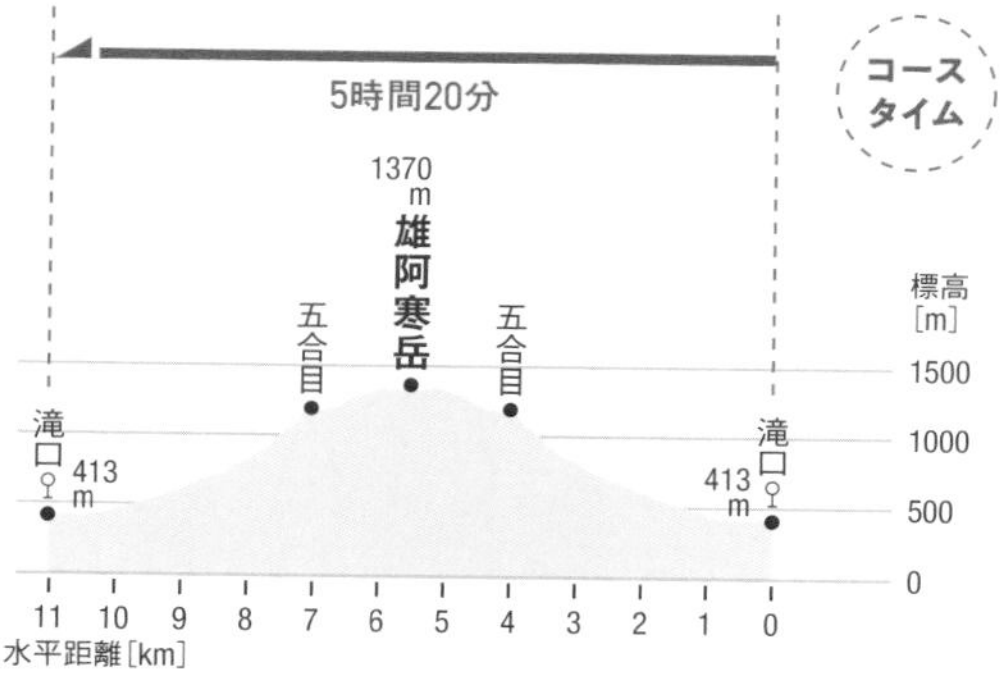

日帰り 雌阿寒岳

アカエゾマツの森を抜け
オンネトーを抱く火山へ

コースグレード | 初級

技術度 | ★★★★★ 2

体力度 | ★★★★★ 2

雌阿寒岳の火口。手前は赤沼、火口壁の奥は阿寒富士

日帰り 雌阿寒温泉登山口→雌阿寒岳→
阿寒富士→オンネトー登山口 計4時間40分

雌《め》阿寒岳《あかんだけ》

雌《め》阿寒岳《あかんだけ》（1499m）は阿寒湖南西に阿寒富士と並び立つ。シンプルな植生と活火山の原初的風景、メアカンキンバイやメアカンフスマなどこの山の名を冠する花が魅力だ。阿寒湖側、雌阿寒（野中《のなか》）温泉、オンネトーからの3コースがあり、いずれも2〜3時間程度で山頂に立てるが、火山活動次第で入山規制がかかるので登山の際は事前に情報を入手しておくこと。ここでは、雌阿寒温泉からオンネトーへの縦走を紹介する。下山後も起点まで歩いて戻れて、温泉が楽しみな山旅だ。

登路と下山路の下部はアカエゾマツの端正な森

日帰り

雌阿寒温泉から山頂に立ち オンネトーに下山

登山口の雌阿寒温泉付近には端正なアカエゾマツの純林が広がり、雌阿寒岳の斜面が迫る。歩き出すと、アカエゾマツの根が浮き彫りのように林床をおおっている。苔むした伐根や倒木更新した幼木が並び、ゴゼンタチバナやジンヨウイチヤクソウが彩る。霧の日はいっそう、深い森の雰囲気を味わえることだろう。

　二合目からすでにハイマツが現れ、トンネルをくぐって標高をかせぐ。**四合目**で視界が開けると、うって変わって礫地の大斜面となる。尾根越しに夫婦山である雄《お》阿寒岳（P110コース17参照）が鋭い山姿を見せ、眼下の山麓には緑の樹海が広がる。

　ジグザグ道の途中カラフトイソツツジやヒメイワタデ、イワブクロなど火山性の花

メアカンフスマの群落

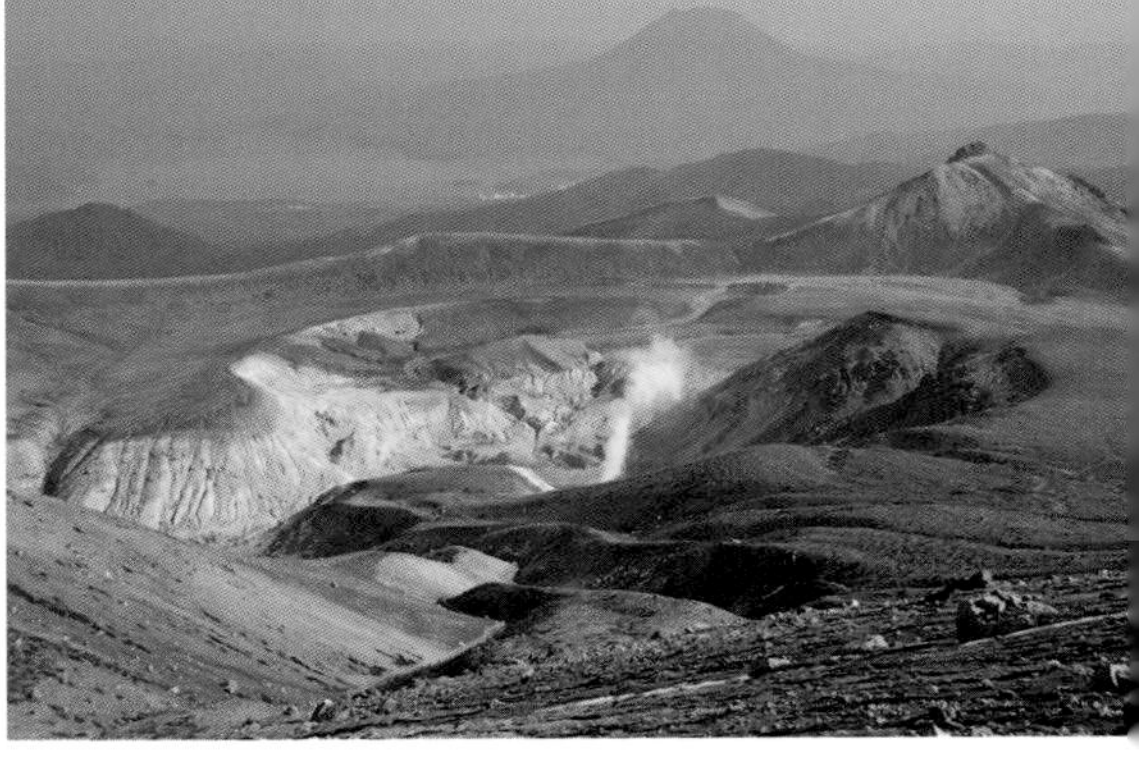
山頂付近から阿寒湖と雄阿寒岳を望む

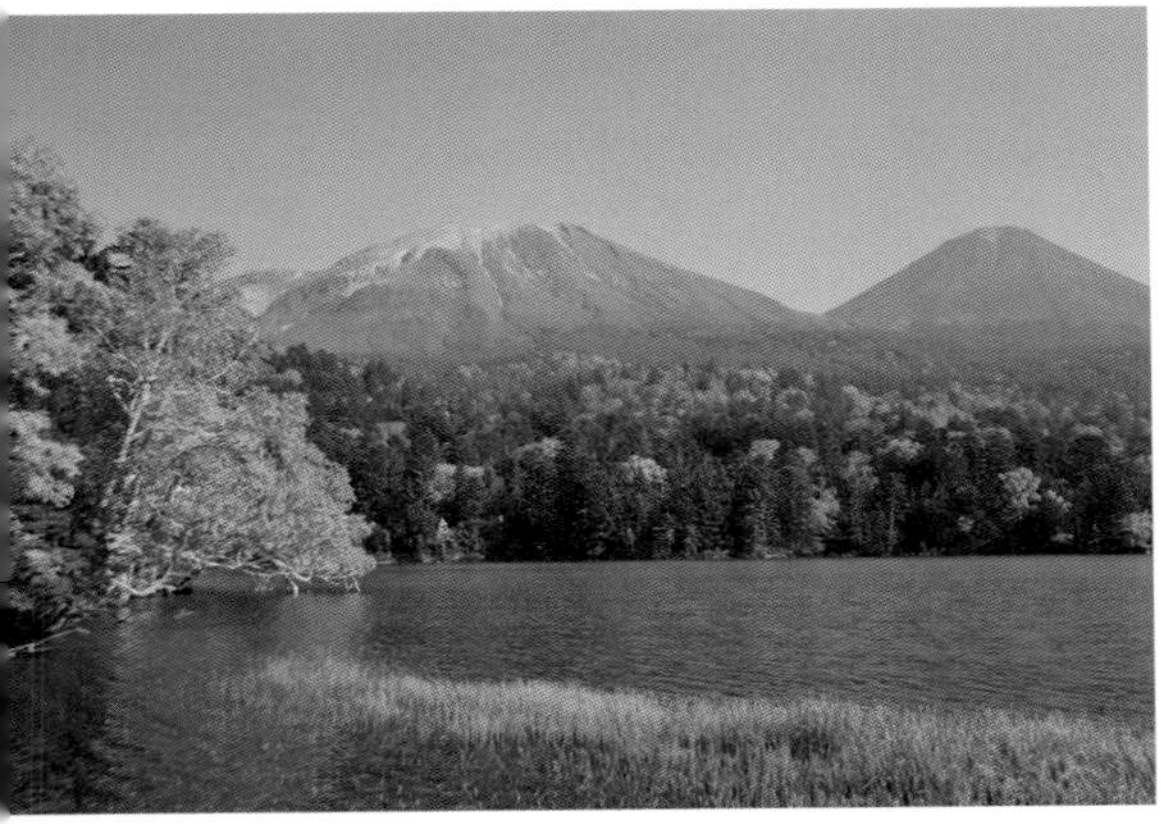
紅葉のオンネトーと雌阿寒岳(左)、阿寒富士

に出会う。ほかの植物が適応できない環境がメアカンキンバイやメアカンフスマなど、この山の名のつく花の限られた居場所だ。

火口壁の上まで登りきると、圧倒的な火山の原風景が展開する。右手は激しく崩壊し、殺伐とした火山灰地の稜線が**雌阿寒岳**の山頂へ続く。落ちこんだ火口の底には、赤沼《あか》と青沼《あお》が不思議な色の水を抱く。噴煙がきりなく舞い上がり、火山の底力をつたえる。ゆっくり居続けるのが怖くなる頂だ。

山頂から火口の東側へ進むと阿寒湖からのコースが合流し、少し下ると**阿寒富士への分岐**がある。左へ入った**コル**を経由し、阿寒富士まで30分ほど。好天なら寄ってみよう。ただしコルからは火山灰の急斜面をずり上がるような登路。小さくもきれいなコニーデ型の**阿寒富士**山頂に立てば雌阿寒岳の全貌を望む絶景が広がる。

ザレた斜面を**コル**まで下ったら、オンネトーめざし下山にかかる。周辺はコマクサが根付き、花のない時期も踏みつけに気を配りたい。**阿寒富士分岐**から礫地を下るにつれ、森に囲まれた青い水辺が目を奪う。山の上下で環境の違いを痛感する帰路だ。

再びハイマツからアカエゾマツの森へ下っていくと、小沢を越した先でオンネトー国設野営場のある**登山口**に着く。雌阿寒温泉へは約1時間の森の遊歩道がある。マイカー利用や雌阿寒温泉まで歩かない場合はここからタクシー（要予約）に乗車する。

プランニング&アドバイス

雌阿寒温泉とオンネトーへは阿寒湖温泉からタクシーまたは車のみ。釧路駅から阿寒湖温泉へのバスはP110「雄阿寒岳」参照。メアカンフスマは7月上旬ごろ、紅葉は9月中旬ごろから。コース上部は視界不良時の迷いこみに注意。阿寒湖側のコースは国道240号の阿寒湖畔から標識にしたがいオタウンナイ川沿いの林道に入った先が登山口。山頂まで3時間弱。

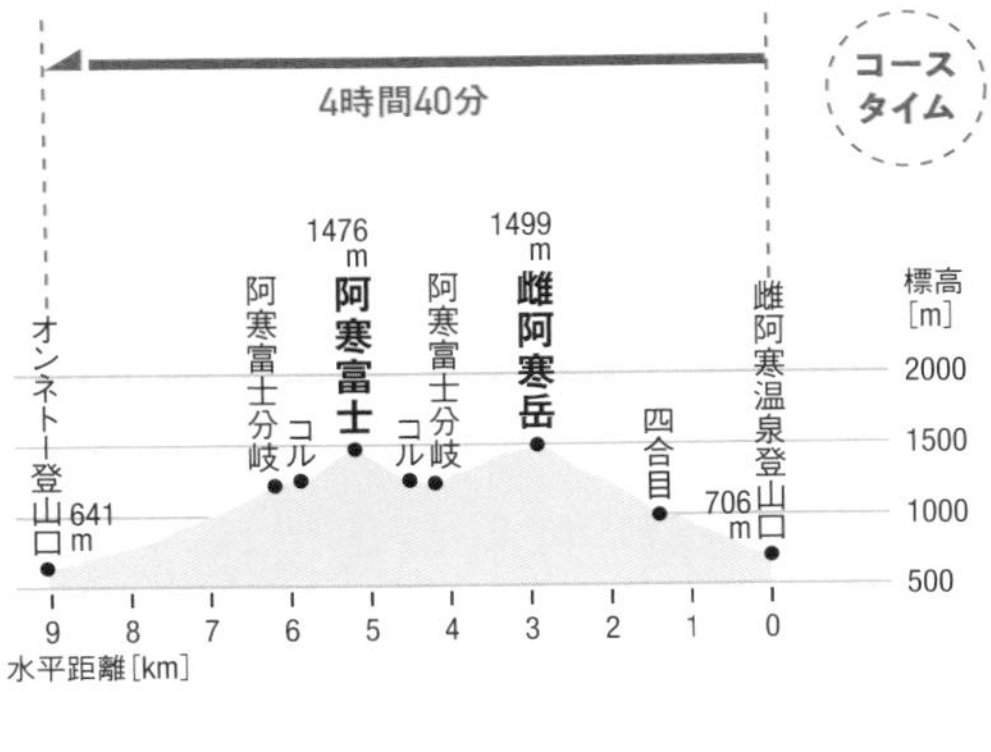

日高山脈

戸蔦別岳と幌尻岳（右）。起伏のある幅狭な岩稜が続く

「北海道の背骨」といわれ、
急峻かつ長大な稜線と
いくつものカールをもつ

前夜泊2泊3日

幌尻岳 戸蔦別岳

20回にわたる徒渉を経て
3つのカールを抱く
日高山脈最高峰へ

戸蔦別岳から望む秋の七ツ沼カール（左）と幌尻岳

コースグレード	上級
技術度	★★★★☆ 4
体力度	★★★★☆ 4

1日目	第二ゲート→取水ダム→幌尻山荘	計4時間30分
2日目	幌尻山荘→幌尻岳→戸蔦別岳→幌尻山荘	計8時間50分
3日目	幌尻山荘→取水ダム→第二ゲート	計4時間10分

北海道の背骨といわれる日高《ひだか》山脈。約160kmにおよぶ長大な山脈の最高峰が幌尻岳《ぽろしりだけ》だ。氷河期の浸食地形・カールを抱く泰然とした山容は、アイヌ語のポロ・シリ（大きな・山）の名が似合う。

戸蔦別岳《とつたべつだけ》は七《なな》ツ沼《ぬま》カールを挟んで幌尻岳と対峙する鋭鋒。カンラン岩が山頂付近に露出し多彩な花が魅力だ。アイヌ語のトッタペツは「函状の川」という説がある。

幌尻岳へは額平《ぬかびら》川、新冠《にいかっぷ》川、北《きた》戸蔦別岳からの3コースあり、額平川から幌尻山荘を経て幌尻岳と戸蔦別岳を回るコースを紹介する。入山前の注意点が2つ。1つは額平川は取水ダムから徒渉が続く沢歩き。道が整った登山道と異なり、増水時の徒渉ミスによる死亡事故があとを絶たない。初心者だけの入渓は避け、余裕ある日程で望もう。沢靴の準備も怠りなく。2つ目は現在、登山口への移動は山麓のとよぬか山荘からのシャトルバスのみ。幌尻山荘も完全予約で管理されている点。早めの計画かつ状況判断が他のコース以上に求められる。

●メインコースの幌尻山荘は要予約。詳細は幌尻岳施設予約システムHPへ。サブコースの新冠ポロシリ山荘も宿泊申請が必要。詳細は新冠ポロシリ山岳会HPへ。

幌尻山荘は素泊まり自炊。
シーズン中は管理人が入る

四ノ沢から幌尻山荘へは徒渉が続く

1日目

とよぬか山荘から幌尻山荘へ

国道237号の平取《びらとり》町振内《ふれない》から旧豊糠《とよぬか》中学校を宿泊施設に転用したとよぬか山荘へ。ここまでは車かタクシーが一般的。宿の予約とシャトルバスのダイヤを確認しよう。

バス約1時間で奥幌尻橋手前の**第二ゲート**（簡易休憩所とトイレあり）へ。ここから取水ダムまで約7・5㎞、眼下に額平川を眺めつつの林道歩きだ。途中ヒグマの目撃があり、気を抜けないのが日高らしい。

取水ダムの脇には困難なトンネル工事の犠牲者慰霊の碑があり、ここから沢靴に替えて額平川右岸の道に入る。すぐに岩場のへつりがあるが、そこからしばらく右岸の踏み跡をたどって四《よん》ノ沢出合まで進む。

四ノ沢出合からの後半は、徒渉しつつ沢沿いを登る。徒渉は20回ほどあり、水量次第で難度が大きく変わる。岩盤の沢ゆえ増水は早く、膝上の水量だと経験者でもリスクは高い。シーズンはじめや雨後はとくに慎重に進もう。各所に目印があるが、基本的に自分で徒渉点を探していく心構えで望みたい。逆にそれが沢の楽しみでもある。

完全予約制で自炊の**幌尻山荘**には大きな薪ストーブがある。ヒグマやキツネを誘引しないよう、ゴミ管理を厳重にしたい。

2日目

幌尻岳と戸蔦別岳に登り幌尻山荘へ

戸蔦別岳からの帰路、六《ろく》ノ沢に出てから幌尻山荘までは沢靴が有利。荷物になるが携行するほうが快適である。

山荘からは初日と一変して樹林帯のきつい登りが続くが、あせらず進もう。このあたりは秋の紅葉の見どころとなる。森林限界の手前、左手にある**命《いのち》ノ水**がうれしい。さらに標高をかせぎハイマツ帯の稜線に出るとついに北カールが姿を見せ、幌尻岳や戸蔦別岳の全貌がつかめる。

登山道は北カールの上を回り、ゆるやか

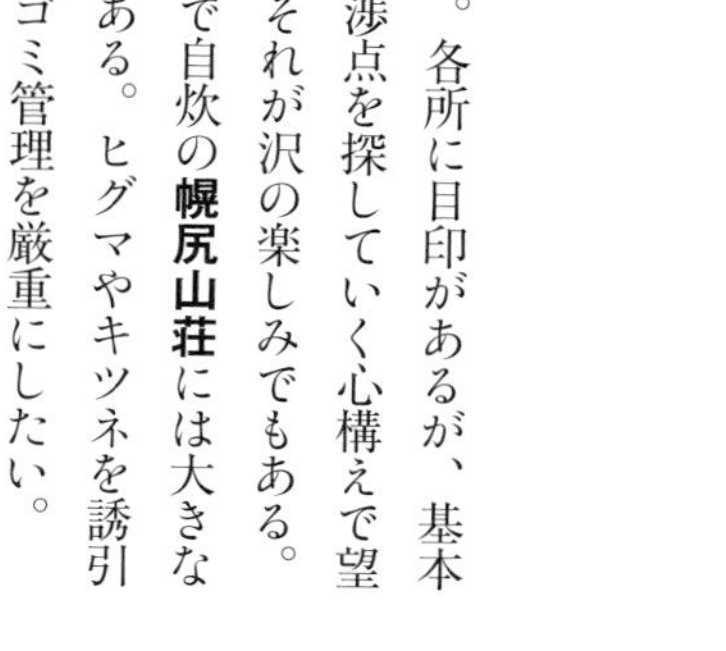

命ノ水付近の紅葉
（右奥は1888mコブ）

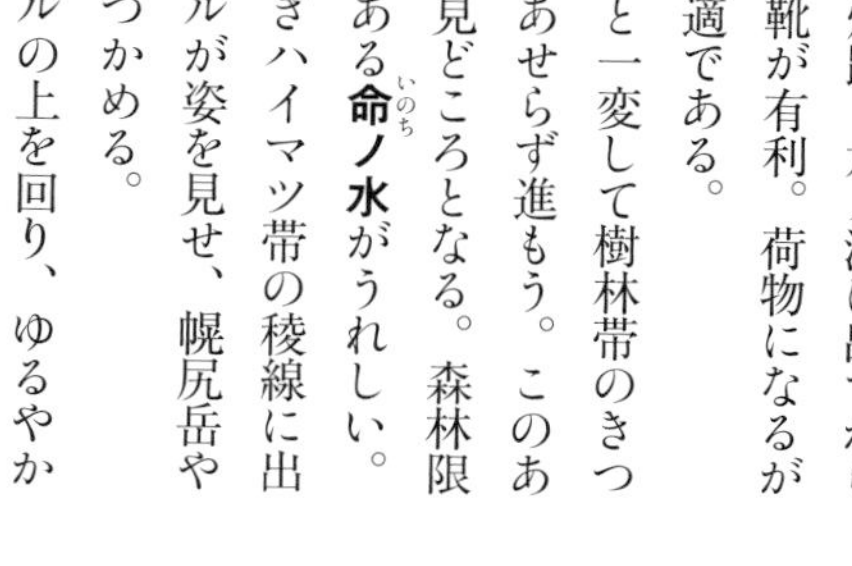

北カールを左手に幌尻岳山頂へ向かう

に山頂へ続く。カールの斜面はヒグマの絶好の採食地で、登山者の少ない時間帯には姿が見えるかもしれない。つくづく日高のカールに似合う動物だ。エゾウサギギク、コエゾツガザクラ、ミヤマリンドウなど、多彩な花を見つつ爽快な稜線歩きである。

右手から新冠川コース（P122サブコース参照）が合流すると、ほどなく**幌尻岳**山頂に立つ。主稜線からはずれたこの頂は山脈随一の展望台。戸蔦別岳以北の山や、波打って南東へ続く主稜線の先にはエサオマントッタベツ岳《だけ》、カムイエクウチカウシ山《やま》など、カールが刻まれた名峰が並ぶ。

幌尻岳から戸蔦別岳を乗っ越すまでは、起伏のある風当たりの強い稜線が続く。天候や体力に不安がある場合は山荘へ戻ろう。また、山頂から北東に下った幌尻岳の肩は七ツ沼の展望が抜群。往復約1時間なので、幌尻岳往復の場合も足をのばしてみたい。

肩から急坂を下って七ツ沼カール上部の吊り尾根をたどるが、日高らしい細めでハイマツと岩がからまる尾根で消耗する。1766mのコブ前後に七ツ沼への急な踏み跡が分かれる。急斜面を登りきると、主稜線上の**戸蔦別岳**に出る。ここからの七ツ沼や幌尻岳の眺めは、胸に刻まれることだろう。

戸蔦別岳からは北戸蔦別方面へと続く縦走路をたどる。周囲にはカンラン岩の露出があり、ユキバヒゴタイ、ミヤマシオガマなどが根づいている。稜線の北側には小気味のいいカールが落ちこみ、**1881mの分岐**まで歩きやすい道が続く。

幌尻岳山頂からの東の展望。札内岳（左）から1839m峰（右）へと続く

1881m分岐からは難所の西尾根の下り。六ノ沢出合まで急傾斜なうえ、上部はハイマツの勢力が強く、粘り強い下降を強いられる。ダケカンバ帯に入るとやや歩きやすくなるが、出合手前は手入れが入っていないとササがかぶる。

六ノ沢出合に着けば冷たい沢水が得られる。靴を替えて沢沿いに下り、**幌尻山荘**に戻ろう。岩は滑りやすく疲労も溜まるころだけに、確実に歩きたい。

3日目

往路を第二ゲートへ

山荘でゆっくり過ごしたあとは、額平川に沿って往路を慎重に下ろう。

サブコース

●新冠川コース

Map 14-1A イドンナップ山荘

新冠川上流の奥新冠ダムから幌尻沢沿いの登山道をたどり、尾根を急登して山頂西側に出るルート。奥新冠ダムでできた幌尻湖の上流に新冠ポロシリ山荘があり、ここに泊まってアタックとなる。徒渉が続く額平川コースを避けて新冠コースを選ぶ登山者もいるが、登山口のイドンナップ山荘から新冠ポロシリ山荘まで、実に片道19kmの林道歩き。2泊3日の行程のうち、2日間は林道を5～6時間歩くつらい山旅だ。

新ひだか町、泉の集落のゲートから新冠川沿いの道を進み、約35kmで奥新冠発電所手前にある**イドンナップ山荘**（通年開放で要協力金1000円）。旧新冠駅（鉄路廃線代行バス運行）からタクシーあり。

奥新冠発電所ゲートを右に入り、初日の林道歩きがはじまる。北海道電力の管理道路で歩行のみ許可されている道である。ヒグマも時おりこの道を使っており、地元山岳会では日の出前や日没後の歩行を避けて、

七ツ沼と戸蔦別岳方面の眺め（幌尻岳の肩付近）

1881m分岐からは急な尾根の下りが続く

余裕のある計画をよびかけている。

奥新冠ダムからしばらくして樹林帯に上り、幌尻湖にそそぐ幌尻沢に向かうと無人小屋の**新冠ポロシリ山荘**がある。

翌日は山荘から右岸沿いの踏み跡をたどる。ところどころ草かぶりの沢沿いの道だが、徒渉は**尾根の取付点**まで2度ほど。通常の水量なら登山靴で飛び石を渡れる。

上流の二股のあいだからはじまるこの尾根は日高でも指折りの急勾配で、稜線まで標高差約１０００ｍの登りだ。１２６１ｍ付近で細くなり、中間地点を過ぎていったん沢の源頭を横切り、急斜面をつめて稜線に上がる。上部は7月上旬ごろまで急な雪渓が残り、雪が硬い時期はアイゼンピッケルが必要。雪どけを追って咲く花を見つつ空の広い稜線に出ると額平川コースと合流し、約10分で**幌尻岳**山頂の人となる。

下山後は**新冠ポロシリ山荘**に宿泊し、３日目は長い林道歩きで**イドンナップ山荘**へ。雪渓のある時期はとくに下りは慎重に。林道が長く山の懐は深い。健脚で辛抱強い人向けのコースである。（コースタイム＝17時間50分／コースグレード＝上級）

展望のよい新冠川コース上部の大岩付近

プランニング&アドバイス

公共交通でのとよぬか山荘へのアクセスは、旧富川駅（JR日高本線廃線で代替バス運行）から道南バスで振内まで。タクシー（約20分・要予約）に乗り換えとよぬか山荘へ。JR石勝線占冠駅からもタクシー利用可。とよぬか山荘とシャトルバス、幌尻山荘とも7〜9月開設で要予約。7月前半はカールの雪渓が広く、7月上旬から花がにぎやか。紅葉は9月中旬以降。林道のカツラの黄葉もいい。サブコースのイドンナップ山荘へは旧JR新冠駅からタクシー約1時間50分。イドンナップ山荘と新冠ポロシリ山荘は要協力金（1泊1000円）。

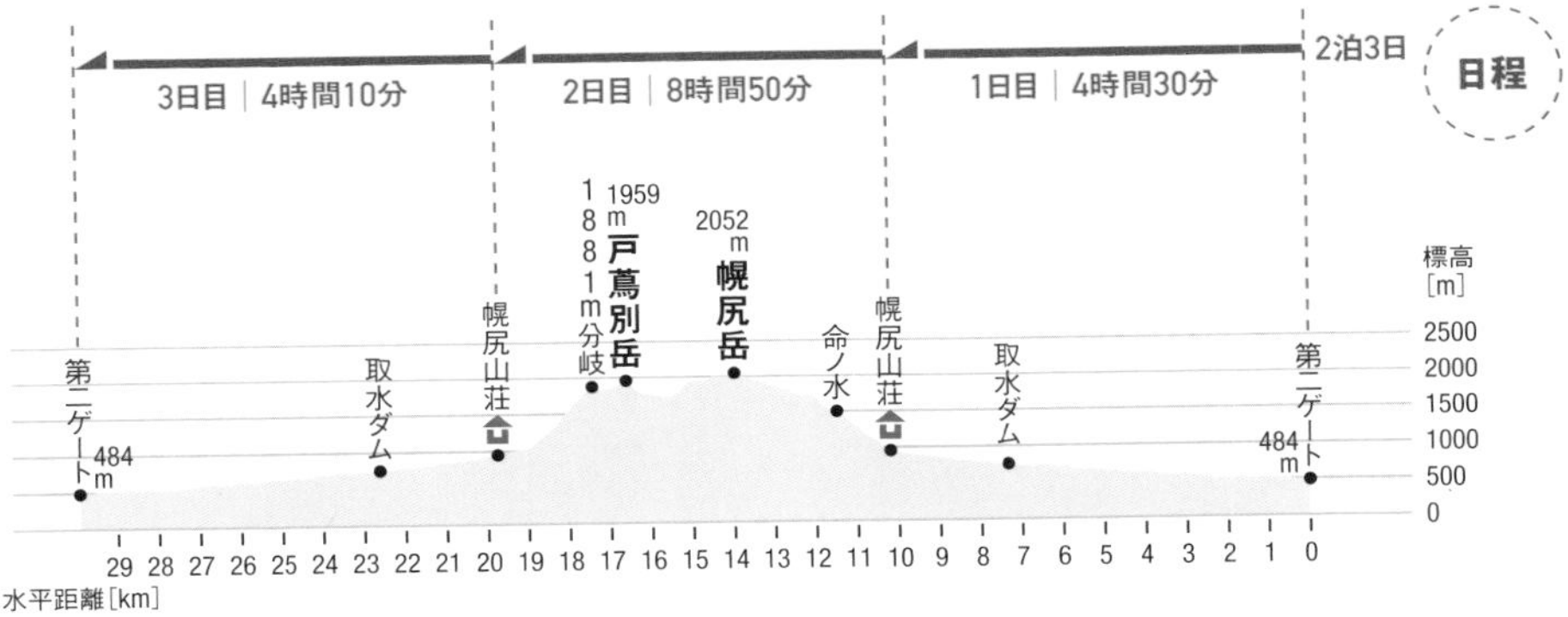

前夜泊日帰り

北戸蔦別岳

戸蔦別岳と幌尻岳を望む花が咲くカンラン岩の山へ

二岐沢出合↓二ノ沢出合↓ヌカビラ岳↓北戸蔦別岳（往復） 9時間20分

北戸蔦別岳《きたとつたべつだけ》（標高1912m）は戸蔦別岳（P118コース19参照）の北に位置する山で、北からピパイロ岳《だけ》からの縦走路が合流する。山頂やヌカビラ岳《だけ》とよばれる西隣の1808m峰の周辺はカンラン岩の露出があり、ユキバヒゴタイなど特殊な植物が見られる。両山とも北日高《きたひだか》の主稜線や幌《ぽろ》尻岳《しりだけ》（P118コース19参照）の展望に優れ、充実感のある日帰り登山となる。

ここでは千露呂《ちろろ》川源流の二岐《ふたまた》沢から二ノ《に》沢をたどり、急な尾根を登って北戸蔦別岳へ向かうコースを紹介する。そのまま縦走路を幌尻岳へと向かえば、沢登りをからめた縦走も楽しめる。

Map 14-2D 二岐沢出合

Map 14-4C 北戸蔦別岳

コースグレード	中級
技術度	★★★☆☆ 3
体力度	★★★★☆ 4

登山口は日高町千栄《ちさか》の集落からチロロ林道に入り、約17km先の二岐沢出合。ゲートからは二岐沢沿いの林道を約3km歩くと取水ダムに着く。ここから左岸沿いの道をたどるが、ところどころ道が荒れており、踏み跡や目印など探しつつ**二ノ沢出合**へと向かっていく。

さらに二ノ沢沿いの踏み跡を浅い徒渉をしつつ登り、標高1100m付近で尾根に取り付く。通常の水量なら、下部の沢沿いも登山靴でやり過ごせる。

急坂をじわじわ登ると標高1400m付近で最終水場のトッタの泉が湧いている。急斜面はヌカビラ岳の岩峰まで続き、とくに上部は7月上旬まで雪が残るので確実な登下降を心がけたい。このあたりは、カン

山頂からの戸蔦別岳（中央左）と幌尻岳（右）

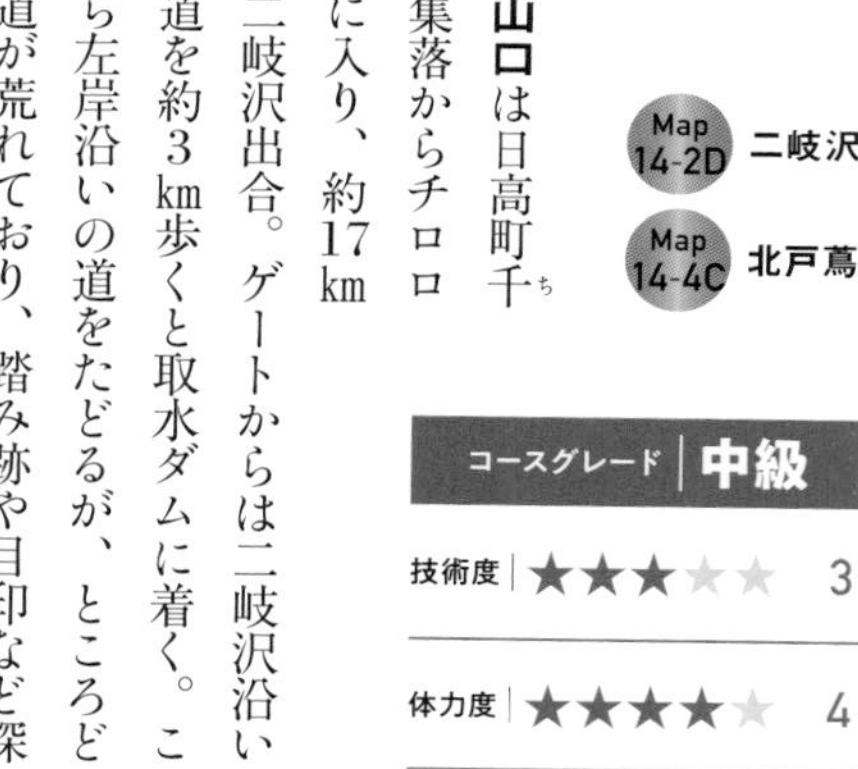

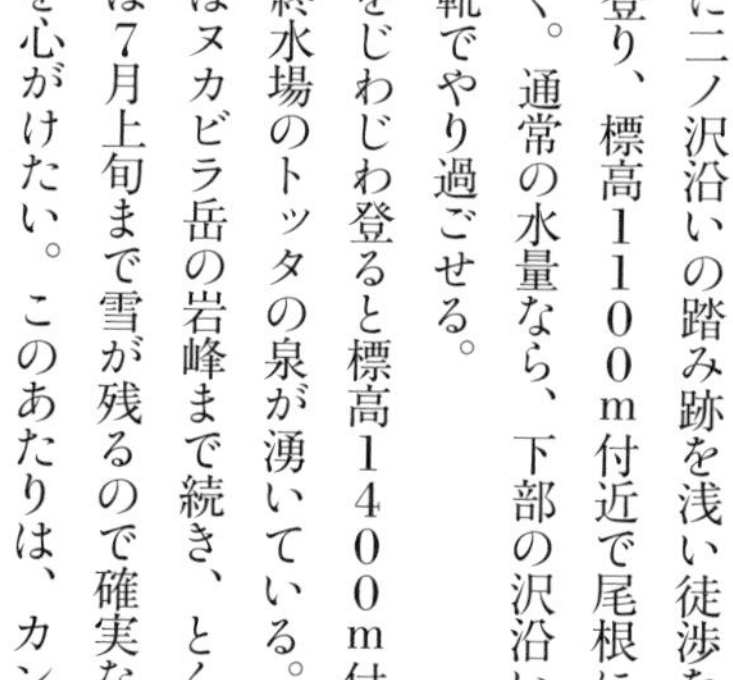

ヤチブキを見ながら二ノ沢を登っていく

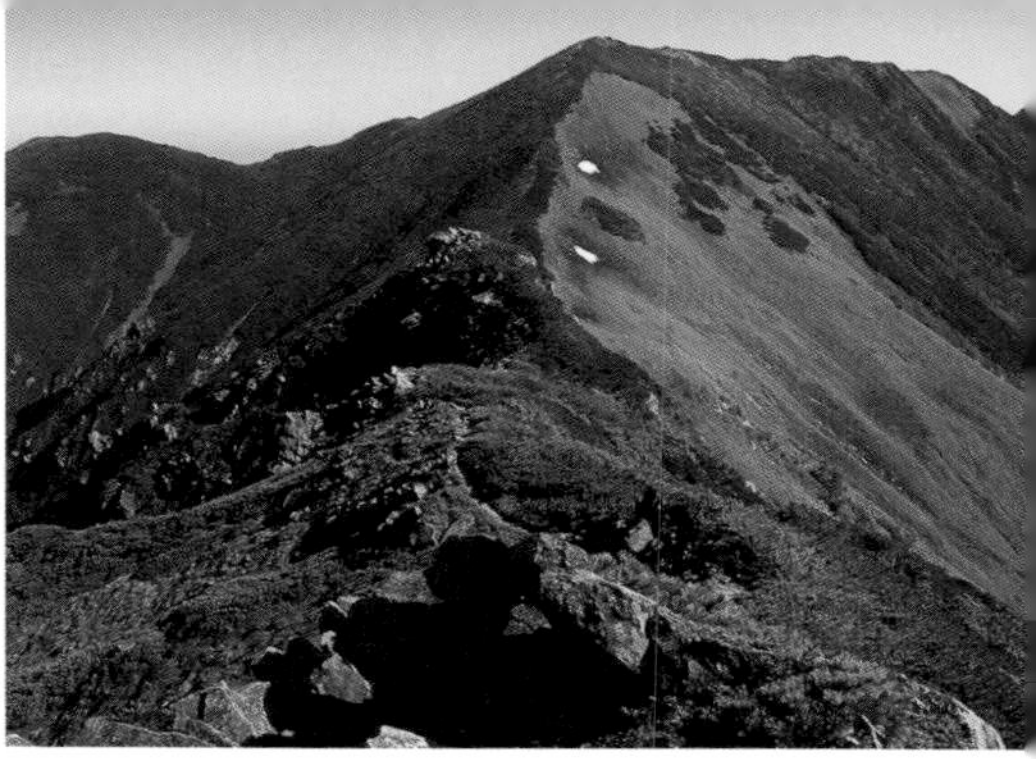

南方から望む北戸蔦別岳。右は1967m峰へと続く

ラン岩地帯に咲くヒダカイワザクラやミヤマアケボノソウが楽しみだ。

稜線に出ると北《きた》カールを抱いた幌尻岳が目に飛びこむ。展望のいい**ヌカビラ岳**からはハイマツの刈り分け道を北戸蔦別岳へ向かう。途中、二岐沢三《さん》ノ沢源頭はカール状の草原で、雪どけあとはキバナシャクナゲやエゾノハクサンイチゲ、エゾツガザクラの小気味いいお花畑となる。残雪期はコルの雪上にビバークして幌尻岳を往復する登山者もいるが、植物の踏みつけに気を配りたい。またヌカビラ岳から北戸蔦別岳の稜線付近はヒグマの痕跡が多く警戒したい。

北戸蔦別岳北側のカールとチロロ岳（中央奥）

北戸蔦別岳の山頂からは形のいい戸蔦別岳や鋭いエサオマントッタベツ岳《だけ》、幌尻岳などカールを抱く日高の名峰が見渡せる。戸蔦別川の谷の北側にはピパイロ岳や伏見《ふしみ》岳《だけ》が連なり、伏見岳からはピパイロ岳経由で縦走路が続いている。伏見岳の登山口への林道が荒廃中だが、開通した折りにはたどってみたい好ルートだ。

帰路は往路を引き返すが、登山靴での二ノ沢の下りに気をつけよう。

プランニング&アドバイス

二岐沢出合は約10台の駐車スペースと簡易トイレあり。チロロ林道の状況は日高北部森林管理署℡01457-6-3151へ。日高町中心部から二岐沢出合までタクシーが利用できるが約27kmと長い。北戸蔦別岳から幌尻岳往復は約6時間30分。戸蔦別岳からの吊尾根は消耗し、健脚向きのコース。1881m峰から西尾根を下って額平川沿いの幌尻山荘へ2時間強（P118コース19参照）。

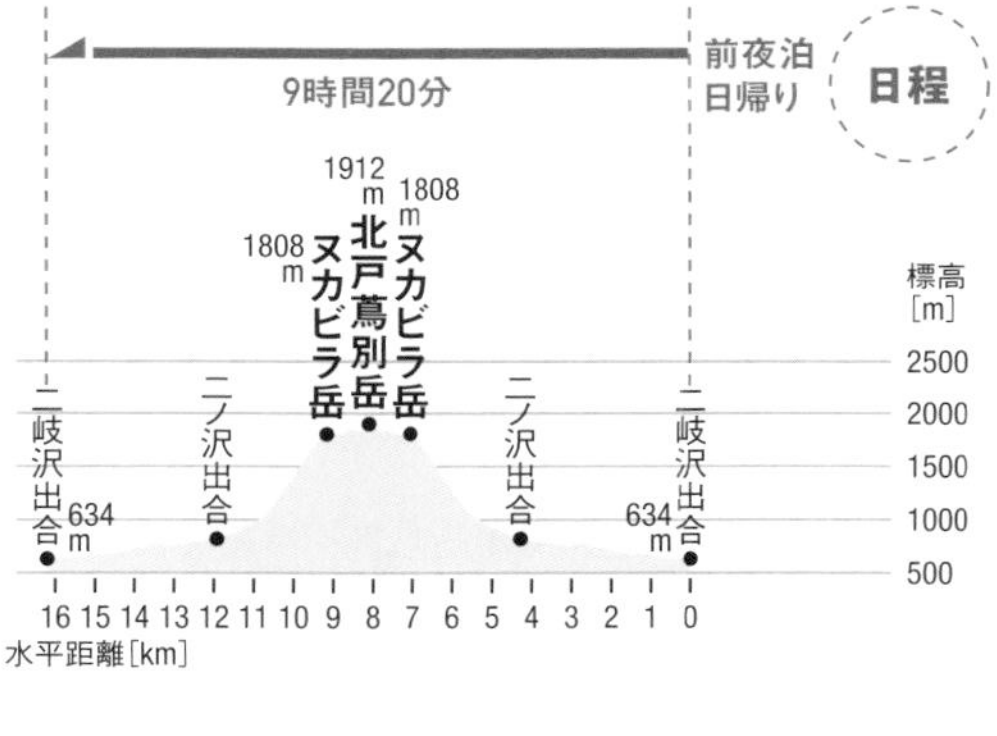

神威岳山頂からのペテガリ岳（中央奥）への稜線

ニシュオマナイ沢をつめ急登をひたすらこなして南日高三山の一角へ

コースグレード｜上級

技術度｜★★★☆☆ 3

体力度｜★★★★☆ 4

日帰り 神威山荘→440m二股→神威岳（往復） 計7時間40分

神《かむ》威岳《いだけ》（標高1600m）は日高《ひだか》中南部に位置し、元浦《もとうら》川と中ノ川の水源にあたる山だ。とくに日高側の山麓からは鋭い山容が一望でき、昔からカムイ（神）として敬われてきた。元浦川源流のニシュオマナイ沢から日高らしい急な尾根をつめて、稜線に上がるコースが開かれている。標高のわりに山頂の展望はすこぶるよく、北はペテガリ岳《だけ》、南は楽古岳《らっこだけ》へ続く山並みが楽しめる。ソエマツ岳《だけ》（1625m）、ピリカヌプリ（1631m）と合わせて「南日高三山」といわれる日高の名峰のひとつで、日本三百名山の一峰でもある。

日帰り　神威山荘からの山頂往復

登山口は、国道235号浦河《うらかわ》町荻伏《おぎふし》から上野深《かみのぶか》の集落を経て元浦川沿いの林道に入った先。ソエマツ沢出合を過ぎた最奥の**神威山荘**が前夜泊に最適だ。林道走行だけで約22kmと長く、登山も奥深い山域での沢歩き、やぶ尾根の登下降となる。体調や準備

国境稜線へはササかぶりの急な尾根を登る

快適な神威山荘。トイレもある

は万端で望みたい。コースは前半ニシュオマナイ沢沿いに登り、後半は尾根の急登が続く。沢と尾根で靴を履き替えると軽快だ。

神威山荘からすぐ小沢とニシュオマナイ沢を渡り、右岸の古い伐採道をたどる。やがて**440m二股**で枝沢を渡って本流の右岸に下りる。そこからは小さな函（＝ゴルジュ・沢で両岸が岩壁となっている場所）をやり過ごしつつ、本流を徒渉しながら登っていく。踏み跡やところどころにつけられた目印を頼りに、登路を探していこう。難しい滝はなく、通常の水量で沢靴なら徒渉は問題ない。大雨で荒れたところもあるが、沢歩き初心者でも通過できる。

524m二股を左に入ると水量が減り、斜度が増す。8月は岩場に日高山脈の固有種エゾトウウチソウやミヤマダイモンジソウが咲く。尾根筋には南日高に分布の限られたヒダカゴヨウの大木が目立つ。紅葉は9月下旬ごろから。南日高は雪が遅く、沢沿いのコースながら、秋もおすすめである。

710m二股を右にとると、やがて大岩などにペイントのある**尾根の取付点**となる。靴を履き替え、充分給水していこう。

取付点からの尾根は、視界のきかない急登が続く。笹刈りが入っていなければ、やぶがかぶった道と覚悟して登ろう。ダニ対策は、極力素肌を出さないスタイルで。日高らしい、ひたすら標高をかせぐ頑張りどころである。

ヒグマの爪痕が残るトドマツの混交林から枝ぶりのいいダケカンバ帯に入ると、傾斜が楽になる。右手にはニシュオマナイ沢源頭の断崖が望めるだろう。また左手に垣間見える1493m峰はニシュオマナイ岳《だけ》とよばれ、積雪期はこのピークへ続く尾根からのルートが知られる。

主稜線（国境稜線）に出ると、北の中ノ岳方面と山頂方面への視界が一気に広がる。山頂へはもうひと息、ハイマツ帯の稜線が

徒渉しながらニシュオマナイ沢をつめる

国境稜線を山頂へ向かう

神威岳からソエマツ岳（右）へは細い稜線が続く

待っている。ここまで急登してきた身には穏やかな登りで絶景の**神威岳**の山頂に立てるはずだ。

目の前には深い谷に刻まれたソエマツ岳やピリカヌプリ、遠く楽古岳の陰影が美しい。とくに神威岳からソエマツ岳への稜線は日高山脈随一の細さで「靴幅リッジ」とよばれる。北へ目をやれば、中ノ岳を経て遠くペテガリ岳が形よく見渡せる。稜線に突き出た１８３９ｍ峰も指差できるだろう。波打って重なる山々に、さらなる日高の山行を思い描くといい。神威岳への夏期の登路はこのニシュオマナイ沢のほかはソエマツ沢や十勝側の中ノ川の遡行となるが、いずれも困難な沢登りとなる。

帰路は往路を戻るのみ。主稜線の下り口の北は道がないので、踏みこまないこと。尾根道の急な下りにも注意したい。晩秋には谷間に響くエゾシカの鳴き声を聴くかもしれない。

プランニング&アドバイス

JR浦河駅（2021年春日高本線廃線でバスに転換）からタクシー（日交ハイヤー℡0146-22-3153）、レンタカーの利用が可能。国道235号浦河町荻伏から道道348号に入り、上野深を過ぎて元浦川林道へ。荻伏から神威山荘まで約37km・約1時間。林道の状況は日高南部森林管理署℡0146-42-1615へ。神威山荘（収容10人）は無料開放で薪ストーブあり。水は沢水を利用する。山荘の問合せは浦河町ファミリースポーツセンター℡0146-22-3953へ。浦河町野深にある柏陽館℡0146-27-4544は宿泊（素泊まり可）やキャンプ、立ち寄り入浴ができる。

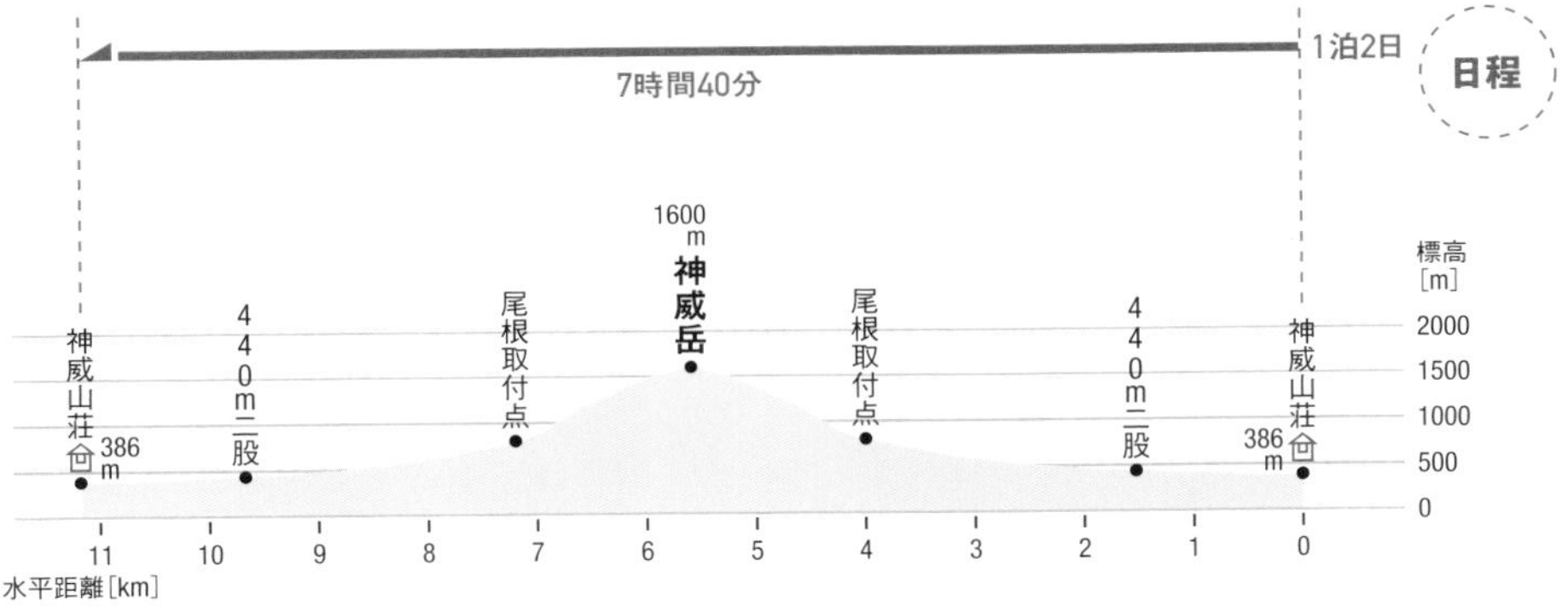

日帰り

アポイ岳

日高山脈南端にある高山植物の宝庫。太平洋や南日高を望む展望も魅力

冬島登山口↓アポイ岳↓幌満お花畑↓冬島登山口　5時間10分

日高《ひだか》山脈最南部、日高側の海岸沿いに、アポイ岳《だけ》（８１０ｍ）からピンネシリ（９５８ｍ）に続く山塊がある。アポイ岳は低山だが、特殊なカンラン岩の岩質から特産種の花が多数生育し、世界ジオパークに認定されている。また、ピンネシリへの稜線の高山植物群落とアポイ岳南東の幌満《ほろまん》ゴヨウマツ自生地は国の天然記念物となっている。山名はアイヌ語のアペオイ（火のあるところ）に由来し、昔エゾシカの捕獲を祈願して火を焚いたとの説がある。花と海の展望が魅力の日帰りの山だ。

　国道３３６号の様似《さまに》町冬島《ふゆしま》にあるアポイ登山口バス停から標識を見て山側に入るとジオパークビジターセンターがある**冬島登山口**に着く。ここにはキャンプ場と温泉つき宿泊施設のアポイ山荘（立ち寄り入浴もできる）も隣接し、前泊に適している。アポイ岳の花期は5月下旬から10月までと長いので、登山前にジオパークビジターセンターで見ごろの花を確認していこう。

　広い林道を歩きはじめると新道と旧道に分かれるが、旧道が落ち着いた道だ（新道は2021年3月現在通行止め）。小さな湿地やミズナラ、ヒダカゴヨウの林を抜けて樹林帯を登っていく。ヒグマの目撃もあり、ゴミの管理に気を配ろう。途中の沢にはニホンザリガニが生息している。

Map 15-1D　冬島登山口

コースグレード	初級
技術度 ★☆☆☆☆	1
体力度 ★★☆☆☆	2

エゾルリムラサキ（7～8月）

アポイマンテマ（7月中旬～8月）

新道と合流すると。まもなく**五合目の休憩小屋**が建っている。山頂が一望でき、このあたりから早くもハイマツが現れる。馬《うま》ノ背《せ》までは次々と花が足もとを彩る。アポイアズマギク、アポイキンバイ、アポイヤマブキショウマなどアポイを冠した花だけでも多数あり、植物好きの人は足が進まなくなる山道だ。

馬ノ背に出ると背後に太平洋が広がり、

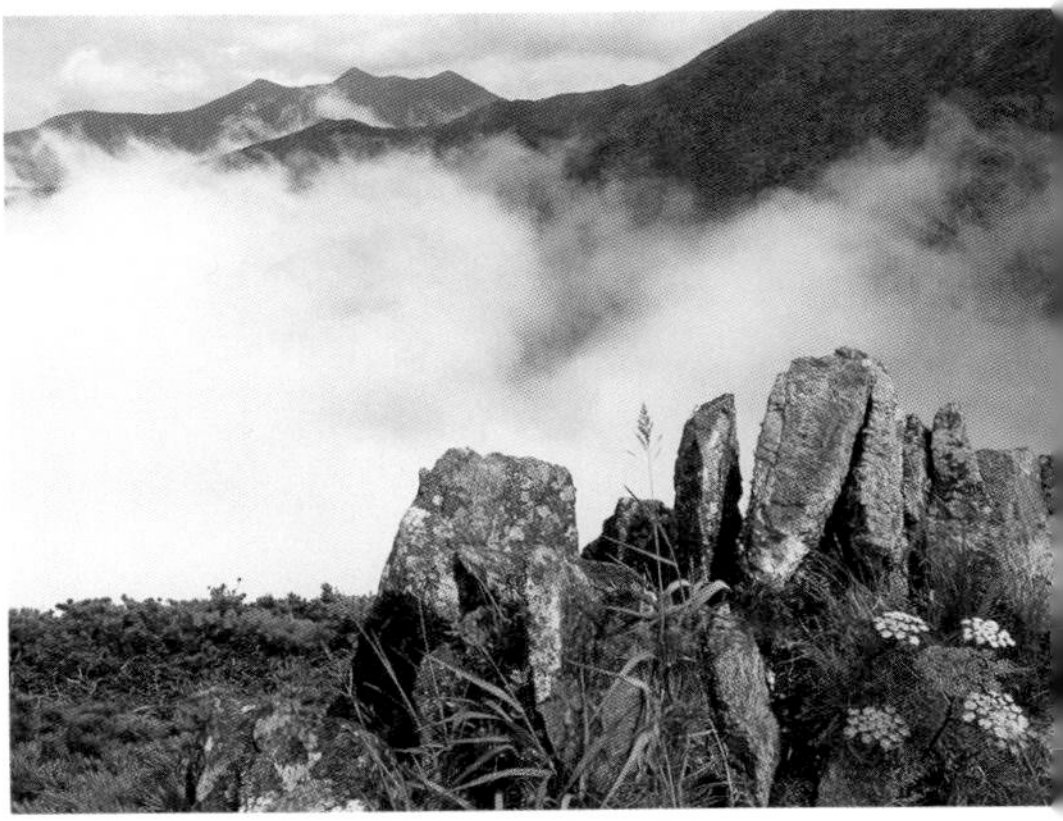
馬ノ背からの吉田岳（右）、ピンネシリ（左）

ペテガリ岳《だけ》や神威岳《かむいだけ》、ピリカヌプリなど南日高の名峰が見渡せる。しばらく岩稜を縫っての爽快な稜線歩きが続く。

最後は急登で**アポイ岳**山頂に立つ。ハイマツ帯の上部にダケカンバが根を下ろしているのもこの山の不思議なところだ。山頂からは北方の吉田岳《よしだだけ》を経てピンネシリへのコース（約2時間30分）があり、健脚者なら縦走するのもいい。

帰路は**幌満お花畑**を経由し、馬ノ背上部の分岐から往路を引き返す。以前見られたヒダカソウは盗掘や踏みつけ、ハイマツの侵入で激減し、登山道から見つけるのは難しい。花とのつき合いかたを考えさせられる山道だ。

キンロバイの咲く馬ノ背とアポイ岳（7月下旬）

プランニング&アドバイス

花期の週末は混雑するので避け、平日少人数の山行をおすすめする。登山の際にストックを利用する場合はゴムキャップを。マダニが多く、肌の露出を抑えた服装が賢明だ。主な花の見ごろは、5月はアポイタチツボスミレ、ヒダカイワザクラ。6月はアポイクワガタ、7月はエゾルリムラサキ、8月はチャボヤマハギ、チシマセンブリ、10月はコハマギクなど。

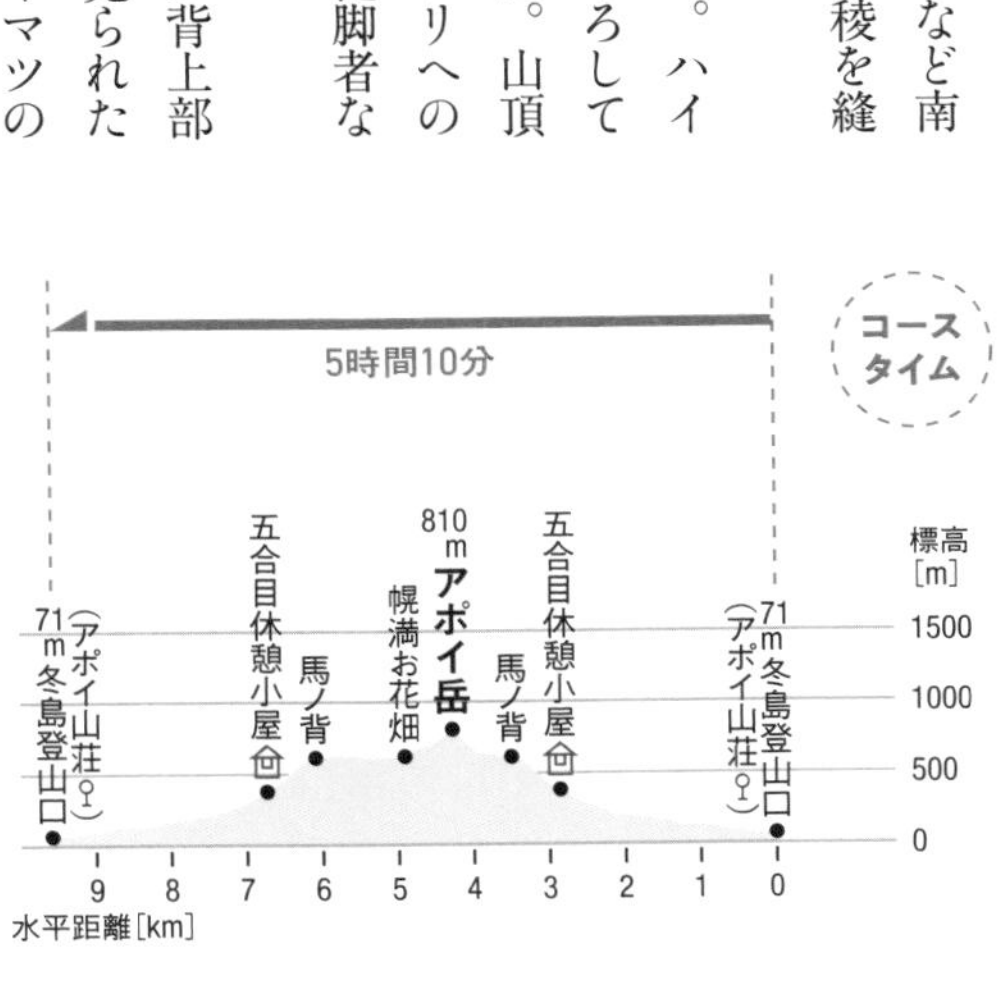

道内最大規模の高層湿原・雨竜沼湿原からの暑寒別岳。増毛山地の最高峰だ

道内有数の鋭鋒と花の名山、
高層湿原を抱くたおやかな峰――
変化に富む3山がそろう

夕張山地
増毛山地

北尾根から本谷越しに望む芦別岳

険しい岩稜を連ねる夕張山地の秀峰へ健脚コースで挑む

コースグレード	上級	
技術度	★★★★☆	4
体力度	★★★★★	5

日帰り 旧道登山口→ユーフレ小屋分岐→1444mコブ→芦別岳→半面山→鶯谷→新道登山口　計9時間35分

富《ふ》良《ら》野《の》盆地の南西にそびえる芦別岳《あしべつだけ》（1726m）は夕張《ゆうばり》山地の最高峰。山名はアイヌ語のアシ・ペッ（灌木の・川）に由来する。東山麓の山部《やまべ》から起伏に富む稜線が望める。道内では少ない岩稜と夫婦《めおと》岩などの岩壁は、積雪期も含めて登山者をひきつけてきた。夏道は北《きた》尾根の旧道、東側の新道、ユーフレ小屋経由の覚太郎コースの3本がある。本項の旧道から北尾根〜山頂を経て新道を下る行程は、日帰りとしては道内随一の健脚向きコースだ。

日帰り

旧道経由で山頂に立ち、新道で下山する

旧道〜新道の周遊は長時間だけに、早朝出発を心がけよう。前半の沢の高巻きや北尾根のアップダウンは体力を消耗するので、ピストンするなら旧道往復は避け、新道往復をおすすめする（技術度は★★★）。

山部自然公園の駐車場から北側のシカ除けゲートを開けて林道を進むと約1㎞で**旧道登山口**に出る。まずはユーフレ沢左岸の

複雑な稜線が続く北尾根

旧道下部はユーフレ沢への下降や高巻きがある

巻き道をたどる。河原への下降や高巻きをして樹林帯を縫っていくが、ところどころ高度感を伴う箇所があり、滑落に注意。

不動《ふどう》ノ滝の下で夫婦沢を徒渉し、複雑な沢の入りこみをハシゴなどでやりすごすと**ユーフレ小屋分岐**に着く。分岐から左に10分ほどで雰囲気のよい小屋がある。

旧道は分岐から夫婦沢右岸の道をとり、樹林のなかを登る。涸れ沢を踏み跡を拾いつつ抜けて標高をかせぐと、夫婦岩への踏み跡が分かれる（新夫婦岩分岐）。分岐に小さな看板があるが、谷間の道は草がかぶっているので入りこまないこと。

やがて槙柏山《しんぱくやま》南西側に出て、小沢が流れる**旧夫婦岩分岐**に着く。ここで充分補水していこう。1279mコブへの途中にはシカ道が交錯する。ひと登りして視界が開けると、鋭い夫婦岩が見える。新緑や紅葉が岩峰に映える場所だ。ここから北尾根に入っていく。

北尾根はダケカンバとハイマツの尾根で、**1444mコブ**に急登すると芦別岳の雄姿が目に飛びこむ。アップダウンを繰り返すと尾根は険しくなってくるが、翼を広げた鷲のような芦別岳の姿が励みになるだろう。北側には恐竜の背に似た崕山《きりぎしやま》が独特の景観を見せる。ハイマツや笹かぶりの箇所もあり、なかなかハードな行程だ。

1579mコブの先の岩稜は「キレット」とよばれる核心部。幅の狭い箇所もあり、慎重に通過する。左手には山頂から走る急峻な岩稜と本谷が鋭く落ちこみ、その先に十勝《とかち》連峰が続く。晴れた日には右手に羊蹄山《ようていざん》も遠望できるだろう。

キレットをやり過ごすと尾根は平坦になり、山頂西側の草原に向かう。北尾根上部やこの草原周辺にもヒグマの掘り返しや糞など多数見かける。人の少ない時間帯はよく周囲を見渡しつつ進もう。

半面山方面から望む山頂は穏やかな姿

越えてきた北尾根を振り返る。左はローソク岩

夕張岳への山並みを背に山頂へ向かう

山頂へは左に本《ほん》谷を見て、岩混じりの急斜面を登る。踏み跡が交錯するが、落石に気をつけ確かな道を探そう。登りきった**芦別岳**の山頂は、ため息がでるような展望と高度感だ。ポントナシベツ岳《だけ》から夕張岳《ゆうばりだけ》への稜線は道内でも有数の自然度を誇る。一帯は登山道のない山域で、ヒグマが闊歩するのがうなずける野性的な雰囲気が漂う。富良野盆地越しの十勝連峰から噴煙がたなびくのが見える。

帰路は東尾根に続く新道を急下降する。上部は登山者がいる際は落石に要注意。7月上旬の雪渓の時期は確実に下りたい。尾根上の雲峰山《うんぽうざん》や熊《くま》ノ沼、**半面山**《はんめんざん》を越えてダケカンバの木立を抜けると、覚太郎コース分岐の**鶯谷**《うぐいすだに》に着く。左に入ればユーフレ小屋経由で旧道登山口に戻れるが、下部は往路の沢の高巻きがあり、余力と相談しての選択となろう。

鶯谷からは、樹林帯の尾根道が**新道登山口**までたんたんと長く続く。

プランニング&アドバイス

JR根室本線山部駅から20線道路を約4km・徒歩1時間で山部自然公園。南側に新道登山口、北側の林道奥に旧道登山口。富良野駅からタクシー（山部自然公園へ約30分。富良野タクシー℡0167-22-5001）、レンタカーの利用も可。9月下旬からオガラバナ、ウラジロナナカマドなどの紅葉が旬。覚太郎コースは鶯谷から急坂を下り、熊ノ沼沢沿いを進むとユーフレ小屋（収容15人。小屋前の徒渉は増水時注意。鶯谷〜小屋まで約1時間。登山口付近には山部自然公園太陽の里キャンプ場と簡易宿泊施設の「ふれあいの家」があり、前泊に適している（ともに℡0167-42-3445、GW〜10月下旬開設）。

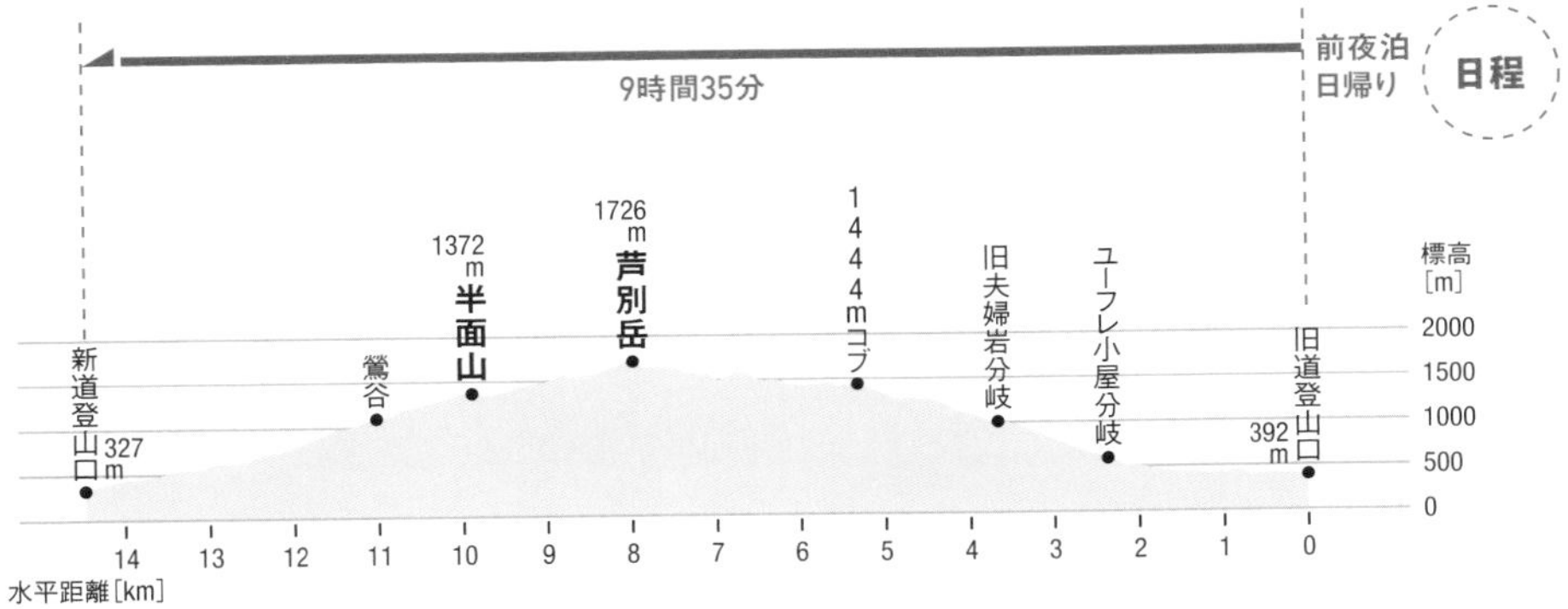

コースグレード | **中級**

技術度 ★★★★★ 2

体力度 ★★★★★ 3

前夜泊日帰り

夕張岳

蛇紋岩地に咲く
数多くの花に彩られる
夕張山地の名峰

ユキバヒゴタイやホソバツメクサの咲く吹き通し

日帰り 登山口→冷水ノ沢→夕張岳→馬ノ背コース合流点→夕張岳ヒュッテ→登山口 計7時間10分

夕《ゆう》張岳《ばりだけ》（1668m）は芦別岳《あしべつだけ》（P134コース㉓参照）や鉢盛山《はちもりやま》に続いて夕張山地の南部に位置し、山麓のシューパロ湖からはダム湖に沈んだ橋の奥に独特な台形の山容が望める。夕張川の水源で、山名はアイヌ語のユー・パロ（鉱水の・河口）から。上部に蛇紋岩の露出地があり、ユウパリコザクラやユウバリソウなどの固有種や多彩な高山植物に恵まれている。一方、中止になった大規模なスキー場計画や、盗掘、オーバーユースなど山と人の関わりを考えさせられる山だ。

日帰り

冷水コース経由で山頂へ 下山は馬ノ背コースをとる

登山道は西側の夕張岳ヒュッテからと東側の金山《かなやま》から。ヒュッテ側は森から湿原とお花畑をめぐる人気のコース。下部が2本に分かれ、ここでは冷水《ひやみず》コースで夕張岳に登り、馬《うま》ノ背《せ》コースに下ってみる。7月の花ピークの週末は混雑するだけに、花をゆっくり楽しむなら、少人数かつ平日の山行をおすすめする。

アクセスは国道452号で夕張市清水沢《しみずさわ》からシューパロダム方面へ。シューパロトンネルの先で白銀《しろがね》橋を渡り、そこから12・5km先の林道ゲートが**登山口**。

歩きはじめてすぐ道が分かれ、左は夕張岳ヒュッテへ続く。ヒュッテまで約20分。登山自体は日帰り可能だが、余裕があれば1泊するといい。ヒュッテに寄らなければ右手の道をとり、徐々に登り坂になった先に**冷水ノ沢**がある。10分ほど上にも前岳《まえだけ》ノ沢があるが、冷水ノ沢のほうが水量豊富。

前岳ノ沢からは尾根道となる。まもなく**馬ノ背コースと合流**し、前岳の北側を巻いていく。初夏はダケカンバの新緑と石原平《いしはらだいら》のシラネアオイが楽しみだ。左手が切れ落ちた斜面になった道をたどる、**望岳台**《ぼうがくだい》からは芦別岳が遠望できる。

前岳の東側へ回ると山頂が見えてきて、

吹き通しに咲くユウバリソウ（花期6月中旬～7月下旬）

ミヤマキンポウゲが咲く前岳湿原の木道

憩《いこい》沢で水がとれる。ヤチブキやミズバショウの咲く水辺からはゆるやかな台地が続く。ここから山頂まで夕張岳らしい花の道だ。

　木道の敷かれた前岳湿原を抜け、灌木やハイマツのなかをしばらく歩くと、右手にガマ岩の岩塔が目に入る。小さなヒョウタン池を横目に進むと蛇紋岩のザレ場に出る。蛇紋岩地は超塩基性の貧栄養な特殊な土壌で、適応したわずかな植物だけが生育する。ユウパリコザクラやシソバキスミレは、小さくも世界でここにしか咲かない夕張岳固有の植物。そっと見守りたい。

山頂付近からのガマ岩（左）と前岳（右）

　ここから湿性のお花畑をゆるゆると進み、熊《くま》ヶ峰《みね》と釣鐘《つりがね》岩のあいだを抜けると**吹《ふ》き通《とお》し**に着く。夕張岳の有数の見どころで、ここも蛇紋岩帯だけにエゾタカネツメクサやナンブイヌナズナ、クモマユキノシタなどの花々が、吹きさらしの稜線に揺れている。地味な花や開花前の植物もあり、踏みつけに気を配ろう。

　やがて金山コースが合流し、急坂をひと登りすると山頂直下で夕張山頂神社の鳥居が現れる。小さな窪地周辺もミヤマアズマ

釣鐘岩付近の湿地に咲くシロウマアサツキ

夕張山頂神社と夕張岳山頂

ギクやイワブクロなどが咲く。登山道が広がりつつあり、休憩の際も注意したい。

神社から一段上がった**夕張岳**の頂は360度の大展望。稜線の花や湿原をめぐった先の、充実した到達点となるだろう。芦別岳へ続く野性的な山並みや長大な日高《ひだか》山脈、好天なら石狩《いしかり》平野越しに札幌近郊の山々も指差できるはずだ。

帰路は再び湿地と岩塔が入り組む稜線をたどる。途中までは緩斜面が続くため標高を下げづらいコースだけに、日帰りでも防寒着の準備を。**望岳台**を過ぎ、樹林に入ると**馬ノ背コースに合流**する。

馬ノ背コースは二《に》ノ越《こし》、一《いち》ノ越《こし》と段々のコブが続き、全体に急な下り道だ。トドマツやエゾマツ、イタヤカエデなどの落ち着いた針広混交林を抜け、**夕張岳ヒュッテ**に向かう。尾根を下りきったヒュッテ前の冷たい水が嬉しい。

雰囲気のある小屋で一服したら、**登山口**へと戻ろう。

プランニング&アドバイス

JR石勝線新夕張駅または清水沢（新札幌から夕鉄バス利用）からタクシーの利用可(約40分〜1時間)。国道452号からの市道奥鹿島線は5km弱でゲートがあり、例年6月下旬〜9月下旬のみ開放。さらに鹿島林道を9km弱で登山口のゲート。林道の詳細は空知森林管理署℡0126-22-1940へ。夕張岳ヒュッテ(収容30人・有料)は6月中旬〜8月下旬、9月週末管理人常駐。素泊まりで寝具炊事用具は持参。予約は夕張市教育委員会℡0123-57-7581へ。初夏は7月上旬まで残雪があり、雪どけとともに次々と花が咲く。紅葉は9月下旬ごろから。東面の金山コース（4時間30分）は静寂さが魅力だが道は整備次第だ。

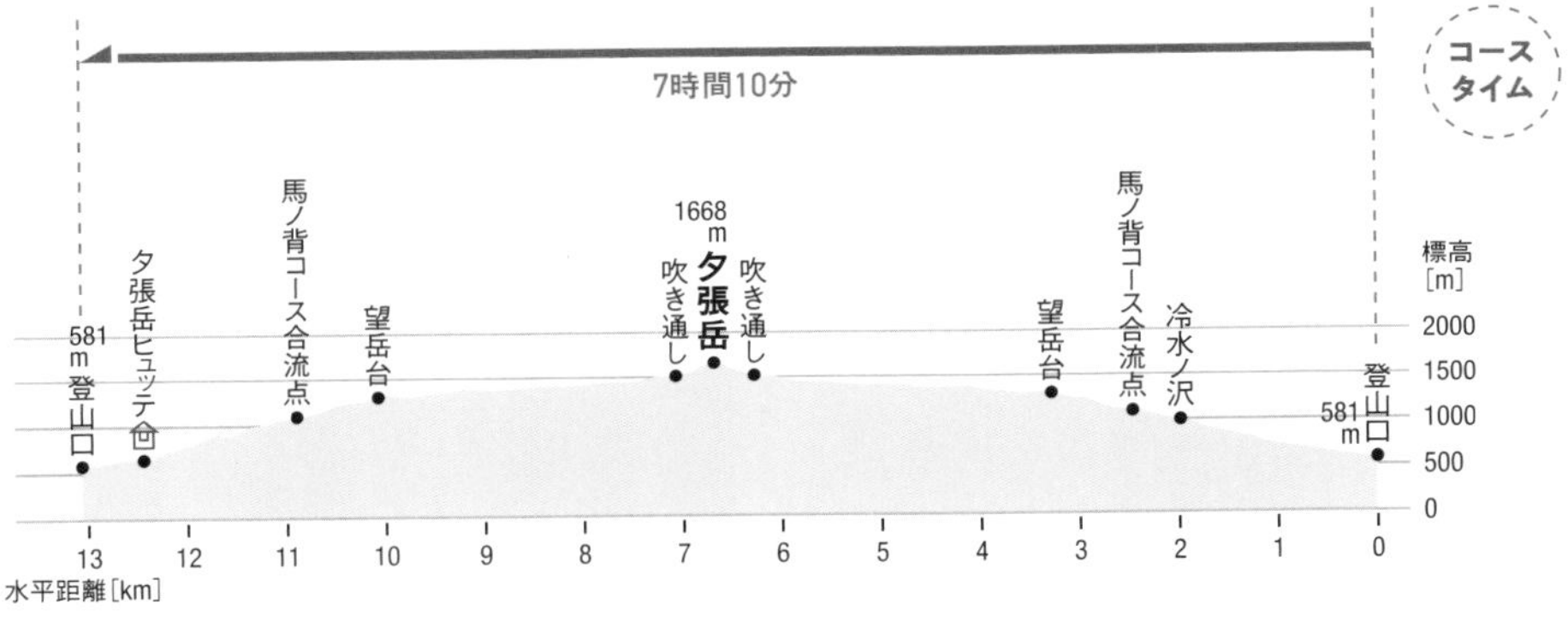

前夜泊日帰り

暑寒別岳

雨竜沼湿原

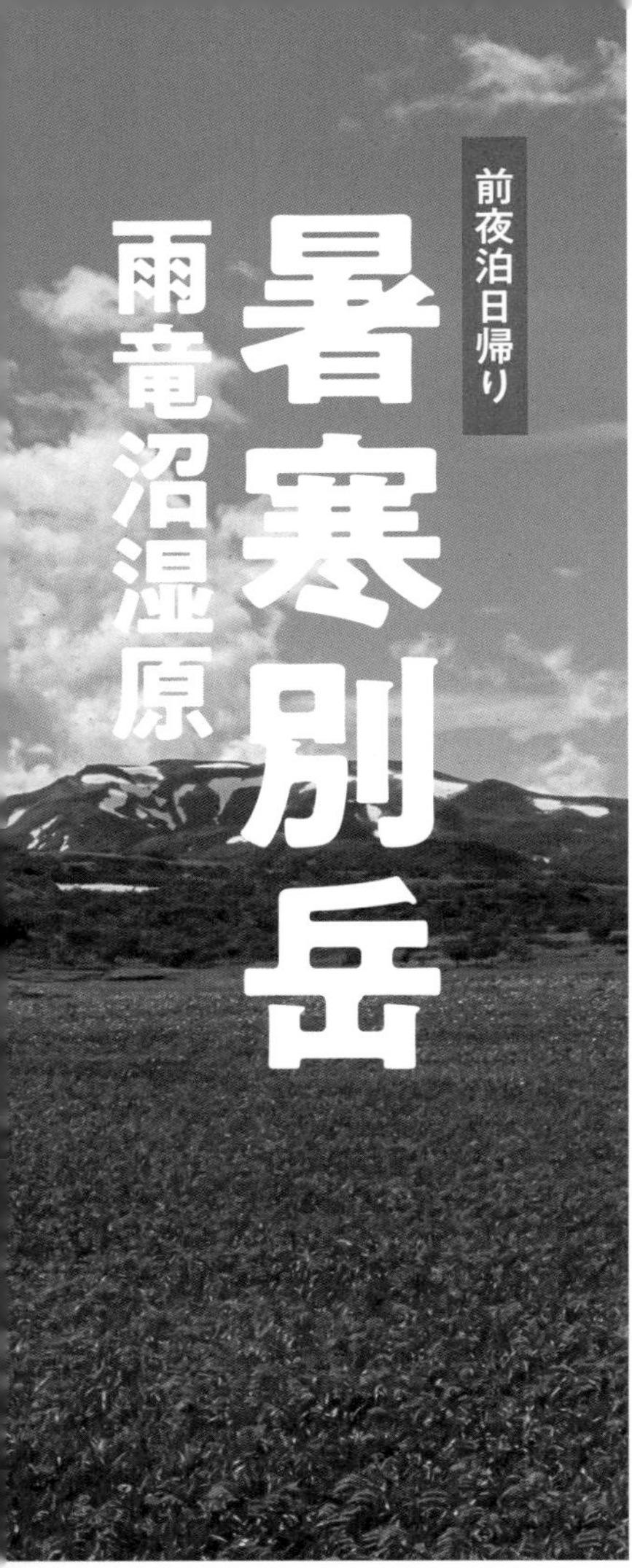

増毛《ましけ》山地は札幌の北方、日本海に張り出した雄冬《おふゆ》岬の東に広がる懐深い山塊だ。最高峰の暑寒別岳《しょかんべつだけ》（１４９２ｍ）は東側の中腹に道内最大規模の高層湿原・雨《う》竜沼《りゅうぬま》湿原を抱く。山名は日本海に注ぐ暑寒別川にちなみ、幕末の北海道を旅した松浦武四郎の『西蝦夷日誌』に「ショカンベツ、滝ある川と言う義」と記されている。南西側には雄冬山《おふゆやま》、浜益岳《はまますだけ》、群別岳《ぐんべつだけ》、奥徳富岳《おくとっぷだけ》など登山道のない静寂な山並みが続く。

登山道は北の増毛側から２本と東の雨竜沼経由の道がある。雨竜沼側から暑寒別岳への往復はかなり長い。ここでは、交通の手配が必要だが、雨竜沼側から増毛側の暑寒荘への縦走路を紹介しよう

日帰り

南暑寒荘から雨竜沼湿原を経て暑寒別岳山頂へ

雨竜沼側の登山口へは雨竜市街から尾白《おしら》利加《りか》川沿いの道道４３２号をつめる。尾白利加ダムから約14㎞。登山口に**南暑寒《みなみしょかん》荘**と

ペンケペタン川沿いの道を雨竜沼へ

雨竜沼湿原に咲くタチギボウシ（8月）

道内一の高層湿原から
増毛山地の最高峰へ縦走する
ハードなロングコース

雨竜沼湿原の木道を行く。奥は南暑寒岳から暑寒別岳（右）への山並み

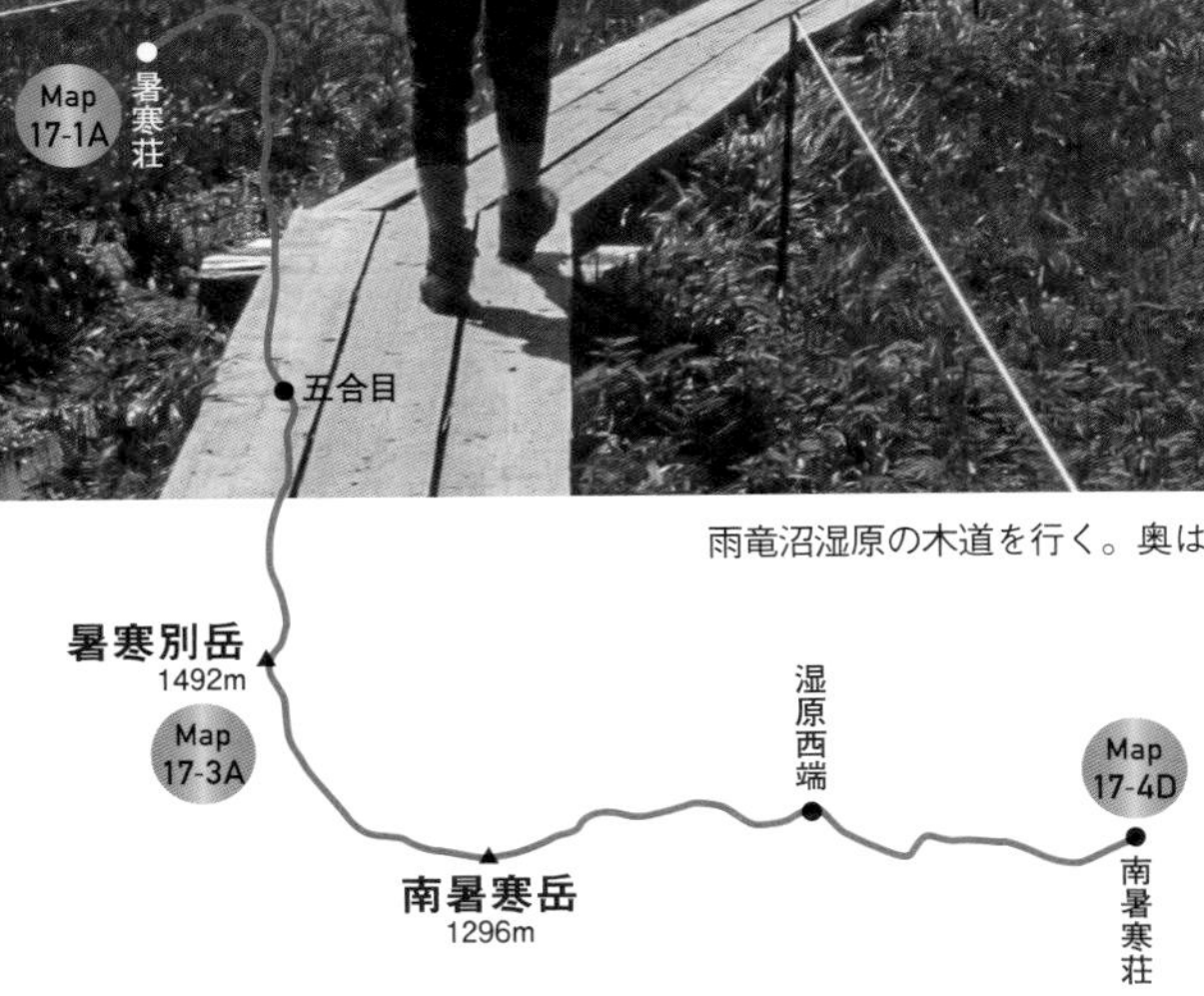

コースグレード	中級
技術度	★★☆☆☆ 2
体力度	★★★★★ 5

日帰り　南暑寒荘→ 雨竜沼湿原→ 南暑寒岳→ 暑寒別岳→ 屏風岩→ 佐上台→ 暑寒荘　計9時間20分

キャンプ場があり前泊しやすい。

登山口の湿原管理棟で整備協力金５００円を払い、花やヒグマの出没状況を確認していこう。雨竜沼湿原へは水量豊富なペンケペタン川沿いの道をたどる。途中２つの吊橋は６月中旬〜10月中旬以外撤去され、南暑寒荘もこの期間のみの営業となる。

しばらくすると白竜《はくりゅう》ノ滝への寄り道が分かれる。滝好きの人は豪快に落ちる水流を滝壺から眺めていくのもいい。再び道が合流すると急坂となり、ダケカンバの木立を抜けて川の左岸に出る。流れを見ながら進むと**湿原入口**に着く。

雨竜沼湿原は標高８５０ｍの溶岩台地に発達した北海道を代表する高層湿原だ。南北約１㎞、東西約２㎞の湿地には大小百以上におよぶ池塘が点在し、浮島に多様な湿原植物が生育する。外来種の進入防止に湿原入口の小沢で靴底を洗おう。雨竜沼めぐりの入山者は多く、途中で分岐する木道は時計回りの一方通行となっている。


湿原に入ると茫漠とした視界が広がり、奥に南暑寒岳や暑寒別岳が控えている。６月のミズバショウ、ショウジョウバカマから、７月のエゾカンゾウ、コバイケイソウ、トキソウ、オゼコウホネ、ホロムイソウ。８〜９月はサワギキョウ、タチギボウシ、クロバナハンショウヅル、エゾノシモツケソウなど、多種の花が楽しめる。秋は９月中ごろから草紅葉とダケカンバの黄葉が彩る。湿原は国定公園第一種特別保護区で、植物の採取は厳禁である。

湿原の西端からネマガリダケの刈り分け道を登ると展望台があり、雨竜沼湿原が見渡せる。そこからじわじわと標高をかせぐと**南暑寒岳**山頂に到着するが、ところどころでヒグマの掘り返しを見る。

山頂から正面に見る暑寒別岳は大きく、群別岳が徳富川の深い谷を抱えて鎮座する。

南暑寒岳からの秋の暑寒別岳

暑寒荘（収容40人）。夏期は管理人が入る

大小の池塘が点在する雨竜沼湿原

暑寒別岳山頂からの奥徳富岳（左）と群別岳（右）

ここで折り返しても、日帰り山行としては充実感を覚えるだろう。南暑寒岳から先に進むと、引き返しは長く疲労する。暑寒別岳まで行けば増毛側へ下るほうが短いが、縦走は天候、体調と相談しながら判断しよう。

南暑寒岳から最低コルへの下りは急斜面で、ロープをつたいつつ下降する。広い尾根に続くネマガリダケの刈り分け道を行くと、最低コルに水場と湿性のお花畑が広がっている。

暑寒別岳の登りは徐々にきつくなる。途中、左手が崩壊した岩場があるので注意して通過すること。南暑寒岳からの見た目以上に山頂手前は急坂で、これをよじ登ると一転して広い台地に飛び出す。岩の重なる**暑寒別岳**の山頂はのびやかで、眼下の

エゾノハクサンイチゲの咲く6月中旬の暑寒別岳山頂

暑寒別岳を前にする八合目・屏風岩

雨竜沼はすでに遠い。夏の稜線はエゾノハクサンイチゲが群生し、奥徳富岳や群別岳の雪渓に映える。

山頂から増毛側に下ると、まもなく箸別《はしべつ》コースが分かれる。ここからロープの下がる急坂を慎重にやり過ごす。急下降は屏風《びょうぶ》岩手前のコルまで続く。そそり立つ**屏風岩**から標高１２２５ｍ付近までは岩尾根で、滝見《たきみ》台では西暑寒岳（１４１３ｍ）の中腹にかかる大滝が一望できる。

ここから先も、ところどころで急な下りが混ざる尾根道が続く。**五合目**にある小さな天場には湧水があったというが、涸れることもあり不確実だ。

やがてミズナラの尾根道になり、四合目と下方の**佐上台**《さがみだい》で展望を得たあとは、たんたんと下ってつつじヶ丘《おか》へ。6月にはムラサキヤシオの咲く林を抜けると、広めの道となる。最後の急な下りでいよいよ疲労がたまってきたころ、落ち着きのあるたたずまいの**暑寒荘**に下り着く。

プランニング&アドバイス

公共交通利用の場合、往路はJR函館本線滝川駅または深川駅から中央バスで雨竜市街へ。札幌市街からは北海道中央バス「高速るもい号」も利用可（雨竜を経由しない便もある）。雨竜市街からはタクシー約45分で登山口。下山後はタクシー約25分で増毛市街へ。留萌方面の沿岸バスに乗り換える。南暑寒荘・暑寒荘・箸別小屋の詳細はP177・178参照。雨竜町郊外の「たびびとやど ゆき・ふる・さと」℡0125-77-2479はバス停からの送迎あり。増毛側の旅人宿「ぽちぽちいこか・増毛舘」（男女別相部屋）℡0164-53-1176との連携で縦走サポートあり。逆のコースもとれる。箸別コースは登り4時間20分、下り2時間50分。

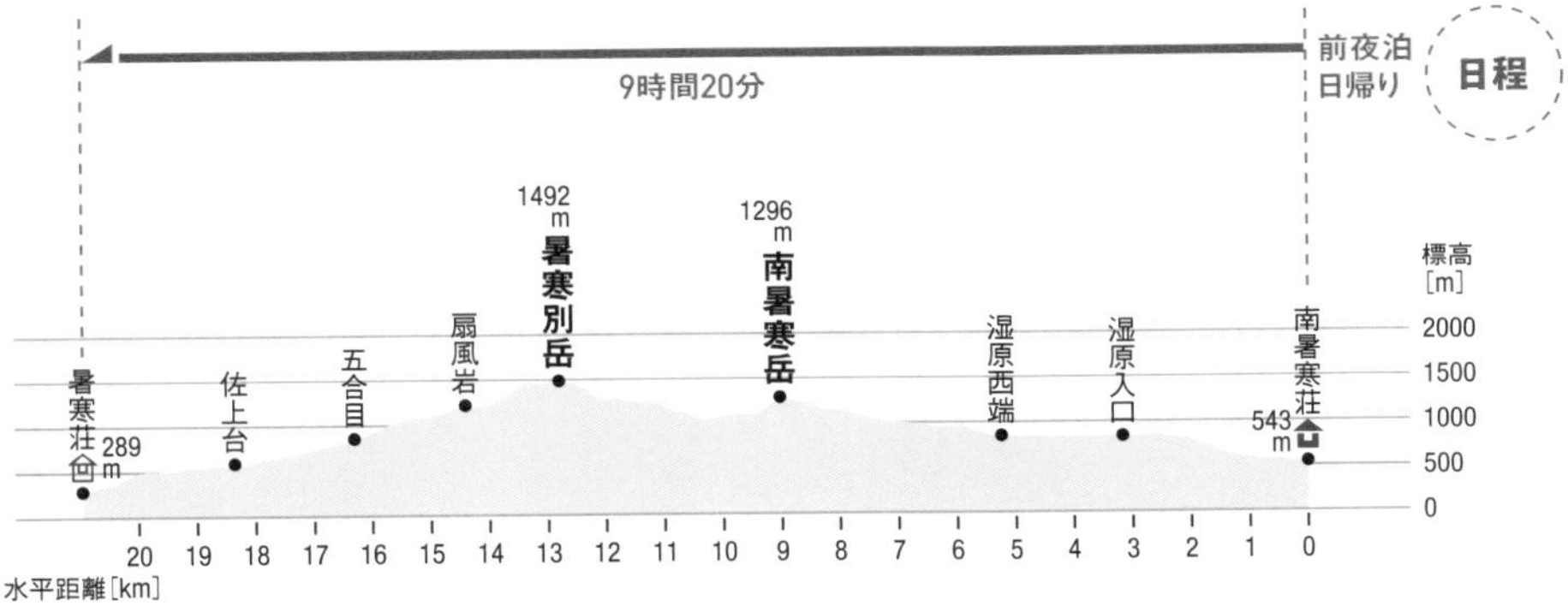

道央・道南の山

シラネアオイが咲く6月の大千軒岳稜線

均整のとれた山容の羊蹄山と
グリーンシーズンも楽しいニセコ連峰、
道内随一のブナの名山・大千軒岳

南山麓の真狩神社からの羊蹄山。左右に裾野を広げる姿は「蝦夷富士」の名にふさわしい

前夜泊日帰り

羊蹄山

ニセコ連峰や洞爺湖を見晴るかす頂 別名「蝦夷富士」

コースグレード	中級
技術度	★★☆☆☆ 2
体力度	★★★★☆ 4

日帰り 真狩コース登山口→南コブ分岐→九合目避難小屋分岐→羊蹄山→比羅夫コース分岐→比羅夫登山口　計8時間10分

札幌市の南西端、中山《なかやま》峠を越えた西方に端正なコニーデ型の山が立つ。羊《よう》蹄山《ていざん》（1898m）だ。アイヌ語ではマチネシリ（女山《おんなやま》）。夫婦山のピンネシリ（男山《おとこやま》）は、南東のひと回り小さな尻別岳《しりべつだけ》（1107m）。幕末の探検家・松浦武四郎の『東蝦夷《えぞ》日誌』には後方羊蹄山（＝しりべしやま）の字があてられたが、略して羊蹄山となった。またその姿から「蝦夷富士《ふじ》」として親しまれている。上部の多彩な高山植物群落は、国の天然記念物に指定されている。

日帰り

真狩コースを登って山頂に立ち、比羅夫コースで下山する

登山道は京極《きょうごく》町、喜茂別《きもべつ》町、真狩《まっかり》村、倶《くっ》知安《ちゃん》町比羅夫《ひらふ》から4本開かれている。ここでは南の真狩から西の比羅夫へ、バスを使って周回できるコースを紹介しよう。羊蹄山は道内旅行の一環として登られることがあるが、独立峰で気候の変化が厳しく、体力も必要な山だ。好天を狙って登りたい。

南側、道道66号の羊蹄山自然公園入口に

ダケカンバの大木を眺めつつ標高をかせぐ（真狩コース）

真狩・比羅夫コース中間の羊蹄山避難小屋

真狩コース分岐から山頂への岩尾根

湧水公園がある。その脇から山手に向かった最奥が**真狩コース登山口**。途中の真狩キャンプ場は快適で前夜泊もいい。上部の水場は避難小屋周辺の融雪水（7月中ごろまで）のみ。キャンプ場で充分給水していこう（トイレも山麓以外は避難小屋のみ）。

歩きはじめは視界のきかない樹林帯を黙々と登る。ほどなく現れる**南《みなみ》コブ分岐**から左に入ると寄生火山の南コブ（650m）だ。

南コブ分岐からは、山容通りひたすら斜面を登っていく。山麓の農耕地や洞爺《とうや》湖方面ののどかな展望を楽しみつつ、枝ぶりのいいダケカンバ林を抜けて標高をかせぐ。

七合目を過ぎ、ガレ場をトラバースするあたりからイワブクロやウラジロタデなど火山らしい植物が姿を見せ、高山の雰囲気が漂う。気温が上がってガスが湧くと、上部は視界がさえぎられやすい。

いよいよ息が上がる**九合目で避難小屋への道**が左に分かれる。ここからの斜面は植物が多彩で、雪田跡にキバナシャクナゲやハクサンチドリ、チシマフウロ、エゾノツガザクラなどが咲き乱れる。積雪が多く、7月中は谷の雪渓模様が美しい。

山頂火口の外輪に達すると景色が一変する。ここは**真狩コース分岐**で、直径750mにおよぶ最大の火口・父釜が眼下に窪み、壮大な火山風景に圧倒される。GWは父釜《ちちがま》へのシュプールを目にするかもしれない。

真狩コース分岐から外輪を右に周ると、予想外に細い岩稜となる。道内の山ではあまりない岩尾根だけに、一歩一歩確実に進みたい。喜茂別コースの分岐を経て1898mの**羊蹄山**最高点に立つ。山頂はひとき

比羅夫コース下部にある小さな風穴

九合目避難小屋分岐から火口外輪へ向かう

わ空が広く、高度感抜群。火口のスケール感は目眩を覚えるほどだ。

　比羅夫へ縦走する場合はそのまま進み、京極コースとの分岐を過ぎて外輪のコブのひとつである北山《きたやま》に立つ。北山の南側に母《はは》釜と子《こ》釜とよばれる小さな窪地が隣接する。それぞれの釜のあいだを枝道が通り、視界のない時は迷いこみに注意したい。麓からはいたってシンプルな山容だが、山頂部は予想外に複雑な地形で、地図は必携である。

　北山から西に少し下ると**比羅夫コース分岐**で、ここで避難小屋と真狩コース分岐への道が分かれる。一帯の「後方羊蹄山の高山植物帯」は天然記念物で、コケモモやハイマツのあいだをシマリスが走る。

　比羅夫コースに入ると急なつづら折りの下りが続き、足にこたえる。体力も消耗するだけに、水や食料を適宜とりたい。

　標高を下げて樹林帯に入ると、エゾマツやダケカンバの大木に癒されるだろう。ヒカリゴケの見られる風穴を過ぎるとまもなく**比羅夫登山口**だ。ここから国道5号のバス停まで約30分の車道歩きだが、タクシーを手配する手もあるだろう。

北山（右）と母釜、子釜。
火口は複雑な地形だ

プランニング&アドバイス

バス利用の場合、往路はJR函館本線倶知安駅から道南バス35分で羊蹄自然公園へ。復路は羊蹄登山口から道南バス10分で倶知安駅へ（小樽〜倶知安〜ニセコ間のニセコバスも停車）。それぞれ登山口まで約2km。避難小屋は通年開放。6月上旬〜10月上旬管理人常駐。素泊まりで寝具なし。宿泊は予約希望（羊蹄山管理保全連絡協議会 TEL0136-23-3388へ）。花は6月上旬以降、雪どけを追って8月まで。紅葉と初雪は9月初旬ごろと大雪山なみ。悪天候時は山頂で強風が吹くので、天候判断は慎重に。京極、喜茂別コース（ともに約5時間）は上部礫地が荒れ気味。下山後の入浴は真狩村西側のまっかり温泉 TEL0136-45-2717、ニセコ駅前の綺羅乃湯 TEL0136-44-1100などがある。

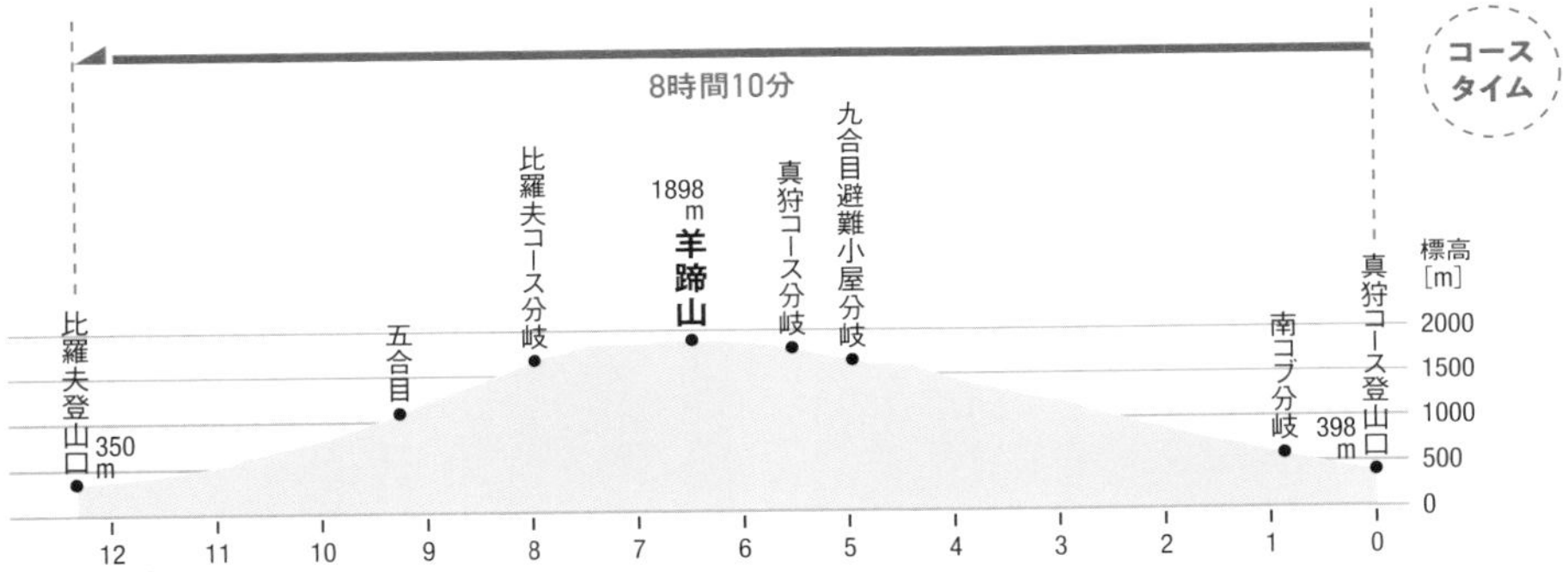

日帰り

ニセコアンヌプリ

ニセコ連峰の主峰。羊蹄山の展望台へ

五色温泉↓見返り坂合流点↓ニセコアンヌプリ（往復） 2時間30分

ニセコアンヌプリ（１３０８ｍ）はニセコ連峰東端に立つ連峰最高峰。極上の雪質で、スキー黎明期から山スキーの好フィールドとして知られる。現在はスキー場開発と海外資本の波を受け、南東側にリフトと宿泊施設が林立する。山名は尻別《しりべつ》川支流のニセイコアンベツ川に由来し「絶壁にむかっている川」の意味という説がある。山頂は尻別川越しに羊蹄山《ようていざん》を望む絶好の展望台だ。火山性の連峰だけに、山麓は五色《ごしき》、昆《こん》布《ぶ》、比羅夫《ひらふ》などの温泉に恵まれている。

南側のニセコアンヌプリ国際スキー場のゴンドラを利用し標高９７５ｍ地点まで上がる最短路もあるが、ここでは五色温泉から自力で山頂をめざしてみよう。往復2時間半ほどの気軽なコースである。

山の西側、標高約７５０ｍの**五色温泉**の向かいにニセコ野営場と登山口がある。インフォメーションセンターもあるので、登山情報を入手していこう。

登山口からダケカンバの若木の生えるなだらかな斜面を登っていくと、８５５ｍの分岐で**見返《みかえ》り坂からの道が合流**する。豪雪地帯だけに、あたりは背の高いネマガリダケの刈り分け道で、ケルンのある９２０ｍのコブで展望が開ける。

登山道はここから明瞭な尾根道となり、春にはノウゴイチゴやカタクリなど里山の花が見られる。すっきりした道で快適な登

Map 18-2C　五色温泉

コースグレード	初級
技術度	★☆☆☆☆ 1
体力度	★☆☆☆☆ 1

山頂に立つ観測所跡の碑と羊蹄山

五色温泉からはすっきりした尾根道が続く

南麓からのニセコアンヌプリ。中腹の建物はゴンドラ山頂駅

行だ。アカモノやミヤマホツツジなどニセコ連峰でお馴染みの低木も並ぶ。登るにつれ、背後には五色温泉郷とごつごつしたイワオヌプリ、さらにニトヌプリやチセヌプリの展望が広がってくる。

やがてウコンウツギやイソツツジの咲く灌木帯となり、徐々に斜度が増して登りごたえも出てくる。つづら折りの急坂をやり過ごしササとハイマツの稜線に立てば、そこは西峰《せいほう》だ。ニセコアンヌプリは猫の耳に似た双耳峰で、本峰はさらに奥にある。

高山の雰囲気を味わいつつ山頂に向かうと、南側のゴンドラ駅からの登山道が合流し、避難小屋とニセコ観測所跡の塔が立つ**ニセコアンヌプリ**山頂に到着する。東には羊蹄山が裾野を美しく広げ、西にはニセコ連峰が小気味よく連なる。ニセコ連峰は西端の雷電山《らいでんやま》への縦走路もあり、次なる計画を抱かせる展望だ。

下りは往路を引き返す。湯煙を上げる**五色温泉**の湯が楽しみな小さな山歩きだ。

下山はイワオヌプリ（右）やニセコ連峰を正面にする

プランニング&アドバイス

JR函館本線ニセコ駅から五色温泉郷へはニセコバスが運行。神仙沼、大谷地も経由。運行期間は7〜10月の週末中心に運転。倶知安駅からタクシーも可。五色温泉インフォメーションセンターとキャンプ場横に駐車場、トイレ、水場あり。南側からのコースはアンヌプリゴンドラ山頂駅から約50分。855mの分岐から見返り坂経由でゴンドラ山麓駅まで約1時間。

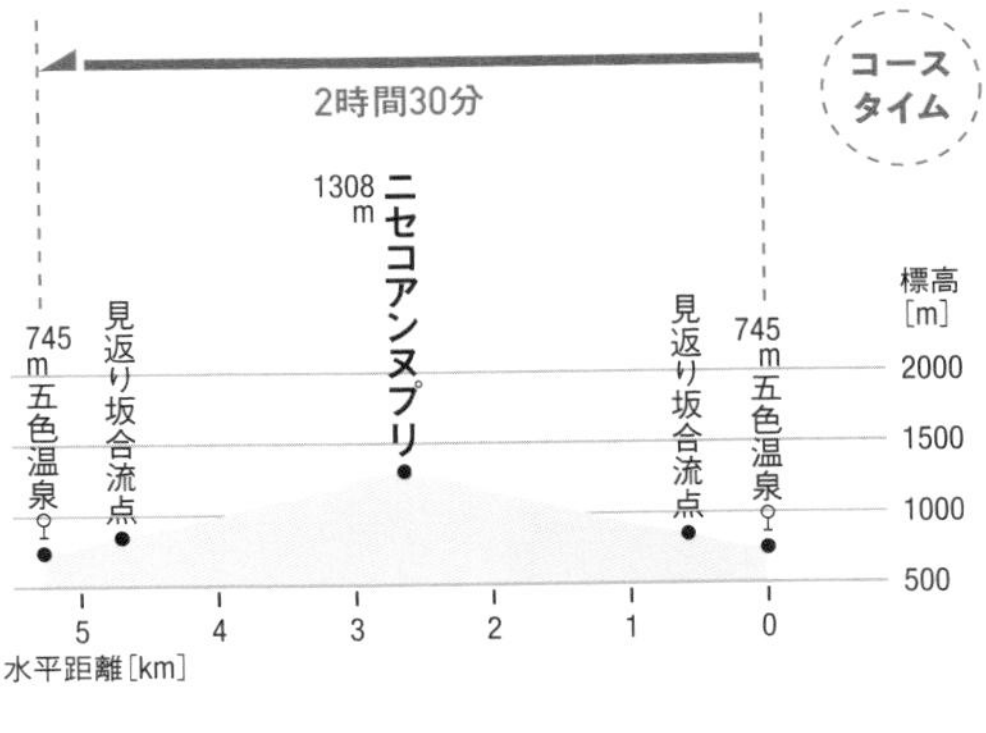

日帰り

イワオヌプリ

ニセコ連峰の若い火山へ。荒涼とした頂からの展望を楽しむ

五色温泉↓イワオヌプリ分岐↓イワオヌプリ（山頂部周回） 1時間50分

イワオヌプリ（１１１６ｍ）の山名はアイヌ語のイワウ・ヌプリ（硫黄《いおう》・山）に由来する。ニセコ連峰では最も若い火山で、硫黄の結晶が混じる火山灰がむき出しになった白い山肌が目をひく。東にはニセコアンヌプリ、南には五色《ごしき》温泉が控え、温泉を起点にした日帰り登山に絶好の山だ。火山に根づいた花の散策もいい。北西麓の大《おお》沼や隣接するニトヌプリへも縦走路が続き、さまざまな計画が立てられる。

インフォメーションセンターがある**五色温泉**横の登山口から、ニセコアンベツ川を渡って歩きだす。観光客でにぎわう遊歩道を進むと、イソツツジ、シラタマノキ、アカモノなどツツジ科の植物やガンコウランなどのお花畑が広がる。火山活動の影響で、この山に大きな木はほとんどない。また、ニセコ連峰は道内でも最も雪の多い山域だけに、6月中ごろまで残雪が道にかぶっていることもある。

急坂を経てウコンウツギやムラサキヤシオの咲くなだらかな灌木帯を抜けると、**イワオヌプリ分岐**に着く。

ニトヌプリ、大沼方面への道を分け、イワオヌプリへは岩の転がる急斜面をいっきに登っていく。五色温泉が標高約７５０ｍと高いだけにほどなくハイマツ帯を抜け、火山礫地の荒涼とした景観が広がる。緑の山麓とは別世界のようだ。馬蹄形の広大な

Map 18-2C 五色温泉

コースグレード	初級
技術度	★☆☆☆☆ 1
体力度	★☆☆☆☆ 1

イワハゼ（別名アカモノ）。花期は6月

ニセコアンヌプリ側からのイワオヌプリ

クレーター状の山頂部。奥はニセコアンヌプリ

火口原には6月でも雪が残る。

コースは火口の縁を回るように二分しており、周遊するといい。周辺は礫地が広がり、交錯する踏み跡に惑わされないこと。左から急斜面をひと登りすれば、山頂の奥にニセコアンヌプリがきりっと立っている。

山頂付近の山肌も荒々しく、別の惑星にでもいるようだ。展望もよく、東に並ぶニセコアンヌプリ、西に続くニセコ連峰の全貌が見渡せる。ここまで約1時間の短い山行だけに、ファミリー登山にも適している。

イワオヌプリ山頂からは火口原を眺めつつ、その横を下って**イワオヌプリ分岐**に戻る。再び緑が芽生えつつある往路をたどって、**五色温泉**で汗を流そう。

より歩きたい人は、大沼へ約50分。イワオヌプリ分岐を北にとり、途中の硫黄川は登山靴で渡れる。さらに40分ほどの大谷地《おおやち》湿原を抜ければ大谷地バス停があり、五色温泉やニセコ駅へバスも利用できる。分岐を西進すれば50分ほどでニトヌプリへ。ひと味違った展望が楽しめる。

ムラサキヤシオ（6月中旬）

プランニング&アドバイス

五色温泉へはJR函館本線ニセコ駅からニセコバス1時間15分。大谷地も経由。バスは7〜10月の土・日曜、祝日と7月下旬〜8月中旬の毎日運行。ニセコ駅またはJR函館本線倶知安駅からタクシー利用も可。6月中旬から新緑とツバメオモト、ムラサキヤシオなどが見ごろ。紅葉は10月初旬から。登山口に約15台分の駐車場や素泊まり可の五色温泉旅館℡0136-58-2707、キャンプ場などがある。水場もあるので給水して登ろう。

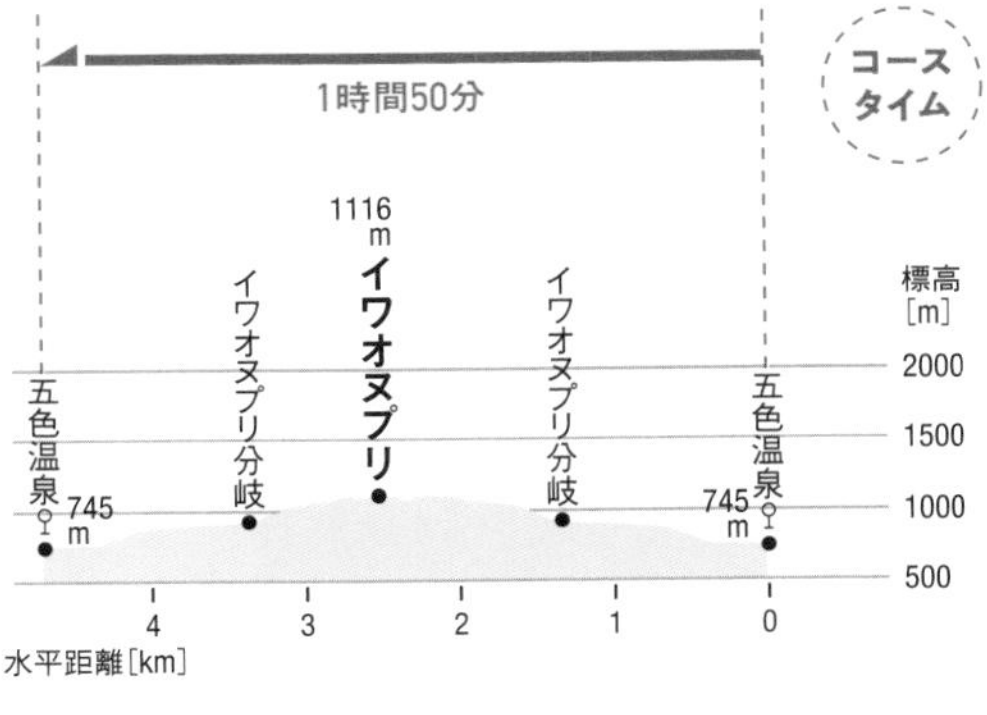

日帰り

チセヌプリ

湿原植物が観察できる沼をめぐり ニセコの山々や羊蹄を望む頂へ

神仙沼入口↓チセヌプリ↓シャクナゲ沼
シャクナゲ岳↓神仙沼入口 5時間10分

チセヌプリ（1134m）はニセコ連峰中部の小ぶりな山で、昔から山スキーのゲレンデとして親しまれてきた。アイヌ語のチセ・ヌプリは「家（の形をした）・山」の意味で、ササやヨシで葺いたアイヌ民族伝統の家に由来する。北側の神仙《しんせん》沼周辺は多彩な湿原植物が見られる。長《なが》沼を経て山頂へ向かい、シャクナゲ沼も回ると、変化に富んだ沼めぐりと展望が楽しめる。湿原植物が咲くころもいいが、ダケカンバやウラジロナナカマドの紅葉があざやかな秋も味わい深い山歩きができる。

道道66号・ニセコパノラマラインの**神仙沼入口**から歩きはじめる。神仙沼の東側にも入口があるが、どちらからも神仙沼まで大差はない。コース中の水場は沼だけなので持参しよう。神仙沼は夏や紅葉の最盛期は観光客で混雑する。週末や休日をはずすと静かな散策ができるだろう。

神仙沼は標高770mの台地にできた2・5haほどの中高層湿原だ。アカエゾマツが林立し、通常は高山に見られるチングルマやハイマツが水辺を囲む。木立越しにチセヌプリの頭を望む水辺は、草紅葉の秋も魅力的だ。

神仙沼をあとに、6月中旬ごろにオオカメノキやシラネアオイの咲く樹林帯を長沼へ向かう。道道66号からの枝道が合流すると、まもなく**長沼**のほとりに出る。チセヌ

Map 19-1B 神仙沼入口

コースグレード	初級
技術度 ★	1
体力度 ★★	2

シャクナゲ岳からのチセヌプリ（中央）や羊蹄山

紅葉に囲まれた神仙沼

草紅葉の神仙沼とチセヌプリ

プリがすっきり見渡せる場所だ。

沼沿いに南に向かうと、やがて**シャクナゲ岳《だけ》分岐**へ。さらにその先に昆布《こんぶ》温泉への道を分けるチセヌプリ分岐がある。ここからはチセヌプリ西斜面の急登だ。コース最大の登りだが、進むごとに広がるニセコの山並みが背を押してくれるだろう。

平坦な**チセヌプリ**の山頂はシャクナゲ岳から目国内岳《めくんないだけ》への展望がよく、驚くことにハイマツに囲まれた小さな湿地がある。雪どけを追ってミズバショウやショウジョウバカマなどがひっそりと咲く。山頂から東へも登山道が続き、パノラマラインを経てニトヌプリや五色《ごしき》温泉方面へ縦走路が続く。交通の手配をしておけば、さらに長い山歩きも可能だ。

帰路は往路を**シャクナゲ岳分岐**まで下り、シャクナゲ沼へ寄ってみよう。ネマガリダケの刈り分け道を登ると、シャクナゲ岳山頂手前でシャクナゲ沼と白樺山《しらかばやま》に続く道が右に分かれる。木立を抜けて10分ほどで**シャクナゲ沼**が高山の雰囲気を湛えている。余裕があればシャクナゲ岳に登り、チセヌプリを展望していくのもいい。

シャクナゲ岳からのシャクナゲ沼俯瞰

プランニング&アドバイス

神仙沼入口へはJR函館本線ニセコ駅から五色温泉へ向かうニセコバスに乗車し、神仙沼レストハウスで下車。運行期間はP157参照。ニセコ駅またはJR函館本線倶知安駅からタクシー可。神仙沼は6〜8月にかけて順を追って花が楽しめる。紅葉は10月以降。チセヌプリからニトヌプリを越え、イワオヌプリ分岐から大沼と大谷地湿原を経て神仙沼入口へも戻れる。一周約7時間30分。

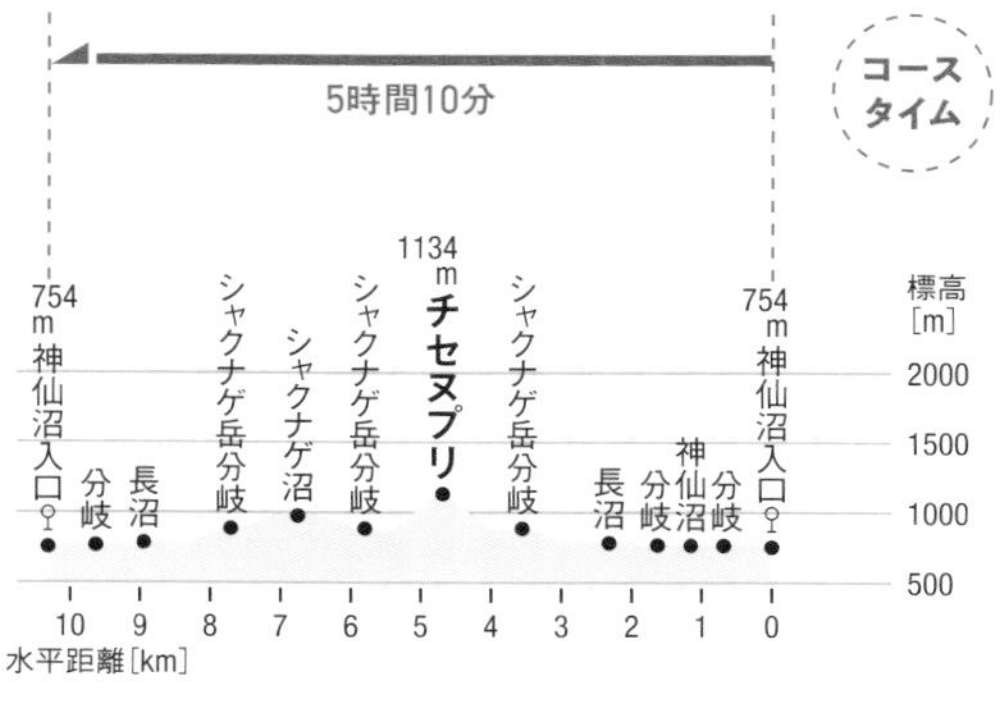

ブナの尾根を抜けて稜線に向かう

松前半島にある
日本三百名山
山中は道内屈指の
ブナの森が広がる

コースグレード	中級
技術度	★★★☆☆ 3
体力度	★★★☆☆ 3

日帰り 奥二股→金山番所跡→千軒平→大千軒岳（往復）　計6時間50分

大《だい》千軒岳《せんげんだけ》（１０７２ｍ）は松前《まつまえ》半島中央に立つ奥深いブナの山で、１０００ｍ級の山としては道内最南端。津軽《つがる》海峡の展望がよく東北の山に似た植生だ。江戸時代初頭は砂金掘りで知られ、鬱金岳《うこんだけ》ともよばれた。１６３９年には鉱夫の隠れキリシタンが処刑され、金山番所跡や千軒平《せんげんだい》に十字架の慰霊碑が残る。千軒の地名は砂金掘りの家の数だとか、浅間《せんげん》信仰によるものなど諸説ある。登山道は東の知内《しりうち》川沿いと、西の尾根に新旧２本が開かれている。

日帰り 知内川奥二股からの山頂往復

ここでは、知内川沿いのコースを紹介する。徒渉しつつ沢辺を歩き、ブナの森を急登して稜線に出る健脚向きの道だ。

駐車場と簡易トイレのある**奥二股**《おくふたまた》の登山口を出て、まもなく奥二股沢を渡る。２０２０年秋は吊橋がなく、登山靴だと際どい深さだった。先の広い河原での本流の徒渉も、水量しだいでは靴を脱ぐこともあるだろう。前半は右岸の踏み跡をたどり、狭戸《せまと》

大千軒岳山頂の北海道最古の１等三角点

広い河原を渡りサワグルミの森へ

とよばれる函や小滝を巻きつつ進む。ところどころ高度感もあり、滑りやすい。

　知内川のせせらぎを聴きつつブナの林を抜けると、やがて**広い河原**へ。飛び石を探して渡ろう。ここで本流を左岸へ渡ってからは、基本的に左岸の踏み跡を探すといい。

　北海道では道南に分布が限られるサワグルミの美林に、ジュウモンジシダやニリンソウ、エンレイソウなどが咲く気持ちのいい道を行く。やがて慰霊碑と十字架が見えると**金山番所跡**。１６３９年、金山で働くキリスト教信徒１０６人が松前藩によって処刑され、今も毎年7月下旬に信徒によるミサが行われる。

　金山番所跡からは灯明《とうみょう》ノ沢を越え、次の銀座ノ沢の出合が千軒銀座。ここから銀座《ぎんざ》ノ沢へやや入ってから、左へ分かれる切戸《きりと》ノ沢をまたいで尾根に取り付く。沢が入り組む複雑な行程で、踏み跡や目印を拾っていこう。徒渉は通常の水量なら登山靴でいける。この先の水場は千軒清水《せんげんしみず》のみなので、尾根を登る前に給水していくといい。

　この尾根は稜線まで標高差４５０ｍの急坂だが、新緑と晩秋、それぞれブナが美しい。やがてダケカンバ帯に入り、切り立った前千軒岳《まえせんげんだけ》が見えてくれば稜線は近い。

　ササの刈り分け道を抜けて**千軒平**に立つと大千軒岳と向き合う。白い十字架が無言で立つ。千軒平はエゾノハクサンイチゲ、シラネアオイ、ミヤマアズマギクなどの群落が広がる爽快な草原で、旧道（Ｐ１６４参照）と前千軒岳方面の道が合流する。

　千軒平から山頂へはひじょうに心地いい稜線歩きだ。江良岳《えらだけ》とよばれるコブを横切ると、山頂直前に千軒清水がしたたる。秋でも雨のあとなどに水がとれるのはありがたいし、山の保水力に驚かされる。

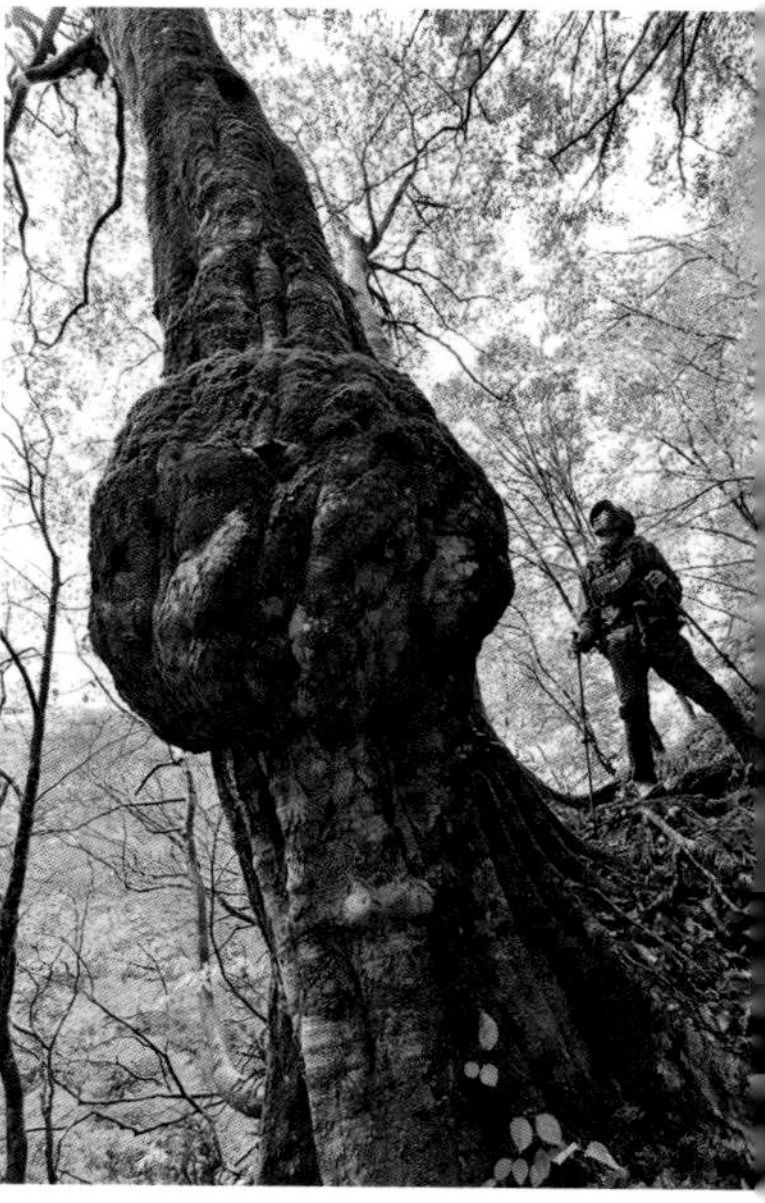
知内川沿いに立つブナの大木

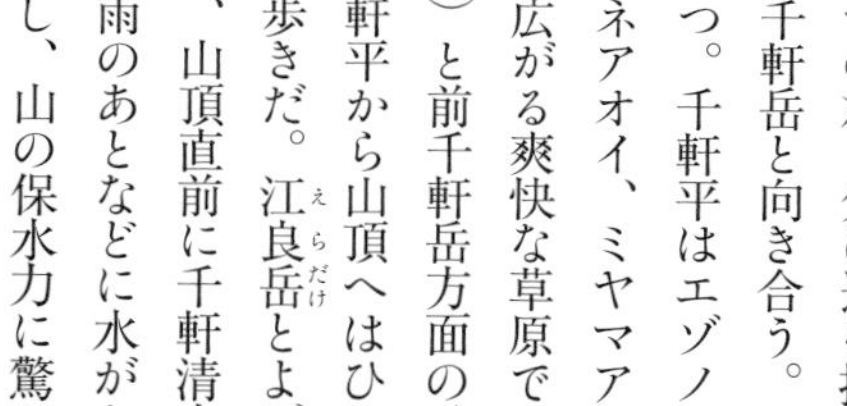
千軒清水付近から前千軒岳を振り返る

ひと登りして立つ**大千軒岳**山頂は絶景が待っている。1896年に北海道で最初に1等三角点が置かれた場所だ。奥尻《おくしり》島や渡《お》島大《しまおお》島、松前小《こ》島、さらに津軽海峡を越えて岩木山《いわきさん》まで見渡せるピークは北海道南端の山ならではの展望だ。ただし、海に近い山だけに天気が読みづらく、ガスがかかりやすいのが玉にキズ。山道の途中や山頂周辺でも、東北や北海道の山に生息する黒いブドウマイマイを見つけられるだろう。

山頂から西には新道が続いており縦走も心惹かれるが、新道登山口も奥深いところにあり、交通手段の確保が懸案になる。往路を引き返す際は**千軒平**からの下りが急で、下部の沢の高巻き道も疲労する。日帰りとしては充実感のある山行になるだろう。北海道内でブナの山は貴重なだけに、たっぷりブナの魅力を味わってみたい。

十字架の立つ千軒平と大千軒岳（左）

プランニング&アドバイス

公共交通利用の場合、北海道新幹線木古内駅から福島町千軒まで函館バスがあるが、千軒から約8km先の登山口までの交通機関がない。函館駅か木古内駅からレンタカー利用が現実的。国道228号千軒から1km弱松前寄りが林道入口。標識にしたがい林道（町道澄川線）を約6.5km進むと奥二股の登山口。林道の状況は檜山森林管理署 ℡0139-64-3201へ。千軒の集落に登山者休憩所（10人）があり前夜泊ができる（要予約）。水道、トイレ、裏でキャンプ可。問合せは福島町役場産業課 ℡0139-47-3001へ。前泊地としては開湯800年の知内温泉旅館 ℡0139-26-2341もある。6月上旬は稜線に雪が残る。ブナの紅葉は10月中旬から。

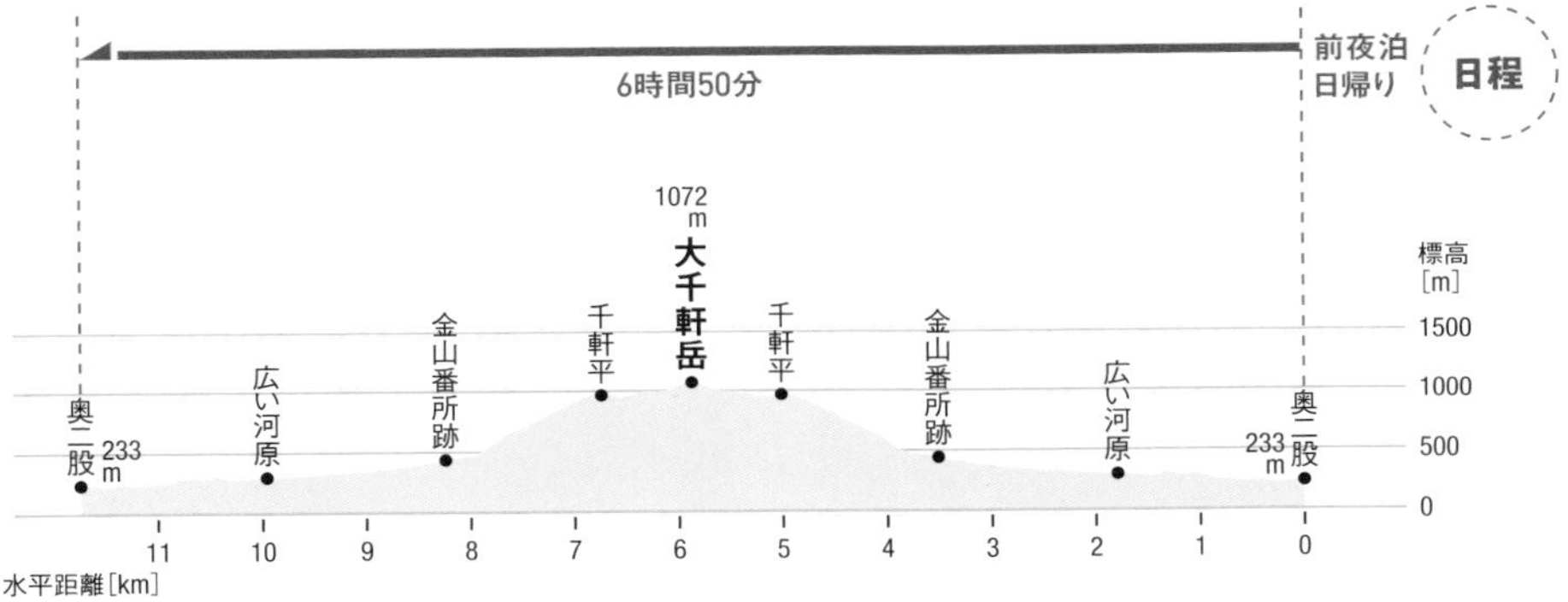

サブコース

旧道から新道への周回

旧道登山口↓千軒平↓大千軒岳↓新道登山口↓旧道登山口　3時間45分

中千軒岳《なかせんげんだけ》の西尾根に旧道が、大千軒岳《だいせんげんだけ》の北西尾根には新道が開かれている。各登山口は約3㎞離れた同じ林道脇にある。新道は短い尾根道で、新道だけの往復はあっけない。旧道は登山口が約100m低く、そのぶん見ごたえのあるブナの大木と、千軒《せんげん》平《だいら》からの稜線歩きが魅力だ。周回するとより充実した山行となる。ここでは、旧道から新道へ回るコースを紹介しよう。

本コースはアプローチが懸案だ。両登山口は松前《まつまえ》町及部《おとべ》から上《かみ》ノ国《くに》町の石崎《いしざき》へ抜ける道道607号の脇にある。どちらからも距離は大差なく、途中から悪路で枝道がある。地図と標識を確認して慎重な運転を。石崎側は通行止めも多い。コースの整備を含めて現況を確認して入ろう。

Map 19-1C　旧道登山口

コースグレード	初級
技術度	★★☆☆☆ 2
体力度	★★☆☆☆ 2

駐車場のある**旧道登山口**はちょうどブナ林の茂る高さで、歩きはじめから枝ぶりのいいブナの美林が続く。木立のなかを急登して844m地点を過ぎると、太い尾根に乗る。やがてダケカンバ帯に入り、おおらかな山容の大千軒岳が見えてくる。

起伏のある尾根では、雪の多い日本海側に見られるフギレオオバキスミレやカタクリが足もとを彩る。前《まえ》千軒岳が高山の雰囲気を漂わせる爽快な登

旧道の尾根道から望む大千軒岳

山頂付近からの前千軒岳

シラネアオイとフギレオオバキスミレ

行が続く。中千軒岳の山頂をかわすと前千軒岳への道が右に分かれる。中千軒岳の肩から前千軒岳へは往復約1時間。寄り道すればさらに充実した稜線歩きとなるが、コルから先は切戸（キレット）とよばれる急峻な道。

肩から十字架の立つ千軒平に向かうが、千軒平一帯はヒグマの目撃があり、警戒したい。**千軒平**から**大千軒岳**へはP160コース30参照のこと。

新道は1時間弱のシンプルな尾根道下りで早い。展望の山頂をあとに、日本海へ向かうように尾根道を下降していく。こちらも上部にはフギレオオバキスミレやシラネアオイなどが咲いている。後ろ髪をひかれつつ展望のいい道を下ると、右石崎越《みぎいしざきこし》沢を挟んだ南側の尾根に、往路の旧道が見えるだろう。

登山道は再びダケカンバ帯からブナの樹林へ。香りのいいオオバクロモジやヒメアオキ、ヒメモチなど北海道では道南に限られた植物を眺めつつ**新道登山口**に着く。

ここから**旧道登山口**へは下り約45分の林道歩きだが、大千軒岳も見渡せて苦にならないはずだ。

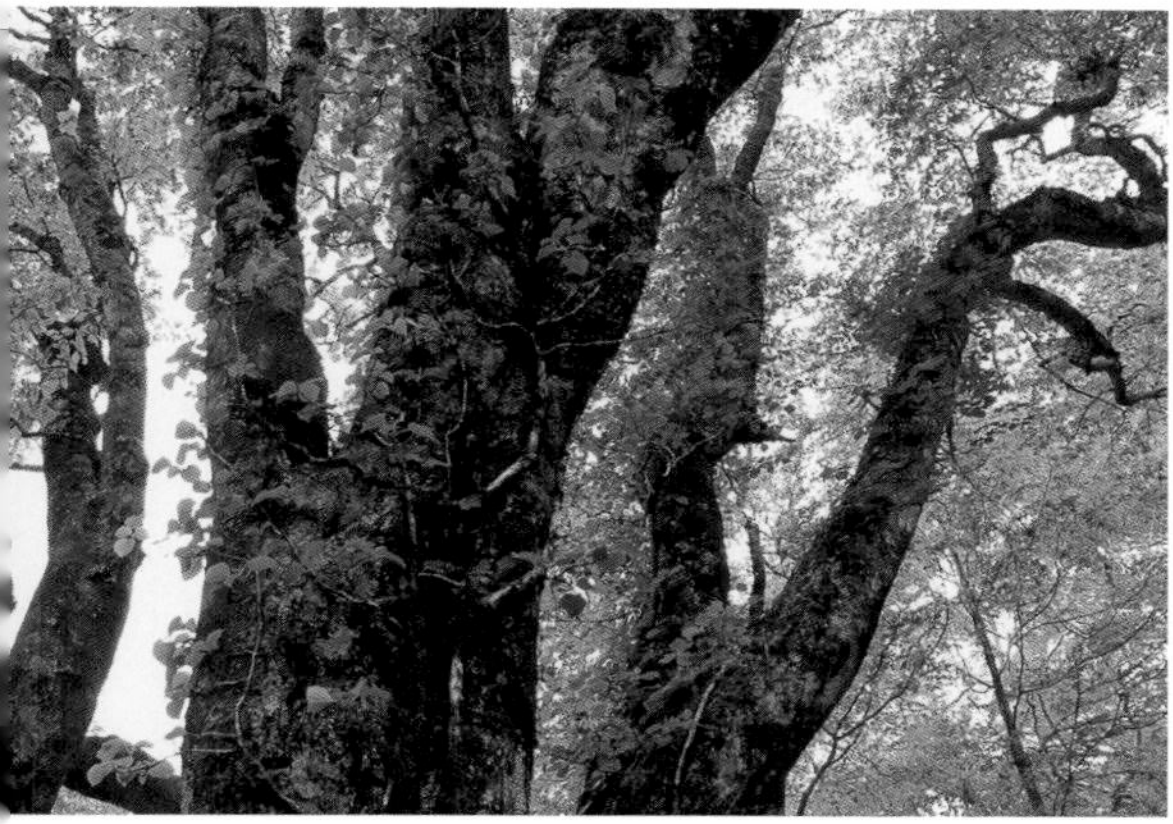

登山口付近のブナの大木

プランニング&アドバイス

新旧登山口とも広い駐車場あり。水場は山頂直下の千軒清水のみ。旧道は下り1時間20分。新道は登り1時間20分。6月上旬になるとフギレオオバキスミレやシラネアオイが咲きはじめ、残雪にブナの新緑が映える。ブナの紅葉は10月中旬から。松前町大沢地区の立ち寄り入浴施設の松前温泉休養センター℡0139-42-4919は赤湯の泉質もよく、風情あるつくり。

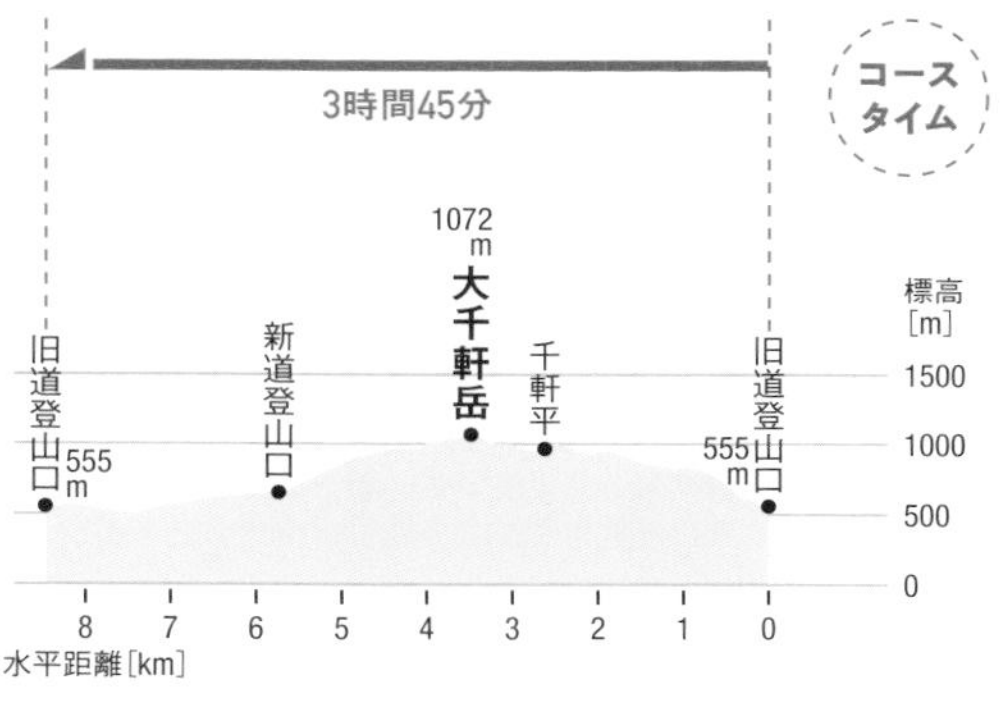

北海道の山へのアクセス

マイカー利用

北海道の山は公共交通機関が少ないだけに、車利用が便利。本州から入山の場合、主要な飛行場や駅からレンタカーが使える。林道走行が多い（あるいは長い）だけに、登山前に各自治体や森林管理署のホームページ等で通行の可否を調べておきたい。また、大雪・十勝や日高などのエリアは「山岳好歩（すきっぷ）」によるマイカー回送サービス（有料）があるので、紹介コース通りの縦走を楽しむこともできる。

↑吹上温泉白銀荘とキャンプ場。無料駐車場もある（写真／伊藤健次）
↓車利用ならアクセス途中に食料などが入手しやすい（道の駅夕張）

■大雪山　主要登山口へは、道央自動車道か旭川紋別自動車道でアクセスする。大雪山の西側の拠点となる旭岳温泉（P170）や天人峡温泉（P171）へは道央道旭川鷹栖IC、愛山渓温泉（P171）へは旭川紋別道愛山上川IC、北側の拠点の層雲峡温泉や銀泉台、高原温泉（いずれもP170）へは旭川紋別道上川層雲峡ICからそれぞれアクセスする。トムラウシ山登山口のトムラウシ温泉や短縮路登山口（いずれもP171）は道東道でアクセスする。

■十勝連峰　望岳台や吹上温泉（P171）、十勝岳温泉（P172）などへは道央道でアクセスする。最寄りは旭川鷹栖ICだが、札幌方面からは三笠ICから国道452号経由で富良野方面に向かう方法もある。

■石狩連峰　国道273号から登山口への道が分岐する。石狩岳の音更山登山口（P172）は近接する大雪山同様、旭川紋別道の上川層雲峡ICが起点。大雪湖を経て国道273号を南下する。ニペソツ山（P172）の最寄りICは道東自動車道の音更帯広ICだが、旭川周辺からは旭川紋別道でアクセスする。

■道北の山　利尻島の利尻山（P172）へは豊富バイパス豊富北ICから国道40号で稚内フェリーターミナルへ。利尻島へは航送できるが往復で4万円以上なので、利尻島内で車を利用する場合はレンタカーを手配しておくほうが安い。天塩岳（P172）へは旭川紋別道愛別ICか道央道士別剣淵ICが起点。

■知床連峰・阿寒の山　知床連峰の羅臼岳と斜里岳（ともにP173）へは、国道39号美幌バイパス美幌ICから。本州から空路利用の場合は女満別空港からレンタカーを利用する。阿寒湖周辺の雄阿寒岳と雌阿寒岳へは道東道足寄ICから（雄阿寒岳登山口となる滝口の最寄りICは阿寒ICだが、足寄ICで降りても時間はほとんど変わらない）。

■日高山脈　連峰北部は道東道、南部は日高自動車道でアクセスする。幌尻岳のメインルートである額平川ルートの登山拠点・とよぬか山荘（P174）へは道東道占冠ICから。北戸蔦別岳登山口の二岐沢出合も同様。幌尻岳新冠川ルートや神威岳（P173）、アポイ岳（P174）は日高道日高厚賀ICからアクセスする。

■夕張山地・増毛山地　芦別岳の登山口・富良野市山部（P174）へは道央道または道東道を利用。最寄りICは道東道占冠IC。道央道の最寄りICは滝川ICだが、札幌方面からは三笠ICから国道452号経由で富良野市街へ。夕張岳も道央道か道東道を利用。最寄りICは道東道夕張IC（P174）だが、道央道三笠ICから桂沢湖〜国道452号でもアクセス可。暑寒別岳は紹介コースを縦走としたが、車利用の場合、雨竜側か増毛側のどちらかからのピストン登山となる（P174・175）。雨竜側は道央道滝川IC、増毛側は深川留萌自動車道留萌ICを利用するが、後者は深川留萌道深川西ICから道道94号で増毛に向かってもいい。

■道央・道南の山　羊蹄山・ニセコの山（ともにP175）へは、後志自動車道の余市ICからアクセスするが、札幌方面からは高速を利用せず、定山渓温泉〜中山峠〜喜茂別町経由で倶知安町に行く方法もある。新千歳空港からは支笏湖〜喜茂別経由で倶知安へ。大千軒岳（P175）へは函館江差自動車道（国道228号）で福島町や松前町の登山口へアクセスする。

※カッコ内のページ数はP170からの「登山口ガイド」に対応

↑知床登山の玄関口・JR釧網本線知床斜里駅。網走から約40分

公共交通機関利用

長距離の移動に関しては高速バス網が発達しているので、利用価値が高い。道内の移動はレンタカーも便利で、大都市圏や人気の観光地を抱える駅にはリーズナブルなレンタカー会社もあるが、日帰り登山の場合は返却時間を考慮し、少々値段が高くても、登山口に近い駅などのレンタカー会社を利用したほうがよいこともある。

■大雪山　大雪山最高峰・旭岳へはJR函館本線旭川駅から旭川電軌バスで旭岳温泉（P170）へ。バスは旭川空港にも立ち寄る。黒岳などの拠点となる層雲峡温泉（P170）へはJR石北本線上川駅から道北バスを利用。層雲峡からは銀泉台行き道北バスや高原温泉などへのタクシーが発着（ともにP170）。トムラウシ山へはJR根室本線新得駅から北海道拓殖バス（夏期のみ）でトムラウシ温泉（P171）へ。

■十勝連峰　旭川駅からJR富良野線に乗り換える。美瑛駅からは旭川駅発の道北バスが白金温泉へ。上富良野駅からは上富良野町営バスが十勝岳温泉（P172）、吹上温泉（P171）へ運行している。

■石狩連峰　石狩岳の音更山登山口（P172）へは上記の層雲峡からタクシー利用、ニペソツ山へは帯広空港とJR根室本線帯広駅が起点。ニペソツ山拠点の糠平温泉へは帯広駅から十勝バスが出ている。帯広～旭川間の都市間バス「ノースライナー」は幌加温泉（P172）や十勝三股を経由する。

■道北の山　利尻山（P172）へは、JR宗谷本線の特急か札幌発の都市間バスで稚内へ。稚内駅から稚内フェリーターミナルへはタクシーか徒歩（10分）で。一部のバスはフェリーターミナルへ入る。稚内～利尻島・鴛泊間のフェリーは4便（冬期減便）。車の航送可。天塩岳（P172）へはJR石北本線愛別駅かJR宗谷本線士別駅が起点。前者は特急は停車せず、札幌方面などからの都市間バスで愛別橋へ向かうとよい。後者は特急がすべて停車する。

■知床連峰・阿寒の山　知床連峰へはJR石北本線網走駅でJR釧網本線に乗り換える。羅臼岳（P173）の登山拠点・ウトロへは札幌から夜行バス「イーグルライナー」が運行。なお、斜里岳登山の場合（P173）は同バスを清里町新栄で下車。空路の場合、女満別空港からウトロへのバス「知床エアポートライナー」がある。雄阿寒岳・雌阿寒岳（P173）への阿寒バスが発着するJR根室本線釧路駅へは、札幌から特急を利用。阿寒バスは釧路空港も立ち寄る。阿寒湖へは旭川や北見からのバスもある。

■日高山脈　各拠点となる駅へはJR室蘭本線苫小牧駅からJR日高本線を利用するが、日高本線は2021年4月に鵡川～様似間がバスに転換予定。幌尻岳（P174）への旧富川駅（富川大町）と旧新冠駅（新冠）、神威岳（P173）への旧荻伏駅（荻伏市街）へは札幌からのバス「高速ペガサス号」が利用できる。アポイ岳（P174）入口の様似へは、先述のペガサス号で浦河に行き、JR北海道バスに乗り換える（1日1便だが札幌～様似方面のバス「高速えりも号」も運行）。北戸蔦別岳登山口の二岐沢出合へは札幌から特急でJR石勝線占冠駅へ。同駅からタクシーでとよぬか山荘（P174、幌尻岳額平川コースへのシャトルバス発着）へ向かう人も増えている。

■夕張山地・増毛山地　芦別岳最寄りの山部駅（P174）へは、札幌からJR函館本線の特急で滝川駅へ行き、JR根室本線に乗り換える。夕張岳（P174）への入口となる夕張市へは、札幌から特急でJR石勝線新夕張駅へ行くか、新札幌から清水沢への夕張鉄道バスを利用。暑寒別岳の東の拠点・雨竜町（P174）へのバス便が発着する滝川駅へは上記参照。札幌からのバス「るもい号」は雨竜町に立ち寄る。もうひとつの登山口のある増毛方面（P175）へは、留萌までJR留萌本線か都市間バスで向かう。

■道央・道南の山　羊蹄山・ニセコ連峰（P175）へはJR函館本線で倶知安駅やニセコ駅へ。札幌から倶知安経由ニセコ行きの北海道中央バスのほか、夏期には新千歳空港からニセコへのバスも運行。大千軒岳（P175）へは北海道新幹線・道南いさりび鉄道木古内駅が起点。

オ ホ ー ツ ク 海
知床岬
国後島
紋別市
オホーツク紋別空港
サロマ湖
能取湖
硫黄山
羅臼岳
遠軽町
石北本線
網走市
網走湖
斜里町
羅臼町
旭川紋別自動車道
大空町
女満別空港
北見市
美幌町
清里町
色丹島
津別町
屈斜路湖
斜里岳
標津町
置戸町
摩周湖
根室中標津空港
中標津町
陸別町
雄阿寒岳
阿寒湖
弟子屈町
糠平湖
雌阿寒岳
標茶町
足寄町
風蓮湖
根室市
白雲山
ヌプカウシヌプリ
釧網本線
厚岸町
士幌町
本別町
釧路川
浜中町
音更町
たんちょう釧路空港
根室本線
道東自動車道
池田町
白糠町
釧路市
帯広市
とかち帯広空港
帯広広尾自動車道
中札内村
大樹町
太 平 洋
えりも町
襟裳岬
N
0 10 50km

北海道全図

宗谷岬
稚内市
稚内空港
礼文島
利尻富士町
利尻島
利尻空港
利尻山
利尻町
豊富バイパス
浜頓別町
幌延町
宗谷本線
天塩町
音威子府村
遠別町
天塩川
雄武町
美深町
朱鞠内湖
羽幌町
名寄市
士別市
愛別町
幌加内町
和寒町
天塩岳
留萌市
深川市
上川町
増毛町
深川留萌自動車道
黒岳
旭川市
旭川空港
暑寒別岳
美瑛町
旭岳
雨竜町
滝川市
トムラウシ山
日本海
後志自動車道
古平町
芦別市
道央自動車道
上富良野町
十勝岳
積丹岬
石狩湾
余市町
小樽市
石狩市
石狩川
富良野市
芦別岳
札樽自動車道
函館本線
丘珠空港
岩見沢市
十勝川
新得町
岩内町
札幌市
夕張市
夕張岳
イワオヌプリ
倶知安町
千歳線
石勝線
清水町
チセヌプリ
ニセコアンヌプリ
北戸蔦別岳
ニセコ町
羊蹄山
支笏湖
千歳市
戸蔦別岳
真狩村
新千歳空港
幌尻岳
日高自動車道
黒松内町
洞爺湖
室蘭本線
苫小牧市
日高本線
平取町
長万部町
道央自動車道
白老町
せたな町
伊達市
日高町
神威岳
内浦湾
登別市
新冠町
八雲町
室蘭市
新ひだか町
様似町
函館本線
奥尻島
森町
浦河町
江差町
北海道新幹線
函館空港
上ノ国町
函館市
北斗市
函館江差自動車道
大千軒岳
木古内町
福島町
津軽海峡
松前町

北海道の登山口ガイド

旭岳温泉《あさひだけおんせん》 標高約1100m　姿見駅・旭岳方面

Map 1-4A

旭岳温泉は表大雪の玄関口として親しまれ、数軒の温泉宿やキャンプ場、旭岳ビジターセンターがある。旭川駅からバスが1日4便運行される。旭川駅からタクシーの場合は約1時間10分、約13000円。

●駐車場は手前にある無料の公共駐車場と、ロープウェイ山麓駅前の有料駐車場があり、前者から先に埋まる。ロープウェイの運行時間は大雪山旭岳ロープウェイのホームページにて最新の情報が公表されている。

公共交通：**JR函館本線 旭川駅**
↓ 旭川電軌バス※　約1時間40分　1430円

マイカー：**道央道 旭川鷹栖IC**
↓ 294・1160　約51km

旭岳温泉（山麓駅）Ⓟ
↓ 大雪山旭岳ロープウェイ　約10分　片道2000円　往復3200円

姿見駅

※バスは旭川空港を経由する（約55分・1000円）

層雲峡温泉《そううんきょうおんせん》 標高約660m　黒岳・北鎮岳・北海岳方面

Map 1-1D

公共交通：**JR石北本線 上川駅**
↓ 道北バス　約30分　870円

マイカー：**旭川紋別道 上川層雲峡IC**
↓ 39ほか　約22km

層雲峡バスターミナル Ⓟ
↓ 大雪山層雲峡ロープウェイ・黒岳ペアリフト　約20分　片道1500円　往復2550円

黒岳七合目

大雪山層雲峡ロープウェイ。五合目で黒岳ペアリフトに乗り換える（乗り換え徒歩約10分）

国道39号沿いの層雲峡は道内有数の観光地。温泉には多数の宿のほか、コンビニや食堂、立ち寄り入浴施設の黒岳の湯、層雲峡ビジターセンターが集まる。銀泉台や高原温泉（下段）への拠点でもある。

●上川駅〜層雲峡温泉間のタクシーは約25分・約7000円。マイカーは温泉街の下にある無料の公共駐車場を利用する（紅葉シーズンは混雑するので早い時間から駐車したい）。大雪山層雲峡ロープウェイと黒岳ペアリフトは季節などで運行時間が変わる。利用前にホームページでダイヤの確認をしておく。

銀泉台《ぎんせんだい》／高原温泉《こうげんおんせん》 標高約1480m・約1230m　赤岳・白雲岳・緑岳・高原沼方面

Map 1・4

銀泉台（宿泊施設なし）は大雪湖の西岸から林道を登った終点。高原温泉は大雪湖の南岸・レイクサイト近くから町道に入り、途中沼ノ原登山口方面の林道（P171）と分かれる。一軒宿の高原山荘とヒグマ情報センターが隣接。高原山荘宿泊者は層雲峡からの送迎バスが利用できる。

●銀泉台へのバスは7〜9月運行。銀泉台と高原温泉への車道は9月中旬〜下旬がマイカー規制のため、大雪湖畔のレイクサイト駐車場からシャトルバスに乗り換える。車道はともに未舗装のため、走行注意。

公共交通：**層雲峡バスターミナル Ⓟ**
↓ 道北バス　約1時間　900円 → **銀泉台**
↓ TAXI　約40分　約9000円 → **高原温泉**

※層雲峡〜銀泉台間のタクシーは約40分・約9000円

マイカー：**旭川紋別道 上川層雲峡IC**
↓ 39・273・1162　約48km → **銀泉台 Ⓟ**
↓ 39・273 町道　約47km → **高原温泉 Ⓟ**

※ともに9月の紅葉シーズンはマイカー規制あり（上段参照）

※マイカーは最寄りのICが起点

天人峡温泉《てんにんきょうおんせん》

標高約610m 化雲岳方面 Map 4-2A

化雲岳登山と縦走の起点。道道は忠別ダムの上流で旭岳温泉の道と分かれる。旭川駅や旭川空港からタクシーを利用。宿泊施設は「御やど しきしま荘」℡0166-97-2141のみ。

公共交通	マイカー
JR函館本線 **旭川駅**	道央道 **旭川鷹栖IC**
TAXI 約1時間30分 約12000円	約51km 1160 213 ほか
天人峡温泉 Ⓟ	**天人峡温泉** Ⓟ

愛山渓温泉《あいざんけいおんせん》

標高約1010m 当麻岳・沼ノ平方面 Map 1-1A

当麻岳や沼ノ平への拠点。宿泊施設はP176参照。周りに店舗はなく、買い物は国道沿いですませておく。層雲峡や旭岳温泉からの縦走の場合、マイカー回送サービスも利用可能。

公共交通	マイカー
JR石北本線 **上川駅**	旭川紋別道 **愛山上川IC**
TAXI 約45分 約8000円	約22km 39 223
愛山渓温泉 Ⓟ	**愛山渓温泉** Ⓟ

トムラウシ温泉《おんせん》

標高約645m トムラウシ山方面 Map 6-4D

富村ダムから道道をつめたユウトムラウシ川沿いの温泉。トムラウシ山登山と縦走の起点だ。宿は通年営業の国民宿舎1軒とキャンプ場のみ。登山口は温泉横からと、さらに林道を8kmト上がった短縮路登山口がある。店舗はないので、山行準備は新得周辺ですませておきたい。

●新得駅からのバスは夏期のみ（予約優先）。新得駅からタクシー利用の場合、トムラウシ温泉へは約1時間・約10000円、短縮路登山口へは約1時間20分・約16000円。新得駅でレンタカーの手配ができる。

公共交通	マイカー
JR根室本線 **新得駅**	道東道 **十勝清水IC**
北海道拓殖バス 約1時間30分 2000円	約66km 274 718
トムラウシ温泉 Ⓟ	**トムラウシ温泉** Ⓟ

公共交通	マイカー
トムラウシ温泉	**トムラウシ温泉**
TAXI 約30分 約14000円〜	約8km ユウトムラウシ林道、第二支線林道
短縮路登山口 Ⓟ	**短縮路登山口** Ⓟ

吹上温泉《ふきあげおんせん》

標高約1015m 十勝岳・美瑛岳方面 Map 7-3B

十勝岳温泉と望岳台の中間にあり、十勝岳や美瑛岳登山の起点。宿は白銀荘の1軒。露天の吹上の湯も近く、キャンプ場も快適。バスは1日3便のため、タクシーも考慮したい。

公共交通	マイカー
JR富良野線 **上富良野駅**	道央道 **旭川鷹栖IC**
上富良野町営バス 約35分 500円	約58km 237 966 町道ほか
吹上保養センター白銀荘 Ⓟ	**吹上保養センター白銀荘** Ⓟ

クチャンベツ沼《ぬま》ノ原《はら》登山口《とざんぐち》

標高約1090m 沼ノ原方面 Map 5-1D

沼ノ原への入口で、縦走路や石狩岳への起点。国道273号大雪湖レイクサイト駐車場近くから石狩川沿いの林道をつめる。タクシー利用の場合は層雲峡温泉（P170）から。

マイカー
旭川紋別道 **上川層雲峡IC**
約50km 39 273 町道、層雲峡本流林道
クチャンベツ沼ノ原登山口 Ⓟ

●層雲峡本流林道入口のゲートは2021年現在無施錠だが、通過後はゲートを閉じる。層雲峡本流林道は未舗装。登山口は約20台分の駐車スペースと仮設トイレ、入林ポストあり。

※交通機関や道路、駐車場、宿泊施設などの情報は2021年3月時点のものです。発行後に改定・変更になることがあります。登山計画時には、自治体や交通機関、各施設のホームページなどで最新情報をご確認ください。

美瑛《びえい》富士《ふじ》登山口《とざんぐち》

標高約815m
オプタテシケ山方面

Map 7-1C

ホテルや旅館が並ぶ白金温泉から約4km先の涸沢林道にある。約8台分の駐車スペースと入林ボックスがある。JR富良野線美瑛駅からタクシー利用の場合は約30分・約7000円。

マイカー
道央道 **旭川鷹栖IC**
↓ 約54km 237 966 町道、涸沢林道
美瑛富士登山口 Ⓟ

●涸沢林道入口のゲートは2021年現在無施錠だが、通過後はゲートを閉じる。登山口にトイレはないので、白金温泉ですませておくこと。

十勝岳温泉《とかちだけおんせん》

標高約1275m
富良野岳方面

Map 7-3B

最奥の凌雲閣横の登山口は約1280mと高く、富良野岳をはじめ十勝連峰西部の山への絶好の基地。3軒の宿があるが店舗はないので、買出しは上富良野市街で調達しておこう。

公共交通
JR富良野線 **上富良野駅**
↓ 上富良野町営バス 約50分 500円

マイカー
道央道 **旭川鷹栖IC**
↓ 約67km 237 291 ほか

十勝岳温泉凌雲荘 Ⓟ

※タクシーは上富良野駅から約30分・約6000円

幌加《ほろか》温泉《おんせん》登山口《とざんぐち》

標高約670m
ニペソツ山方面

Map 8-4C

従来の登山口である十六ノ沢登山口の通行止めに伴い、近年整備された。登山口への分岐から車道をさらに600mほど進むと一軒宿の幌加温泉鹿の谷があり、宿泊や入浴ができる。

マイカー
道東道 **音更帯広IC**
↓ 約69km 241 273 町道、林道
幌加温泉登山口 Ⓟ

●公共交通利用の場合は、P81「プランニング＆アドバイス」を参照のこと。マイカーは車道から細い林道に入った先の林道ゲートに駐車スペース（約10台）や簡易トイレなどがある。

音更山《おとふけやま》登山口《とざんぐち》

標高約765m
音更山・石狩岳方面

Map 9-3D

国道273号十勝三股から分岐する音更山本流林道にある。駐車スペースが少ないので、満車時は林道をさらに2km進んだシュナイダーコース登山口の二十一ノ沢出合に車を停める。

マイカー
旭川紋別道 **上川層雲峡IC**
↓ 約55km 39 273 音更川林道ほか
音更山登山口 Ⓟ

●音更川本流林道の崩壊により、十勝三股の従来の林道入口から国道を層雲峡側へ約6km進んだ地点で迂回路の林道に入り、約12kmで音更山登山口へ。タクシーは層雲峡か糠平から。

天塩岳《てしおだけ》ヒュッテ

標高約765m
天塩岳方面

Map 11-2B

道北の名峰・天塩岳への登山口。最寄りの駅（JR石北本線愛別駅）から約40kmもあるため、タクシーは料金が1万円を超えてしまう。マイカーやレンタカー利用が現実的。

マイカー
旭川紋別道 **愛別IC**
↓ 約40km 101 市道朝日天塩岳線ほか
天塩岳ヒュッテ Ⓟ

●タクシーはJR宗谷本線士別駅からも利用できるが、こちらも距離が長い。市道朝日天塩岳線はポンテシオ湖から先が未舗装。天塩岳ヒュッテ前に約50台分のスペースやトイレがある。

利尻山《りしりざん》の各登山口

Map 10

標高約205m（北麓野営場）・約420m（見返台園地）利尻山方面

利尻島へは新千歳空港（6〜9月）、札幌丘珠の各空港からの空路も利用できる。

公共交通
稚内港
↓ ハートランドフェリー 1時間40分 2500円〜（2等）
鴛泊港
↓ TAXI 約5分 約1500円 → **利尻北麓野営場 Ⓟ**
↓ TAXI 約30分 約7000円 → **見返台園地 Ⓟ**

カムイワッカ湯《ゆ》の滝《たき》 Map 12-2D

標高約250m　硫黄山方面

道道93号は例年8月と10月にマイカー規制が行われ、シャトルバスを利用する。バスの詳細は斜里バスホームページを参照のこと。

公共交通
ウトロ温泉※
↕ 知床シャトルバス 約55分 990円
湯の滝

マイカー
美幌バイパス 美幌IC
↕ 約115km 39 334 93
カムイワッカゲート P

※ウトロ温泉へは右の「岩尾別温泉」を参照のこと

岩尾別温泉《いわおべつおんせん》 Map 12-1C

標高約215m
羅臼岳方面

羅臼岳の登山拠点で、2軒の宿泊施設（ホテル地の涯、木下小屋）がある。マイカーは木下小屋前に駐車スペースがあるが5台程度。

公共交通
JR釧網本線 知床斜里駅
↕ 斜里バス 約40分 1650円
ウトロ温泉 P
↕ TAXI 約20分 約4500円
岩尾別温泉（木下小屋）P

マイカー
美幌バイパス 美幌IC
↕ 約104km 39 334 93 町道
岩尾別温泉（木下小屋）P

滝口《たきぐち》 Map 13-2A

標高約415m　雄阿寒岳方面

滝口バス停は雄阿寒岳の登山口。国道240号からわずかに入ったところに計10台分ほどの駐車スペースがある。4km西の阿寒湖温泉にコンビニがあるので、食料などが入手できる。

公共交通
JR根室本線 釧路駅
↕ 阿寒バス 約1時間50分 2620円
滝口（雄阿寒岳登山口）P

マイカー
道東道 阿寒IC
↕ 約50km 240
滝口（雄阿寒岳登山口）P

※バスは釧路空港にも立ち寄る（約1時間5分・2000円）

清岳荘《せいがくそう》 Map 11-3C

標高約685m　斜里岳方面

清岳荘（P177）は斜里岳の登山拠点。約40台が停められる駐車場がある（無料・車中泊520円）。サブコースの三井登山口（約5台）へは道がわかりづらい。要所の目印を頼りに進もう。

マイカー
美幌バイパス 美幌IC
↕ 約62km 334 391 944 857 ほか
清岳荘 P

●タクシーはJR釧網本線清里町駅から約25分・約5000円。清里町へは札幌からの夜行バス「イーグルライナー」があり、タクシーに乗り継げば朝6時過ぎに清岳荘に着く。

神威山荘《かむいさんそう》 Map 15-1B

標高約390m　神威岳方面

神威岳の登山口となるのが神威山荘（P178参照）。登山口へのアプローチが長く、マイカー登山が主体。山荘への元浦川林道は20km近い未舗装路。山荘前に約10台分の駐車場あり。

マイカー
日高道 日高厚賀IC
↕ 約89km 208 235 348 元浦川林道
神威山荘 P

●タクシー利用の場合はJR日高本線荻伏駅（2021年4月バス転換予定）から約1時間20分・約10000円（要予約）。荻伏へは札幌からの高速バス「ペガサス号」が運行されている。

雌阿寒温泉《めあかんおんせん》／オンネトー Map 13右

標高約705m（雌阿寒温泉）・約640m（オンネトー）
雌阿寒岳方面

雌阿寒温泉、オンネトーとも無料駐車場あり。公共交通の場合、釧路駅か釧路空港から阿寒バスで阿寒湖温泉へ。タクシーに乗り換える。

マイカー
道東道 足寄IC
↕ 約48km 242 241 949
雌阿寒温泉 P
↕ 約50km 242 241 949 ほか
オンネトー P

第二《だいに》ゲート／二岐沢出合《ふたまたざわであい》

標高約485m（第二ゲート）・約635m（二岐沢出合）
幌尻岳・戸蔦別岳・北戸蔦別岳方面

Map 14

幌尻岳・額平川コース起点の林道第二ゲートへは西側の平取町、北戸蔦別岳へは日高町からそれぞれアクセスする。幌尻岳・新冠川コース起点のイドンナップ山荘へは、日高道日高厚賀ICから約72km。

公共交通
JR日高本線 **富川駅**
↕ 道南バス 約1時間 1330円
振内案内所
↕ TAXI 約20分 約4500円
とよぬか山荘 Ⓟ

マイカー
道東道 **占冠IC**
↕ 約44km 237 638
とよぬか山荘 Ⓟ

公共交通
とよぬか山荘
↕ シャトルバス（要予約） 約1時間 2000円
第二ゲート

マイカー
道東道 **占冠IC**
↕ 約39km 237 274 チロロ林道ほか
二岐沢出合 Ⓟ

●JR日高本線は2021年4月に鵡川～様似間がバスに転換。第二ゲートへのシャトルバスは7～9月運行（3便）。マイカーが入れるのもとよぬか山荘までで、シャトルバスに乗り換える。詳細は幌尻山荘予約サイトへ。

新道登山口《しんどうとざんぐち》

標高約325m
芦別岳方面

Map 16-4A

芦別岳の一般コース・新道登山口前に約25台分の駐車場がある。ほかに旧道登山口や山部自然公園の駐車場も利用可。タクシーはJR根室本線山部駅から約10分・約1500円。

マイカー
道東道 **占冠IC**
↕ 約40km 237 38 706 市道
新道登山口 Ⓟ

●山部駅から新道登山口へは徒歩約50分。山部自然公園にはキャンプ場や宿泊施設のふれあいの家があり、前泊して登山に臨むのもよい。

冬島登山口《ふゆしまとざんぐち》

標高約70m
アポイ岳方面

Map 15-1D

アポイ岳の登山基地で、宿泊施設のアポイ山荘やキャンプ場、ビジターセンターなどがそろう。ビジターセンター前に登山者用の駐車場がある。車中泊はキャンプ場の駐車場（有料）へ。

マイカー
日高道 **日高厚賀IC**
↕ 約83km 235 ほか
冬島登山口（アポイ山荘） Ⓟ

●公共交通利用の場合は、JR日高本線様似駅（2021年4月バス転換予定）からJR北海道バスでアポイ山荘へ（約10分・310円）。便数が少ないので、タクシー利用も考慮したい。

南暑寒荘《みなみしょかんそう》

標高約545m
雨竜沼・暑寒別岳方面

Map 17-4D

暑寒別岳の東面の登山拠点。約150台分の駐車場がある。アクセス路の町道（未舗装区間あり）の通行期間は6月中旬～10月中旬。

公共交通
JR函館本線 **滝川駅**
↕ 北海道中央バス 約30分 460円
雨竜
↕ TAXI 約45分 約7000円
南暑寒荘 Ⓟ

マイカー
道央道 **滝川IC**
↕ 約42km 38 451 432 町道
南暑寒荘 Ⓟ

夕張岳登山口《ゆうばりだけとざんぐち》

標高約580m
夕張岳方面

Map 16-1D

夕張岳のメイン登山口。鹿島林道の終点付近に計15台分の駐車スペース。鹿島林道のゲートの開放期間は6月中旬～9月下旬。林道の状況は空知森林管理署 TEL 0126-22-1940へ。

マイカー
道東道 **夕張IC**
↕ 約29km 274 452 市道、鹿島林道ほか
夕張岳登山口 Ⓟ

●公共交通利用の場合はJR石勝線新夕張駅か、札幌方面からの夕張鉄道バスで夕張市街へ行き、タクシーに乗り換える（約40分～1時間）。

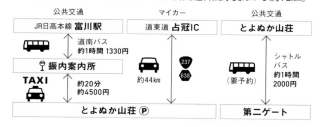

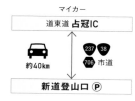

羊蹄山《ようていざん》自然《しぜん》公園《こうえん》

Map 18-3B

標高約400m（真狩コース登山口）　羊蹄山方面

羊蹄山南麓の登山拠点。タクシーを利用すれば登山口近くまでアクセス可。駐車場は約50台。

公共交通
JR函館本線 **倶知安駅**
↓ 道南バス 約35分 670円
羊蹄自然公園
↓ 約40分
羊蹄山自然公園（真狩コース登山口） Ⓟ

マイカー
後志道 **余市IC**
↓ 約61km　753 5 66 ほか
羊蹄山自然公園（真狩コース登山口） Ⓟ

暑寒荘《しょかんそう》

標高約290m　暑寒別岳方面

Map 17-1A

暑寒別岳の増毛側の登山口。暑寒荘（シーズン中の昼間は管理人駐在）やキャンプ場、約25台分の駐車場、トイレなどがある。

マイカー
深川留萌道 **留萌IC**
↓ 約34km　232 231 546
暑寒荘 Ⓟ

●増毛町にタクシー会社はないので、隣の留萌市から利用する。留萌市街から暑寒荘へ約50分。暑寒荘から増毛市街へは約25分。増毛～留萌間は沿岸バスが運行（約30分）。

五色温泉《ごしきおんせん》

Map 18-2C

標高約745m　ニセコアンヌプリ、イワオヌプリ方面

バス停（運行日はP157「プランニング」参照）そばに駐車場や五色温泉旅館、登山情報を発信するインフォメーションセンターがある。

公共交通
JR函館本線 **ニセコ駅**
↓ ニセコバス 約1時間15分 820円
五色温泉郷 Ⓟ

マイカー
後志道 **余市IC**
↓ 約49km　753 5 604 58 ほか
五色温泉郷 Ⓟ

半月湖《はんげつこ》野営場《やえいじょう》

Map 18-1A

標高約350m（比羅夫コース登山口）　羊蹄山方面

倶知安駅からタクシーで直接入ることもできる（約15分・約2200円）。駐車場は約30台。

公共交通
JR函館本線 **倶知安駅**
↓ 道南バス ニセコバス 約10分 230円
羊蹄登山口
↓ 約40分
半月湖野営場（比羅夫コース登山口） Ⓟ

マイカー
後志道 **余市IC**
↓ 約51km　753 5 ほか
半月湖野営場（比羅夫コース登山口） Ⓟ

大千軒岳《だいせんげんだけ》の各登山口

Map 19右

標高約235m（奥二股）　大千軒岳方面

メインコースの奥二股（福島町）、サブコースの旧道・新道登山口（松前町）ともに林道走行のため、タクシーは入らない。

マイカー
函館江差道 **北斗茂辺地IC**
↓ 約53km　1167 228 町道澄川線 ほか
奥二股 Ⓟ

●サブコースの旧道登山口へは松前町から道道607号に入り、約25km。数台の駐車スペースがある。さらに石崎松前林道を3km進むと新道登山口で、こちらのほうが収容台数が多い。

神仙沼《しんせんぬま》入口《いりぐち》

標高約755m
チセヌプリ方面

Map 19-1B

ニセコ中部・チセヌプリへの登山口。神仙沼レストハウス前にバス停（運行期間はP157「プランニング」参照。運行期間外はタクシー利用）と約80台分の駐車場がある。

公共交通
JR函館本線 **ニセコ駅**
↓ ニセコバス 約55分 940円
神仙沼レストハウス Ⓟ

マイカー
後志道 **余市IC**
↓ 約54km　5 276 877 66 ほか
神仙沼レストハウス Ⓟ

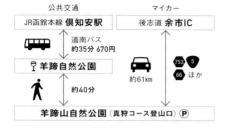

北海道の山小屋ガイド

2020年に改装されたばかりの白雲岳避難小屋

＊掲載の営業期間や宿泊料金などの情報は、2021年3月時点のものです。発行後に変更になることがあります。予約時に各山小屋・宿泊施設へご確認ください。
＊宿泊料金等の消費税表示（税込み・税別）は、山小屋・宿泊施設によって異なります。予約時に併せてご確認ください。
＊キャンプ指定地の飲料水については各山小屋へお問合せください。指定地以外でのキャンプは禁止されています。

大雪高原山荘《だいせつこうげんさんそう》　高原温泉　Map 4-1D

連絡先 TEL 0166-26-8300

層雲峡から車40分、高原温泉、標高1260m　①〒078-1701 上川郡上川町層雲峡高原温泉　②60人　③6月10日～10月10日　④15000～20500円　⑥あり　⑦要予約　期間外閉鎖　日帰り入浴可（10時30分～17時、800円）

国民宿舎東大雪荘《こくみんしゅくしゃひがしだいせつそう》　トムラウシ温泉　Map 6-4D

連絡先 TEL 0156-65-3021

新得駅からバス1時間30分、トムラウシ温泉下車、標高650m　①〒081-0154 上川郡新得町屈足トムラウシ　②118人　③通年　④8950円～　⑤50張　1人250円　⑥あり　⑦要予約　路線バスは夏期のみ　宿泊者は新得駅から無料送迎バスあり（要予約）　日帰り入浴可（12～20時、500円）

十勝岳温泉凌雲閣《とかちだけおんせんりょううんかく》　十勝岳温泉　Map 7-3B

連絡先 TEL 0167-39-4111

上富良野駅からバス45分、終点下車、標高1275m　①〒071-0579 空知郡上富良野町十勝岳温泉　②70人　③通年　④9000円～　⑥あり　⑦要予約　日帰り入浴可（8～20時、800円）

吹上温泉保養《ふきあげおんせんほよう》センター白銀荘《はくぎんそう》　吹上温泉　Map 7-3B

連絡先 TEL 0167-45-4126

上富良野駅からバス30分、標高1015m　①〒071-0579 空知郡上富良野町吹上温泉　②70人　③通年　④素3100円～　⑤70張　1張500円　⑥あり　⑦要予約　日帰り入浴可（6～8時、10～22時、700円）

木下小屋《きのしたごや》　羅臼岳　Map 12-1C

連絡先 TEL 0152-24-2824

ウトロからタクシー約20分、標高230m　①〒099-4356 斜里郡斜里町岩尾別温泉　②30人　③6～9月（予定）　④素2500円　⑥あり　⑦要予約　屋外炊事場　露天風呂（9～15時、300円〈休憩含む〉）　期間外閉鎖　期間外連絡先は〒099-4131 斜里郡斜里町越川89　四井弘 TEL 080-6512-4010

黒岳石室《くろだけいしむろ》　黒岳　Map 1-2C

連絡先 TEL 01658-5-3031

黒岳山頂南西900m、標高1890m　①〒078-1701 上川郡上川町層雲峡　大雪山層雲峡・黒岳ロープウェイ　②100人　③6月下旬～9月下旬　④素2000円　⑤15張　幕営料1人500円　⑥なし　⑦予約希望　シュラフ1000円　トイレ使用協力金500円程度　期間外開放

スパ&エコロッジ愛山渓倶楽部《あいざんけいくらぶ》　愛山渓温泉　Map 1-1A

連絡先 TEL 01658-9-4525

上川駅から車50分、愛山渓温泉、標高1010m　①〒078-1700 上川郡上川町愛山渓2　②28人　③4月下旬～10月中旬　④素4000円～7000円　⑥あり　⑦要予約　日帰り入浴可（700円）隣接して別館の愛山渓ヒュッテ（素泊まり）もある

白雲岳避難小屋《はくうんだけひなんごや》　白雲岳直下　Map 1-4C

連絡先 TEL 01658-2-4058

白雲岳山頂から南東約1km、標高1990m　①〒078-1753 上川郡上川町南町180　上川町役場産業経済課　②60人　③通年　④6月下旬～9月下旬は管理協力費1000円　⑤80張　協力金300円　⑥あり　⑦シーズン中は満員で利用できない場合があり、必ず幕営用具を持参のこと

写真／伊藤健次

夕張岳《ゆうばりだけ》ヒュッテ　夕張岳　Map 16-1D

連絡先 TEL 0123-57-7581

鹿島支線林道終点から700m、標高620m　①〒068-0425 夕張市清水沢4-48-12　夕張市教育委員会　②30人　③6月第3土曜～8月末と9月週末、管理人在駐　④素1500円　⑤10張　1人500円　⑥あり　⑦予約希望　ユウパリコザクラの会HPから予約可　管理人不在時は避難小屋として開放

南暑寒荘《みなみしょかんそう》　雨竜沼湿原・暑寒別岳　Map 17-4D

連絡先 TEL 0125-77-2248

南暑寒岳ペンケペタン川下流　標高545m　①〒078-2692 雨竜郡雨竜町フシコウリウ104　雨竜町役場産業建設課　②70人　③6月中旬～10月上旬　④無料　⑤60張　無料　⑦入山届は現地管理棟で　20年度、コロナ対策で山小屋休止　キャンプ場のみ　21年度営業未定

暑寒荘《しょかんそう》　暑寒別岳　Map 17-1A

連絡先 TEL 0164-53-3332

暑寒別川支流ポンショカンベツ川左岸、標高290m　①〒077-0292 増毛郡増毛町弁天町3　増毛町役場商工観光課　②40人　③4月中旬～10月中旬　夏期日中管理人常駐　④無料　⑤30張　無料　⑥あり　⑦緊急時を除く期間外使用不可　電気なし

羊蹄山《ようていざん》避難小屋《ひなんごや》　羊蹄山　Map 18-2B

連絡先 TEL 0136-23-3388

羊蹄山九合目（比羅夫・真狩コース中間）、標高1670m　①〒044-0078 虻田郡倶知安町樺山41-5　サン・スポーツランド内　羊蹄山管理保全連絡協議会　②40人　③6月上旬～10月上旬　④素1000円（予定）　⑦期間外冬期小屋開放　2021年夏期の利用未定

ニセコ五色温泉旅館《ごしきおんせんりょかん》　ニセコアンヌプリ　イワオヌプリ　Map 18-2C

連絡先 TEL 0136-58-2707

ニセコ駅からバス1時間15分（運行日注意）、ニセコアンヌプリ西麓、標高745m　①〒048-1511 虻田郡ニセコ町ニセコ510　②66人　③通年　④9170～9940円　素6200～6530円（別館自炊棟は4220～4550円）　⑥あり　⑦要予約　冬季暖房費1100円　日帰り入浴可（9～20時、800円）

清岳荘《せいがくそう》　斜里岳　Map 11-3C

連絡先 TEL 0152-25-4111

道道857号終点、清里コース登山口、標高685m　①〒099-4405 斜里郡清里町羽衣町62　きよさと観光協会　②50人　③6月中旬～9月下旬　④素2120円　⑥あり　⑦要予約　期間中管理人常駐　寝具一式300円　車中泊520円

山《やま》の宿《やど》 野中温泉《のなかおんせん》　雌阿寒岳　Map 13-2D

連絡先 TEL 0156-29-7321

雌阿寒温泉、標高708m　①〒089-3964 足寄郡足寄町茂足寄159　②40人　③通年　④8400円～　素5430円　⑦要予約　不定休あり　日帰り入浴可（10～19時、400円）

とよぬか山荘《さんそう》　幌尻岳

連絡先 TEL 01457-3-3568

平取町振内からタクシー20分、標高215m　①〒055-0415 沙流郡平取町字豊糠24-3　②24人　③7～9月　④6000円　素4000円　⑥あり　⑦要予約　幌尻岳額平川コース・第二ゲートへのシャトルバス発着

幌尻山荘《ぽろしりさんそう》　幌尻岳　Map 14-3C

連絡先 TEL 01457-3-3838

額平川上流五ノ沢出合、標高980m　①〒055-0415 沙流郡平取町豊糟24-3　とよぬか山荘　平取町山岳会　②45人　③7～9月　④素2000円　⑦完全予約制　予約受付は幌尻岳施設予約システムHPへ　期間中管理人常駐　トイレットペーパー持参　雨天時など増水注意

ホテル アポイ山荘《さんそう》　アポイ岳　Map 15-1C

連絡先 TEL 0146-36-5211

様似市街から車7分、標高70m　①〒058-0004 様似郡様似町平宇479-7　②59人　③通年　④1万5400円～　素7900円～　⑥あり　⑦要予約　日帰り入浴可（6時～8時30分、11～23時、500円）

凡例＝①連絡先住所　②収容人数　③営業期間　④宿泊料金（1泊2食、素は素泊まり料金）　⑤キャンプ指定地　⑥ホームページ　⑦備考

主な無人小屋

旭岳《あさひだけ》石室《いしむろ》
℡0166-46-5922
Map 1-4B
旭岳ロープウェイ姿見駅から徒歩15分、姿見ノ池畔。標高1665m ①〒079-8610 旭川市永山6条19-1-1 上川総合振興局環境生活課 ②20人 ③通年 ④無料 ⑥なし ⑦緊急避難時のみ使用可 携帯トイレ使用のこと（携帯トイレブースあり）

忠別岳《ちゅうべつだけ》避難《ひなん》小屋《ごや》
℡0166-46-5922
Map 4-4C
大雪山・忠別岳南2.5km、標高1620m ①〒078-8610 旭川市永山6条19-1-1 上川総合振興局環境生活課 ②30人 ③通年（無人） ④無料 ⑤15張 ⑦無人の避難小屋につき予約不要

ヒサゴ沼《ぬま》避難《ひなん》小屋《ごや》
℡0155-26-9028
Map 5-1A
大雪山・化雲岳南約2km、ヒサゴ沼畔、標高1680m ①〒080-8588 帯広市東3条南3丁目 十勝総合振興局環境生活課 ②30人 ③通年（無人） ④無料 ⑤30張 ⑦緊急避難時のみ使用可。原則は幕営地で幕営のこと

美瑛《びえい》富士《ふじ》避難《ひなん》小屋《ごや》
℡0166-92-4316
Map 7-1D
美瑛富士・石垣山鞍部、標高1654m ①〒071-0292 上川郡美瑛町本町4-6-1 美瑛町役場総務課 ②20人 ③通年（無人） ④無料 ⑤10張 ⑦問合せ不可 緊急避難時のみ使用可 携帯トイレ使用のこと 携帯トイレブース設置

十勝岳《とかちだけ》避難《ひなん》小屋《ごや》
℡0166-92-4316
Map 7-2C
十勝岳北西2.5km、標高1350m ①〒071-0292 上川郡美瑛町本町4-6-1 美瑛町役場総務課 ②15人 ③通年（無人） ④無料 ⑦問合せ不可 緊急避難時のみ使用可 トイレなし、必ず携帯トイレ使用のこと

上《かみ》ホロ避難《ひなん》小屋《ごや》
℡0167-45-6983
Map 7-4C
山頂東北東400m、標高1806m ①〒071-0596 空知郡上富良野町大町2-2-11 上富良野町役場企画商工観光課 ②30人 ③通年（無人） ④無料 ⑤20張 ⑦問合せ不可 緊急避難時のみ使用可

利尻山《りしりざん》避難《ひなん》小屋《ごや》
℡0163-82-1114
Map 10-4C
利尻山・鴛泊コース八合目上、標高1230m ①〒097-0101 利尻郡利尻富士町鴛泊富士野 利尻富士町役場産業建設課 ②30人 ③通年（無人） ④無料 ⑦緊急避難時のみ使用可 おおむね12～5月までは積雪のため使用不可

七合目《ななごうめ》(見晴台《みはらしだい》)避難《ひなん》小屋《ごや》
℡0163-84-2345
Map 10-4C
利尻山・沓形コース七合目手前、標高790m ①〒097-0401 利尻郡利尻町沓形緑町14-1 利尻町役場まち産業推進課 ②10人 ⑦老朽化し雨宿り程度 緊急避難時のみ使用可 11～4月閉鎖

天塩岳《てしおだけ》ヒュッテ
℡0165-28-2121
Map 11-2B
ポンテシオダムから9km奥、天塩岳旧道入口、標高765m ①〒095-0401 士別市朝日町中央4040 士別市朝日支所経済建設課 ②40人 ③通年（無人） ④無料 ⑤約20張 ⑥あり ⑦水は沢水を利用（要煮沸）

新冠《にいかっぷ》ポロシリ山荘《さんそう》
℡なし
Map 14-4A
イドンナップ山荘から約19km、幌尻岳新冠川コース標高785m ①〒056-0017 日高郡新ひだか町静内御幸町1-1-42 新冠ポロシリ山岳会 ②25人 ③協力金1000円 ④7～10月中旬 ⑥あり ⑦利用の際は事前に新冠ポロシリ山岳会に申請のこと（山岳会HPから可） 期間外避難小屋

神威《かむい》山荘《さんそう》
℡0146-22-3953
Map 15-1B
浦河町荻伏より車1時間、神威岳登山口、標高380m ①〒057-0021 浦河郡浦河町潮見町10 浦河町ファミリースポーツセンター ②10人 ③通年（無人） ④無料 ⑤10張 ⑦携帯電話不通 林道管理者は日高南部森林管理署 ℡0146-42-1615

芦別岳《あしべつだけ》ユーフレ小屋《ごや》
℡0167-39-2312
Map 16-2B
ユーフレ本谷・夫婦沢出合から覚太郎コースを10分、標高620m ①〒076-0031 富良野市本町2-27 2F 富良野市役所商工観光課 ②15人 ③通年（無人） ④無料

箸別《はしべつ》小屋《ごや》
℡0164-53-3332
Map 17-1B
暑寒別岳北東尾根、標高486m ①〒077-0292 増毛郡増毛町弁天町3 増毛町役場商工観光課 ②15人 ③冬期を除く通年（無人） ④無料 ⑥あり ⑦冬期は緊急時以外使用不可 駐車場30台

大千軒岳《だいせんげんだけ》登山者休憩所
℡0139-47-3001
町道澄川線入口手前の福島町千軒集落内、標高110m ①〒049-1392 松前郡福島町字福島820 福島町役場産業課 ②10人 ③4～11月（無人） ④無料 ⑤あり ⑦要予約 トイレ、水道あり

※その他、大雪山のヌプントムラウシ避難小屋（2021年3月現在使用不可）、十勝連峰・原始ヶ原のニングルの森管理センター、天塩岳の西天塩岳ヒュッテ、幌尻岳新冠川コースのイドンナップ山荘、ニセコアンヌプリ山頂避難小屋がある（いずれも避難小屋につき無人・無料）。

凡例＝①連絡先住所 ②収容人数 ③営業期間 ④宿泊料金（1泊2食、素は素泊まり料金） ⑤キャンプ指定地 ⑥ホームページ ⑦備考

行政区界・地形図①（知床・阿寒、大雪・十勝、石狩連峰、天塩岳、日高）

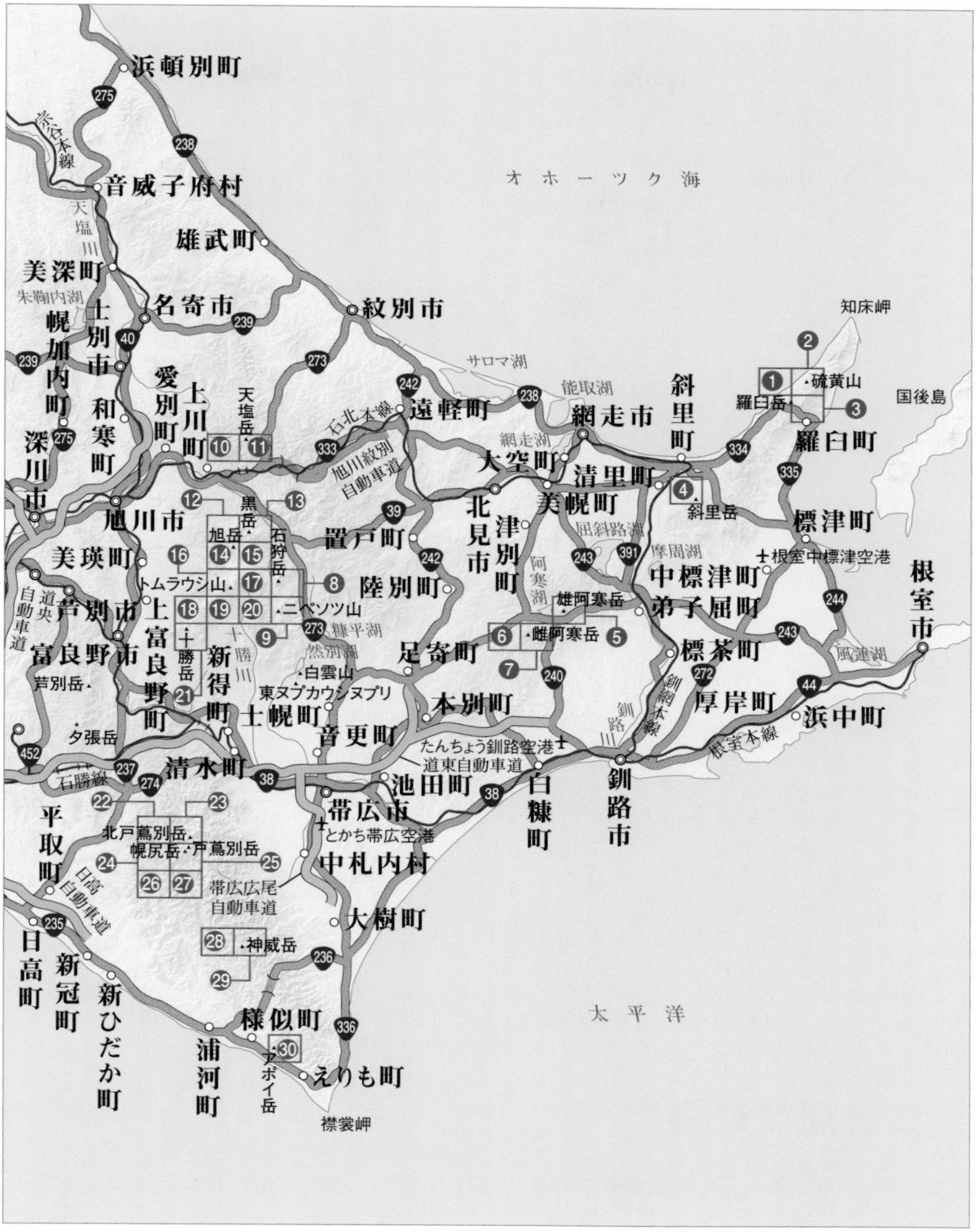

1:25,000地形図（メッシュコード）＝❶知床五湖（664510）　❷硫黄山（664511）　❸羅臼（664501）　❹斜里岳（654455）　❺雄阿寒岳（654411）　❻オンネトー（654307）　❼雌阿寒岳（654400）　❽石狩岳（654320）　❾ニペソツ山（654310）　❿宇江内山（654276）　⓫天塩岳（654277）　⓬愛山渓温泉（654246）　⓭層雲峡（654247）　⓮旭岳（654236）　⓯白雲岳（654237）　⓰トムラウシ山（654226）　⓱五色ヶ原（654227）　⓲白金温泉（654215）　⓳オプタテシケ山（654216）　⓴トムラウシ川（654217）　㉑十勝岳（654205）　㉒二岐岳（644214）　㉓ピパイロ岳（644215）　㉔ヌカンライ岳（644204）　㉕幌尻岳（644205）　㉖新冠湖（634274）　㉗イドンナップ岳（634275）　㉘ピリガイ山（634256）　㉙神威岳（634257）　㉚アポイ岳（634310）

※P180へ続く

※P179からの続き

行政区界・地形図②（利尻山、夕張・増毛山地、道央・道南）

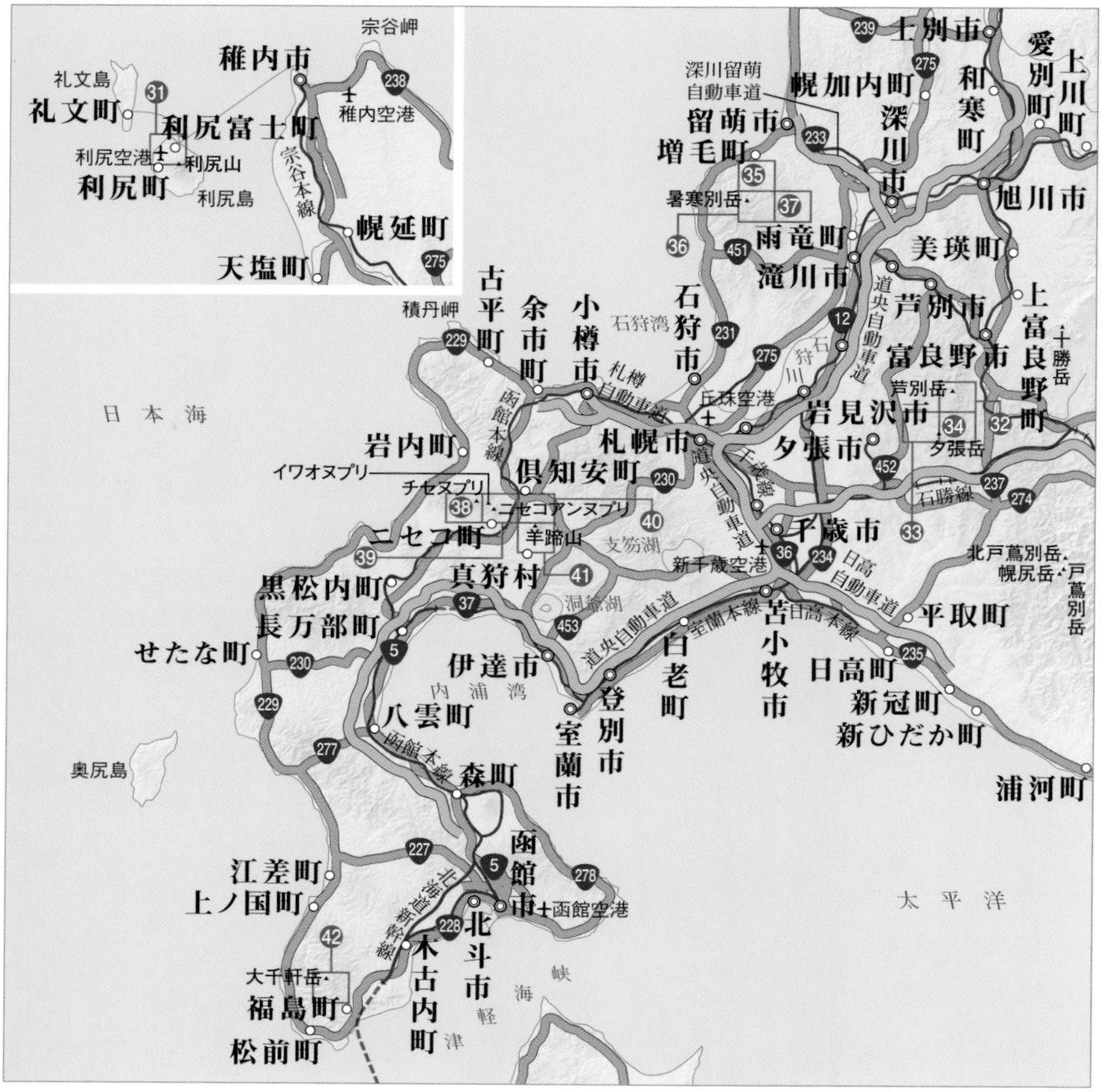

1:25,000地形図（メッシュコード）＝㉛鴛泊（674161）　㉜芦別岳（644262）　㉝滝ノ沢岳（644251）
㉞夕張岳（644252）　㉟暑寒沢（654154）　㊱暑寒別岳（654144）　㊲恵岱岳（654145）　㊳チセヌプリ（644024）
㊴ニセコアンヌプリ（644025）　㊵倶知安（644026）　㊶羊蹄山（644016）　㊷大千軒岳（624021）

登山計画書の提出

北海道の山の登山にあたっては、事前に登山計画書（登山届・登山者カード）を作成、提出することが基本。登山計画書を作成することで、歩くコースの特徴やグレードを知り、充分な準備を整えて未然に遭難事故を防ぐ。また、万が一、登山者にアクシデントが生じたとき、迅速な捜索・救助活動にもつながる。

主要登山口には、用紙とともに登山届ポスト（提出箱）が設けられ、その場で記入・提出することもできるが、準備段階で作成することが望ましい。登山者名と連絡先、緊急連絡先、登山日程とコースなどが一般的な記入要件だ。

提出は登山口の提出箱のほか、北海道警のホームページ、日本山岳ガイド協会が運営するオンライン登山届システム「コンパス」のような、インターネットからもできる。

問合せ先一覧

市町村役場

上川町役場	〒078-1753	上川郡上川町南町180	℡01658-2-1211
東川町役場	〒071-1492	上川郡東川町東町1-16-1	℡0166-82-2111
美瑛町役場	〒071-0292	上川郡美瑛町本町4-6-1	℡0166-92-1111
上富良野町役場	〒071-0596	空知郡上富良野町大町2-2-11	℡0167-45-6400
富良野市役所	〒076-8555	富良野市弥生町1-1	℡0167-39-2300
新得町役場	〒081-8501	上川郡新得町3条南4-26	℡0156-64-5111
上士幌町役場	〒080-1492	河東郡上士幌町字上士幌東3線238	℡01564-2-2111
鹿追町役場	〒081-0292	河東郡鹿追町東町1-15-1	℡0156-66-2311
利尻富士町役場	〒097-0101	利尻郡利尻富士町鴛泊富士野6	℡0163-82-1111
利尻町役場	〒097-0401	利尻郡利尻町沓形字緑町14-1	℡0163-84-2345
士別市役所	〒095-8686	士別市東6条4-1	℡0165-23-3121
斜里町役場	〒099-4192	斜里郡斜里町本町12	℡0152-23-3131
羅臼町役場	〒086-1892	目梨郡羅臼町栄町100-83	℡0153-87-2111
清里町役場	〒099-4492	斜里郡清里町羽衣町13	℡0152-25-2131
釧路市役所	〒085-8505	釧路市黒金町7-5	℡0154-23-5151
足寄町役場	〒089-3797	足寄郡足寄町北1条4-48-1	℡0156-25-2141
平取町役場	〒055-0192	沙流郡平取町本町28	℡01457-2-2221
日高町役場	〒059-2192	沙流郡日高町門別本町210-1	℡01456-2-5131
新冠町役場	〒059-2492	新冠郡新冠町字北星町3-2	℡0146-47-2111
浦河町役場	〒057-8511	浦河郡浦河町築地1-3-1	℡0146-22-2311
様似町役場	〒058-8501	様似郡様似町大通1-21	℡0146-36-2111
夕張市役所	〒068-0492	夕張市本町4-2	℡0123-52-3131
雨竜町役場	〒078-2692	雨竜郡雨竜町字フシコウリウ104	℡0125-77-2211
増毛町役場	〒077-0292	増毛郡増毛町弁天町3-61	℡0164-53-1111
真狩村役場	〒048-1631	虻田郡真狩村字真狩118	℡0136-45-2121
倶知安町役場	〒044-0001	虻田郡倶知安町北1条東3-3	℡0136-22-1121
ニセコ町役場	〒048-1595	虻田郡ニセコ町字富士見47	℡0136-44-2121
共和町役場	〒048-2292	岩内郡共和町南幌似38-2	℡0135-73-2011
蘭越町役場	〒048-1392	磯谷郡蘭越町蘭越町258-5	℡0136-57-5111
福島町役場	〒049-1392	松前郡福島町字福島820	℡0139-47-3001
上ノ国町役場	〒049-0698	檜山郡上ノ国町字大留100	℡0139-55-2311
松前町役場	〒049-1592	松前郡松前町字福山248-1	℡0139-42-2275

道庁・道警察本部

北海道庁	〒060-8588	札幌市中央区北3条西6	℡011-231-4111
北海道警察本部地域部地域企画課	〒060-8520	札幌市中央区北2条西7	℡011-251-0110
北海道警察旭川方面本部地域課	〒078-8511	旭川市1条通25丁目487-6	℡0166-35-0110
北海道警察釧路方面本部地域課	〒085-8511	釧路市黒金町10-5-1	℡0154-25-0110
北海道警察北見方面本部地域課	〒090-8511	北見市青葉町6-1	℡0157-24-0110
北海道警察函館方面本部地域課	〒040-8511	函館市五稜郭町15-5	℡0138-31-0110

※P182へ続く

※P181からの続き

交通機関（バス・ロープウェイ・リフト）

■大雪山

旭川電気軌道バス……℡0166-23-3355
大雪山旭岳ロープウェイ……℡0166-68-9111
道北バス……℡0166-23-4161
北海道北見バス（旭川〜北見）……℡0157-23-2185
大雪山層雲峡ロープウェイ……℡01658-5-3031

■十勝連峰

道北バス……℡0166-23-4161
上富良野町営バス……℡0167-45-6980

■石狩連峰

道北バス……℡0166-23-4161
十勝バス……℡0155-37-6500
北海道拓殖バス
（ノースライナー号も）……℡0155-31-8811

■道北の山

ハートランドフェリー……℡0570-09-8010
宗谷バス……℡0162-33-5515
士別軌道バス……℡0165-23-2723

■知床連峰・阿寒の山

斜里バス……℡0152-23-3145
阿寒バス……℡0154-37-2221

■日高山脈

JR北海道バス……℡0146-36-3432
道南バス……℡01457-2-2311
とよぬか山荘
（幌尻岳シャトルバス）……℡01457-3-3568

■夕張山地・増毛山地

北海道中央バス
（雨竜行きバス）……℡0125-24-6191
（高速るもい号）……℡011-231-0500

■道央・道南の山

道南バス……℡0136-45-2131
ニセコバス……℡0136-44-2001
函館バス……℡0139-42-2015

交通機関（タクシー・マイカー回送サービス）

■大雪山

旭タクシー（旭川駅）……℡0166-48-1151
旭川個人タクシー（旭川駅）……℡0166-52-1933
ちどりハイヤー（旭川空港）……℡0166-83-2645
層雲峡観光ハイヤー（上川駅）……℡01658-2-1181
〃（層雲峡）……℡01658-5-3221
愛別ハイヤー（安足間駅）……℡01658-6-5234
新得ハイヤー（新得駅）……℡0156-64-5155

■十勝連峰

上富良野ハイヤー（上富良野駅）……℡0167-45-3145
美瑛ハイヤー（美瑛駅）……℡0166-92-1181

■石狩連峰

層雲峡観光ハイヤー（層雲峡）……℡01658-5-3221
上士幌タクシー（糠平温泉）……℡01564-2-2504
まりもハイヤー（帯広市）……℡0155-23-8181
鹿追ハイヤー（鹿追町）……℡0156-66-2525

■道北の山

富士ハイヤー（利尻富士町鴛泊）……℡0163-82-1181
りしりハイヤー（利尻町沓形）……℡0163-84-2252
愛別ハイヤー（愛別町）……℡01658-6-5234
士別ハイヤー（士別市）……℡0165-23-5000

■知床連峰・阿寒の山

斜里ハイヤー（知床斜里駅）……℡0152-23-2100
ウトロ観光ハイヤー（斜里町ウトロ）……℡0152-24-2121
羅臼ハイヤー（羅臼町）……℡0153-87-2002
清里ハイヤー（清里町駅）……℡0152-25-2538
釧路北交ハイヤー（釧路駅・釧路空港）……℡0154-22-9151

■日高山脈

振内交通（平取町／占冠駅）……℡01457-3-3021
平取ハイヤー（〃）……℡01457-2-3181
新冠ハイヤー（新冠町）……℡0146-47-2141
日高ハイヤー（日高町本町）……℡01457-6-7107
日交ハイヤー（浦河町）……℡0146-22-3153
〃（様似町）……℡0146-36-2611

■夕張山地・増毛山地

富良野タクシー（富良野駅・山部駅）……℡0167-22-5001
夕張第一交通（夕張市）……℡0123-52-4141
丸北ハイヤー（〃）……℡0123-59-7500
雨竜ハイヤー（雨竜町）……℡0125-77-2206
小鳩交通（留萌市）……℡0164-42-2233

■道央・道南の山

ニセコ国際交通（倶知安町）……℡0136-22-1171
羊蹄ハイヤー（ニセコ町）……℡0136-45-2740
山崎ハイヤー（福島町）……℡0139-47-2014

■大雪山・十勝連峰方面マイカー回送サービス

山岳好歩（すきっぷ）……℡011-784-0411

主な山名・地名さくいん

ヤマケイ アルペンガイド
北海道の山

2021年4月10日　初版第1刷発行

著者／伊藤健次
発行人／川崎深雪
発行所／株式会社 山と溪谷社
〒101-0051
東京都千代田区神田神保町1丁目105番地
https://www.yamakei.co.jp/

■乱丁・落丁のお問合せ先
山と溪谷社自動応答サービス
TEL03-6837-5018
受付時間／10:00〜12:00、
13:00〜17:30（土日、祝日を除く）
■内容に関するお問合せ先
山と溪谷社　TEL03-6744-1900（代表）
■書店・取次様からのお問合せ先
山と溪谷社受注センター
TEL03-6744-1919　FAX03-6744-1927

印刷・製本／大日本印刷株式会社

装丁・ブックデザイン／吉田直人
編集／吉田祐介
編集協力／後藤厚子
取材協力／秀岳荘、山岳好歩
DTP・地図製作／千秋社

Printed in Japan
ISBN 978-4-635-01286-7

＊本書に掲載した地図の作成にあたりましては、国土地理院発行の数値地図（国土基本情報）を使用しました。

＊本書に掲載したコース断面図の作成とGPSデータの編集にあたりましては、DAN杉本さん作成のフリーウェア「カシミール3D」を利用しました。お礼申し上げます。

著者　伊藤健次《いとうけんじ》

写真家。北海道在住。北海道大学山スキー部在籍中より四季を通じて北海道の山を歩き、以後、山や野生の動植物を中心に撮影を続ける。北米のデナリやローガン、カムチャツカのクリュチェフスカヤ、日高・大雪・知床の積雪期全山縦走などユニークな山旅も。近年は北海道の原風景に通じるロシア極東の森や狩人の暮らしを精力的に撮影。主な著書に『アイヌプリの原野へ——響きあう神々の謡』（朝日新聞出版）、『日高連峰』『分県登山ガイド00　北海道の山』（以上、山と溪谷社）、『山わたる風』（柏艪舎）、「川は道　森は家」（『たくさんのふしぎ』2016年9月号・福音館書店）など。朝日新聞にて写真エッセイ「野山のしずく　伊藤健次のカメラアイ」、北海道新聞「大地の息吹　海のささやき」連載中。

＊アイヌ語山名の解説については『地名アイヌ語小辞典』（知里真志保著作集3・平凡社）、『北海道の地名』（山田秀三著・北海道新聞社）、『北の山の夜明け』（高澤光雄編・日本山書の会）、丸山道子訳・凍土社の松浦武四郎の日誌類を参考にさせていただきました。

「アルペンガイド登山地図帳」の取り外し方

本を左右に大きく開く

＊「アルペンガイド登山地図帳」は背の部分が接着剤で本に留められています。無理に引きはがさず、本を大きく開くようにすると簡単に取り外せます。
＊接着剤がはがれる際に見返しの一部が破れることがあります。あらかじめご了承ください。

問合せ先一覧

道警察本部・市町村役場

北海道警察本部地域部地域企画課……℡011-251-0110

上川町役場……℡01658-2-1211
東川町役場……℡0166-82-2111
美瑛町役場……℡0166-92-1111
上富良野町役場……℡0167-45-6400
富良野市役所……℡0167-39-2300
新得町役場……℡0156-64-5111
上士幌町役場……℡01564-2-2111
鹿追町役場……℡0156-66-2311
利尻富士町役場……℡0163-82-1111
利尻町役場……℡0163-84-2345
士別市役所……℡0165-23-3121
斜里町役場……℡0152-23-3131
羅臼町役場……℡0153-87-2111
清里町役場……℡0152-25-2131
釧路市役所……℡0154-23-5151
足寄町役場……℡0156-25-2141
平取町役場……℡01457-2-2221
日高町役場……℡01456-2-5131
新冠町役場……℡0146-47-2111
浦河町役場……℡0146-22-2311
様似町役場……℡0146-36-2111
夕張市役所……℡0123-52-3131
雨竜町役場……℡0125-77-2211
増毛町役場……℡0164-53-1111
真狩村役場……℡0136-45-2121
倶知安町役場……℡0136-22-1121
ニセコ町役場……℡0136-44-2121
共和町役場……℡0135-73-2011
蘭越町役場……℡0136-57-5111
福島町役場……℡0139-47-3001
上ノ国町役場……℡0139-55-2311
松前町役場……℡0139-42-2275

主な交通機関

旭川電気軌道バス……℡0166-23-3355
大雪山旭岳ロープウェイ……℡0166-68-9111
道北バス……℡0166-23-4161
北海道北見バス（旭川～北見）……℡0157-23-2185
大雪山層雲峡ロープウェイ……℡01658-5-3031
上富良野町営バス……℡0167-45-6980
十勝バス……℡0155-37-6500
北海道拓殖バス……℡0155-31-8811
ハートランドフェリー……℡0570-09-8010
宗谷バス……℡0162-33-5515
士別軌道バス……℡0165-23-2723
斜里バス……℡0152-23-3145
阿寒バス……℡0154-37-2221
JR北海道バス……℡0146-36-3432
道南バス……℡01457-2-2311
とよぬか山荘（幌尻岳シャトルバス）……℡01457-3-3568
北海道中央バス……℡0125-24-6191
道南バス……℡0136-22-1558
ニセコバス……℡0136-44-2001
函館バス……℡0139-42-2015
旭タクシー（旭川駅）……℡0166-48-1151
ちどりハイヤー（旭川空港）……℡0166-83-2645
層雲峡観光ハイヤー（上川駅）……℡01658-2-1181
〃（層雲峡）……℡01658-5-3221
新得ハイヤー（新得駅）……℡0156-64-5155
上富良野ハイヤー（上富良野駅）……℡0167-45-3145
美瑛ハイヤー（美瑛駅）……℡0166-92-1181
上士幌タクシー（糠平温泉）……℡01564-2-2504
まりもハイヤー（帯広市）……℡0155-23-8181
鹿追ハイヤー（鹿追町）……℡0156-66-2525
富士ハイヤー（利尻富士町鴛泊）……℡0163-82-1181
りしりハイヤー（利尻町沓形）……℡0163-84-2252
愛別ハイヤー（愛別町）……℡01658-6-5234
士別ハイヤー（士別市）……℡0165-23-5000
斜里ハイヤー（知床斜里駅）……℡0152-23-2100
ウトロ観光ハイヤー（斜里町ウトロ）……℡0152-24-2121
羅臼ハイヤー（羅臼町）……℡0153-87-2002
清里ハイヤー（清里町駅）……℡0152-25-2538
釧路北交ハイヤー（釧路駅・釧路空港）……℡0154-22-9151
振内交通（平取町／占冠駅）……℡01457-3-3021
平取ハイヤー（〃）……℡01457-2-3181
新冠ハイヤー（新冠町）……℡0146-47-2141
日高ハイヤー（日高町本町）……℡01457-6-7107
日交ハイヤー（浦河町）……℡0146-22-3153
〃（様似町）……℡0146-36-2611
富良野タクシー（山部駅）……℡0167-22-5001
夕張第一交通（夕張市）……℡0123-52-4141
丸北ハイヤー（〃）……℡0123-59-7500
雨竜ハイヤー（雨竜町）……℡0125-77-2206
小鳩交通（留萌市）……℡0164-42-2233
ニセコ国際交通（倶知安町）……℡0136-22-1171
羊蹄ハイヤー（ニセコ町）……℡0136-45-2740
山崎ハイヤー（福島町）……℡0139-47-2014
山岳好歩（マイカー回送サービス）……℡011-784-0411

大千軒岳

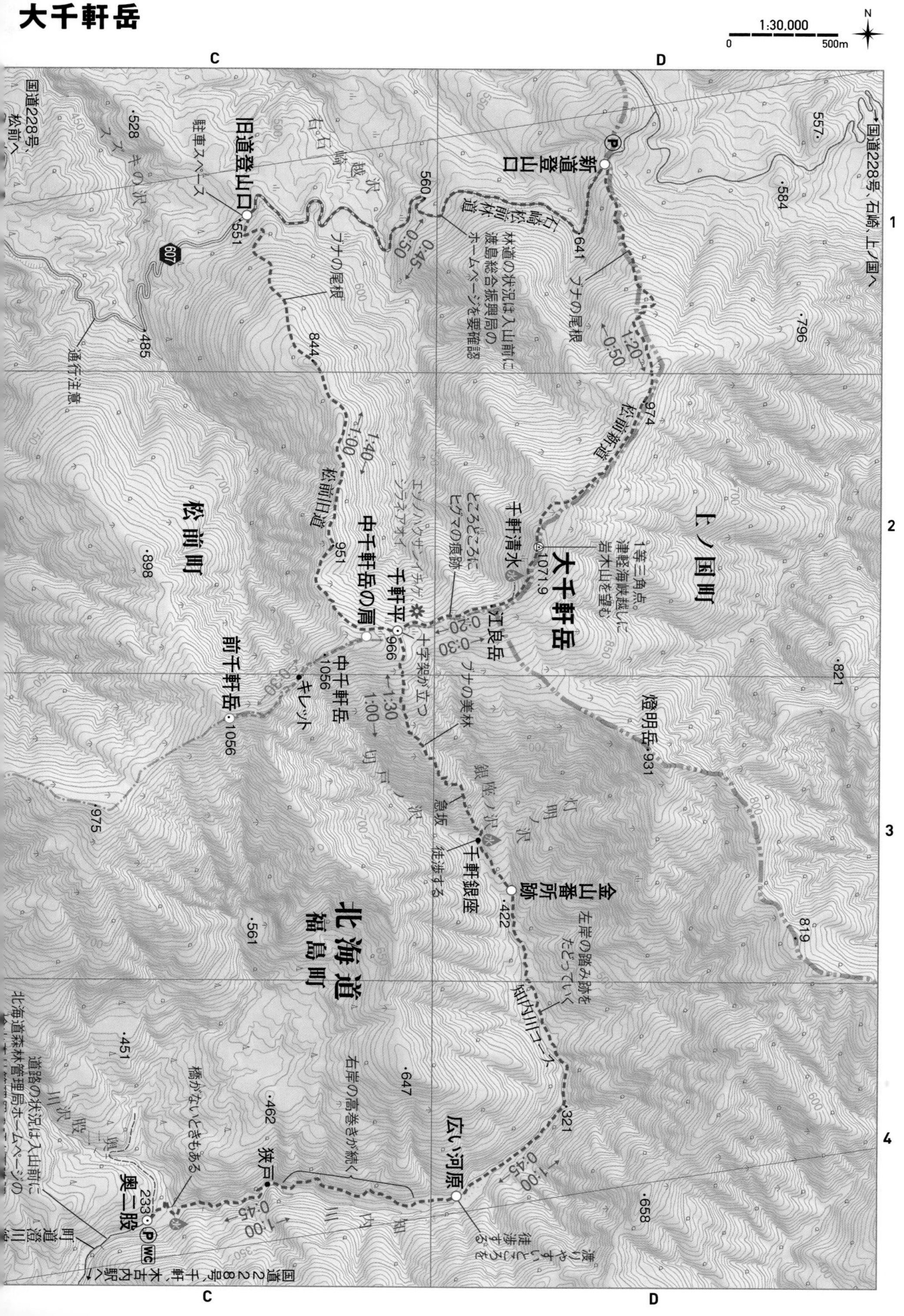

1:30,000
0
500m
N
C
D
1
2
3
4
国道228号、松前へ
国道228号、石崎、上ノ国へ
旧道登山口
551
駐車スペース
新道登山口
石崎松前林道
林道の状況は入山前に渡島総合振興局のホームページを要確認
石崎越沢
ススキの沢
607
通行注意
ブナの尾根
560
641
844
974
松前新道
松前旧道
千軒清水
大千軒岳
1071.9
1等三角点
津軽海峡越しに岩木山を望む
ところどころにヒグマの痕跡
エゾノハクサンイチゲ
シラネアオイ
951
中千軒岳の肩
千軒平
966
十字架が立つ
江良岳
ブナの美林
中千軒岳
1056
キレット
前千軒岳
1056
松前町
上ノ国町
燈明岳
931
819
821
796
584
557
898
975
561
451
462
647
658
422
321
北海道
福島町
切戸ノ沢
銀座ノ沢
灯明ノ沢
急坂
徒渉する
千軒銀座
金山番所跡
左岸の踏み跡をたどっていく
知内川コース
広い河原
渡りやすいところを徒渉する
右岸の高巻きが続く
狭戸
奥二股
233
橋がないときもある
道路の状況は入山前に北海道森林管理局ホームページの
国道228号、千軒、木古内駅へ
知内川
0:45
0:50
1:20
0:50
1:00
1:40
0:20
0:30
0:30
1:30
1:00
0:45
1:00
0:45
1:00

19 チセヌプリ

1:25,000
0 500m

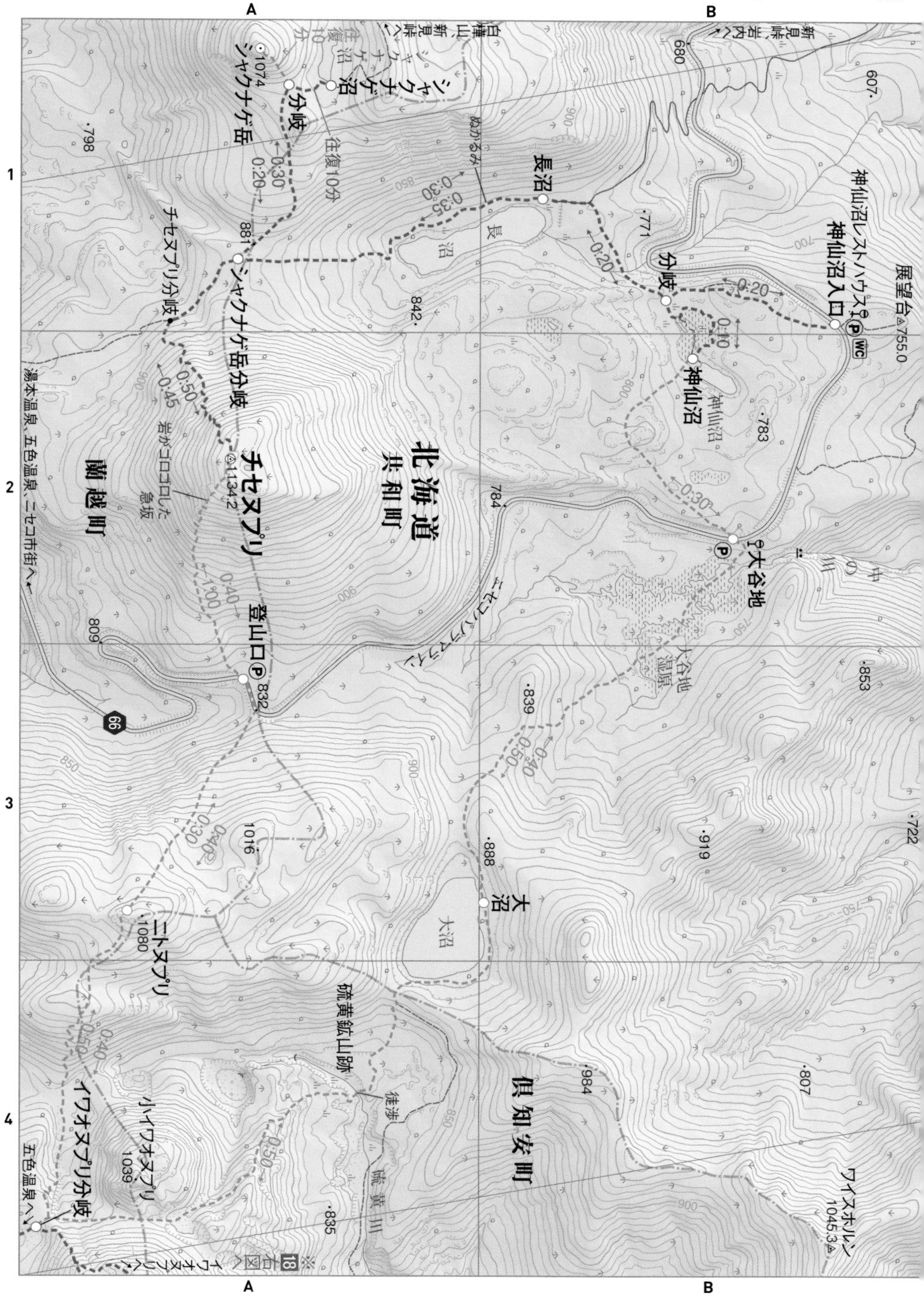

ニセコアンヌプリ・イワオヌプリ

1:25,000
0 500m
N

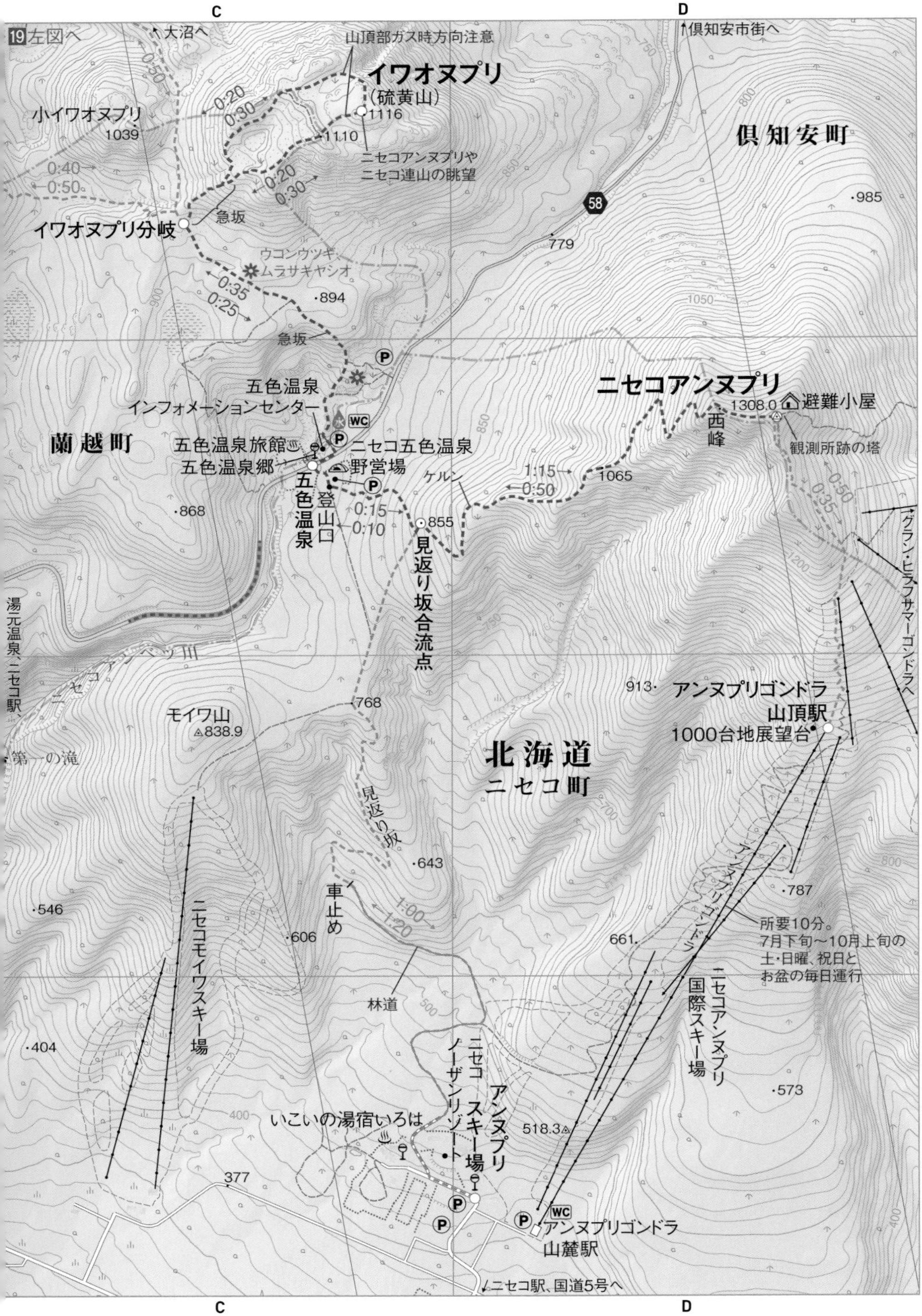
C
D
19 左図へ
大沼へ
倶知安市街へ
山頂部ガス時方向注意
イワオヌプリ
(硫黄山)
1116
1110
小イワオヌプリ
1039
ニセコアンヌプリや
ニセコ連山の眺望
倶知安町
イワオヌプリ分岐
急坂
58
779
985
ウコンウツギ
ムラサキヤシオ
894
急坂
ニセコアンヌプリ
1308.0
避難小屋
西峰
観測所跡の塔
五色温泉
インフォメーションセンター
WC
蘭越町
五色温泉旅館
ニセコ五色温泉
五色温泉郷
野営場
1:15
0:50
1065
ケルン
五色温泉
登山口
0:15
0:10
855
868
見返り坂合流点
グラン・ヒラフサマーゴンドラへ
湯元温泉、ニセコ駅へ
ニセコアンベツ川
913
アンヌプリゴンドラ
山頂駅
1000台地展望台
768
モイワ山
838.9
第一の滝
北海道
ニセコ町
見返り坂
643
787
車止め
1:00
1:20
546
606
ニセコモイワスキー場
661
所要10分。
7月下旬～10月上旬の
土・日曜、祝日と
お盆の毎日運行
アンヌプリゴンドラ
ニセコアンヌプリ国際スキー場
林道
404
ニセコノーザンリゾート
アンヌプリスキー場
573
いこいの湯宿いろは
518.3
377
アンヌプリゴンドラ
山麓駅
ニセコ駅、国道5号へ
C
D
1
2
3
4

羊蹄山

1:50,000
0
1km
A
B
1
2
3
4
倶知安市街へ
236.5
235
比羅夫
5
羊蹄登山口
236.7
329
455.9
374
299.2
半月湖
蝦夷富士小屋
231.6
238.2
WC
261
比羅夫登山口
P
WC
ニセコ市街へ
徒歩30分
比羅夫登山口〜羊蹄登山口バス停間
半月湖畔自然公園
水
半月湖野営場
365
289
一合目
風穴
600.2
456
三合目
785
854
後方羊蹄山の高山植物帯
急な下りが続く
倶知安町
1:30
2:00
五合目
比羅夫コース(倶知安コース)
1:10
1:40
コース分岐
比羅夫
羊蹄自然公園バス停へ
362
933
北山
1843.4
0:50
京極コース
0:40
母釜
子釜
京極町
1892.7
星ヶ池
0:30
386
547
1247
WC
羊蹄山避難小屋
父釜
1898
羊蹄山
外輪
北海道
ニセコ町
314.7
0:25
0:15
九合目
避難小屋分岐
1684
0:40
喜茂別コース
786
416
真狩コース分岐
1396
ガレ場のトラバース
537
七合目
後方羊蹄山の高山植物帯
221
1321
856
315
3:20
2:30
真狩コース
1091
502.6
554
861
四合目
243.2
三合目
寄生火山。展望台あり
697
光栄
650.1
南コブ
南コブ分岐
259
375
602
322.1
0:25
0:15
真狩コース登山口
近藤
399
羊蹄山真狩キャンプ場
国道5号、倶知安駅へ
WC
467
194
社
羊蹄山登山センター
250.9
267
328
羊蹄山の湧き水
羊蹄自然公園
448.4
66
P
新陽
東
290
212
236
真狩村
333
159
231
P
WC
羊蹄自然公園バス停〜真狩コース登山口間徒歩40分
羊蹄自然公園
215.3
261.9
176
北九線
富里
真狩市街へ
比羅夫コース分岐
北山
1843.4
1:35,000
0
600m
五合目へ
京極コース
母釜
子釜
旧避難小屋跡
0:30
0:50
0:40
1892.7
羊蹄山避難小屋
真狩コース分岐
父釜
1898
羊蹄山
WC
外輪
0:40
喜茂別コース
1684
九合目避難小屋分岐
南コブ分岐へ
山頂部拡大

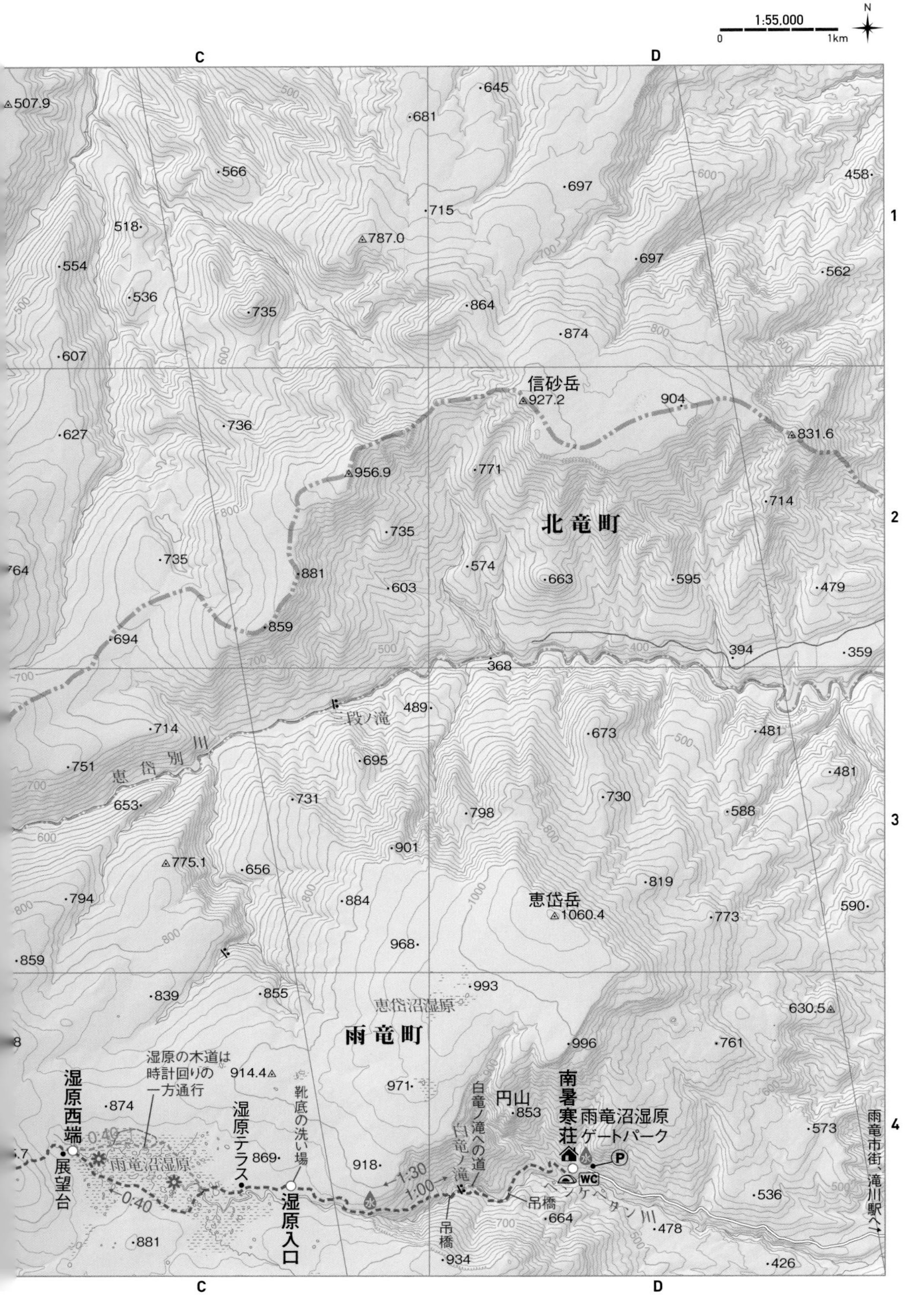

1:55,000
0
1km
N
C
D
1
2
3
4
信砂岳
927.2
904
831.6
956.9
北竜町
三段ノ滝
恵岱別川
恵岱岳
1060.4
775.1
787.0
507.9
630.5
914.4
恵岱沼湿原
雨竜町
湿原の木道は時計回りの一方通行
湿原西端
展望台
雨竜沼湿原
湿原テラス
靴底の洗い場
湿原入口
円山
白竜ノ滝への道
白竜ノ滝
吊橋
南暑寒荘
雨竜沼湿原ゲートパーク
水
P
WC
ペンケペタン川
雨竜市街、滝川駅へ
0:40
1:30
1:00

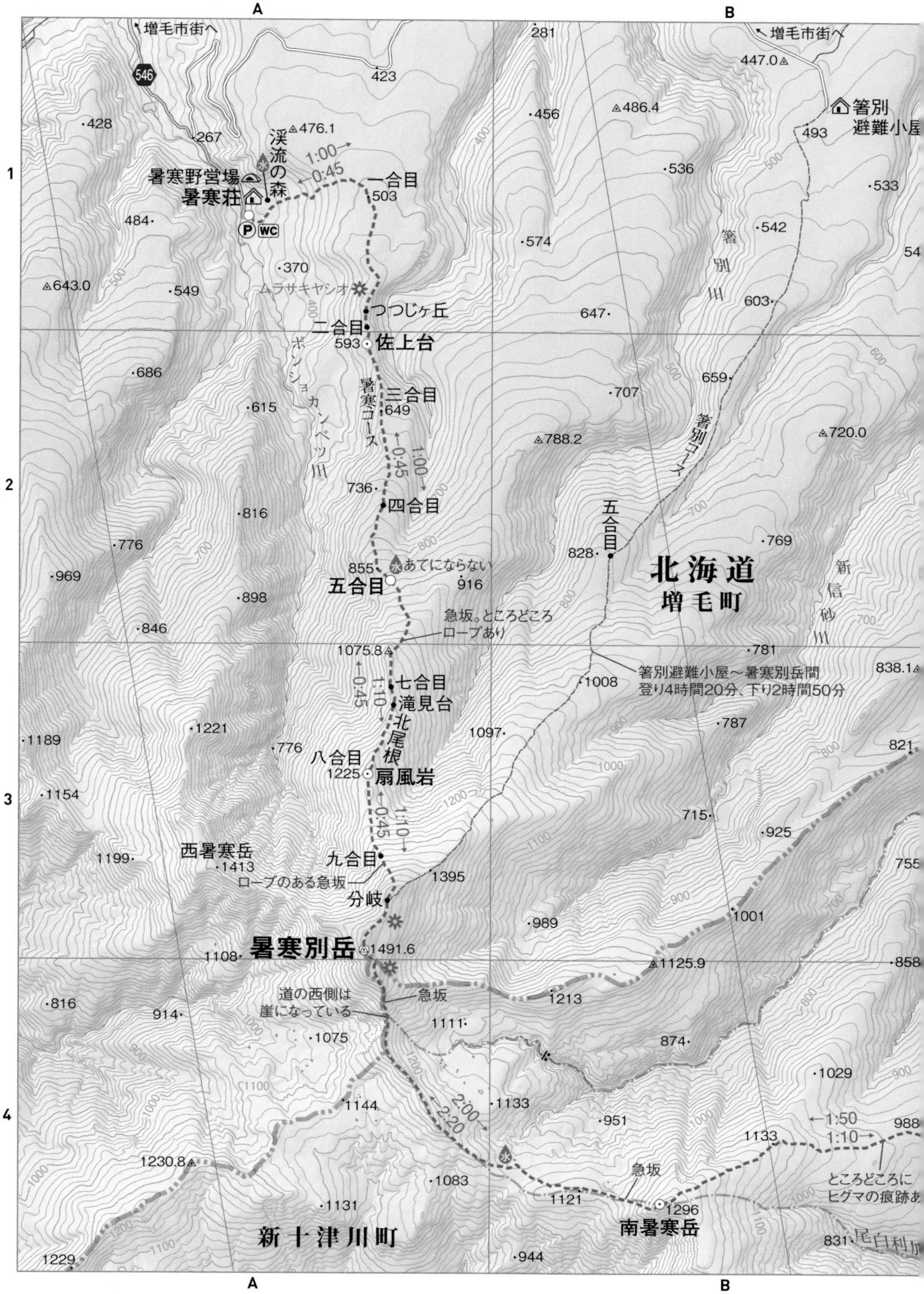
A
B
1
2
3
4
増毛市街へ
増毛市街へ
546
423
281
447.0
486.4
456
428
267
476.1
渓流の森
1:00
0:45
暑寒野営場
暑寒荘
一合目
503
484
P
WC
箸別避難小屋
493
536
533
542
574
箸別川
370
ムラサキヤシオ
643.0
549
つつじヶ丘
二合目
佐上台
593
647
603
686
ポンショカンベツ川
暑寒コース
三合目
649
615
707
659
箸別コース
788.2
720.0
0:45
1:00
736
四合目
816
776
五合目
828
769
969
855
あてにならない
五合目
916
898
北海道
増毛町
新信砂川
846
急坂。ところどころロープあり
1075.8
781
838.1
0:45
1:10
七合目
滝見台
北尾根
1008
箸別避難小屋～暑寒別岳間
登り4時間20分、下り2時間50分
1221
1189
776
1097
787
821
八合目
1225
扇風岩
1154
0:45
1:10
715
925
西暑寒岳
1413
1199
九合目
755
ロープのある急坂
1395
分岐
1001
989
暑寒別岳
1491.6
1108
1125.9
858
道の西側は崖になっている
急坂
1213
816
914
1111
1075
874
1029
1144
1133
2:00
2:20
951
1:50
1:10
1133
988
1230.8
急坂
1083
ところどころにヒグマの痕跡あ
1121
1296
1131
南暑寒岳
新十津川町
831
尾白利加
1229
944

夕張岳

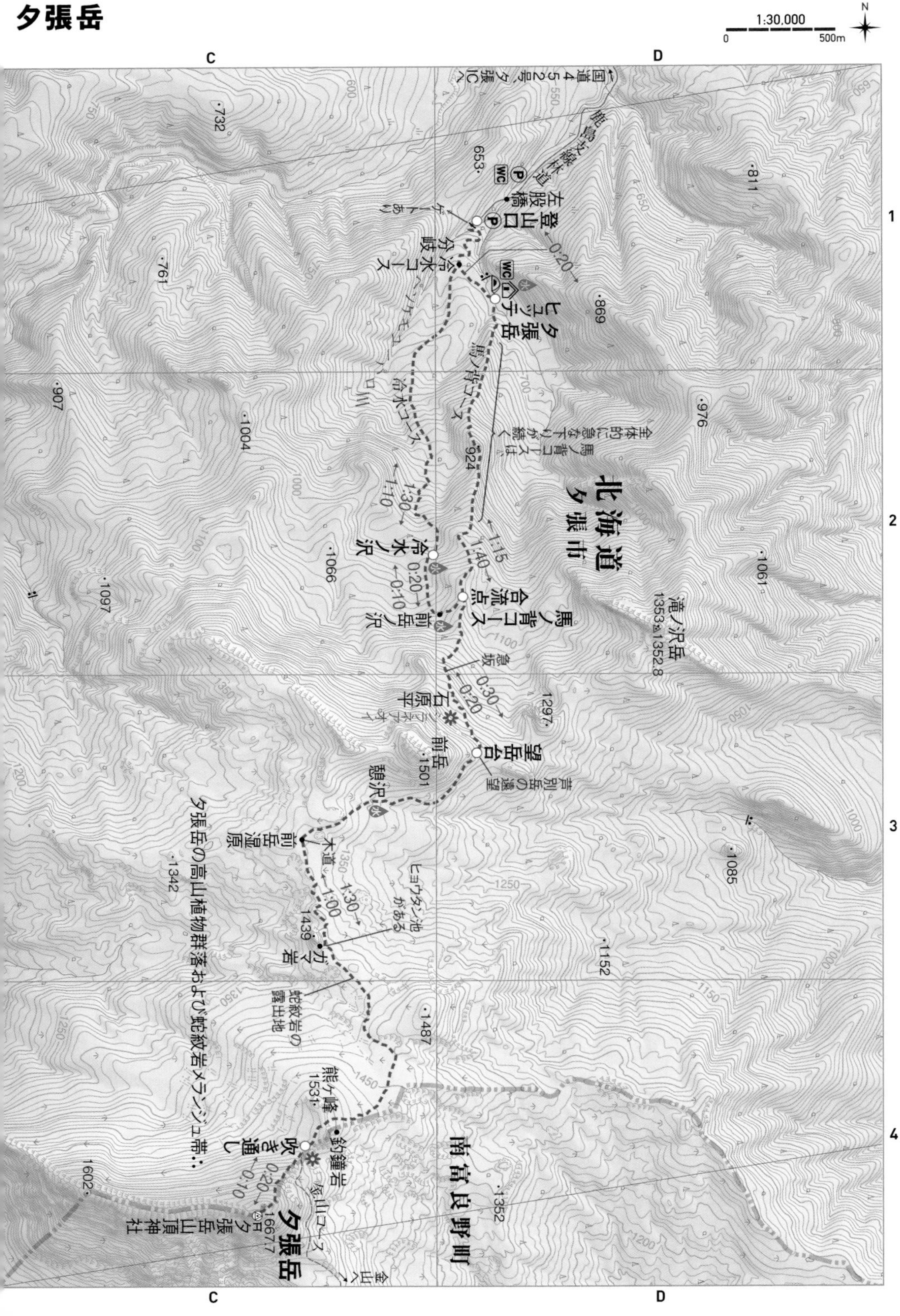

1:30,000
0 500m
N
C
D
1
2
3
4
国道452号 夕張ICへ
鹿島支線林道
653
左股橋
登山口
ゲートあり
分岐 冷水コース
0:20
ヒュッテ 夕張岳
馬ノ背コース
冷水コース
パンケモユーパロ川
馬ノ背コースは全体的に急な下りが続く
924
1:30
1:10
冷水ノ沢
0:20
0:10
1:15
1:40
合流点 馬ノ背コース
前岳ノ沢
北海道 夕張市
滝ノ沢岳
1353
1352.8
急坂
0:30
0:20
石原平
1297
望岳台
芦別岳の遠望
前岳
1501
憩沢
前岳湿原
木道
1:00
1:30
ヒョウタン池がある
1439
ガマ岩
蛇紋岩の露出地
1487
熊ヶ峰
1531
釣鐘岩
吹き通し
0:20
0:10
夕張岳
1667.7
夕張岳山頂神社
金山コース
金山へ
南富良野町
夕張岳の高山植物群落および蛇紋岩メランジュ帯
732
811
761
869
907
1004
976
1066
1097
1061
1085
1342
1152
1602
1352

1:30,000
0 500m

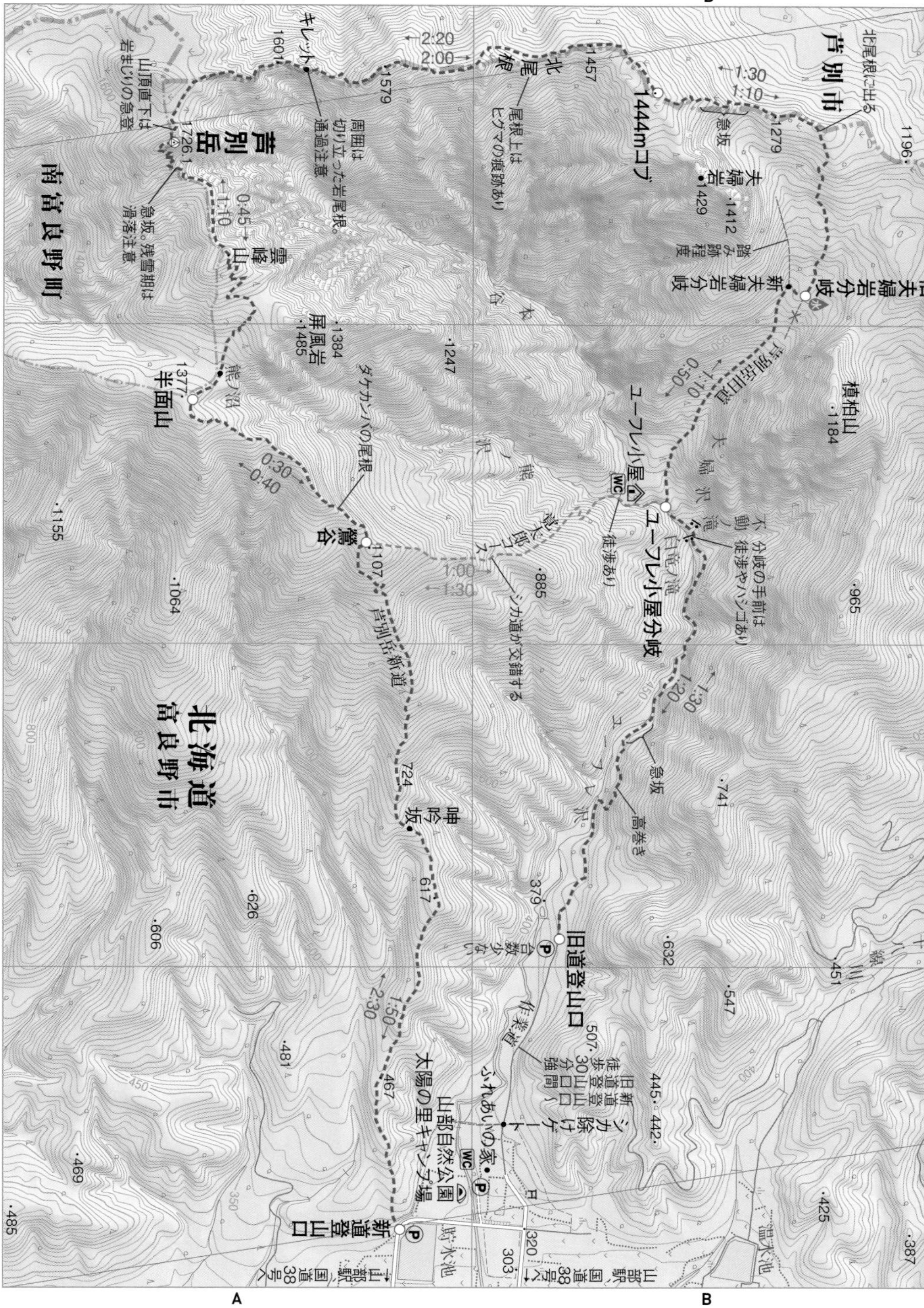

アポイ岳

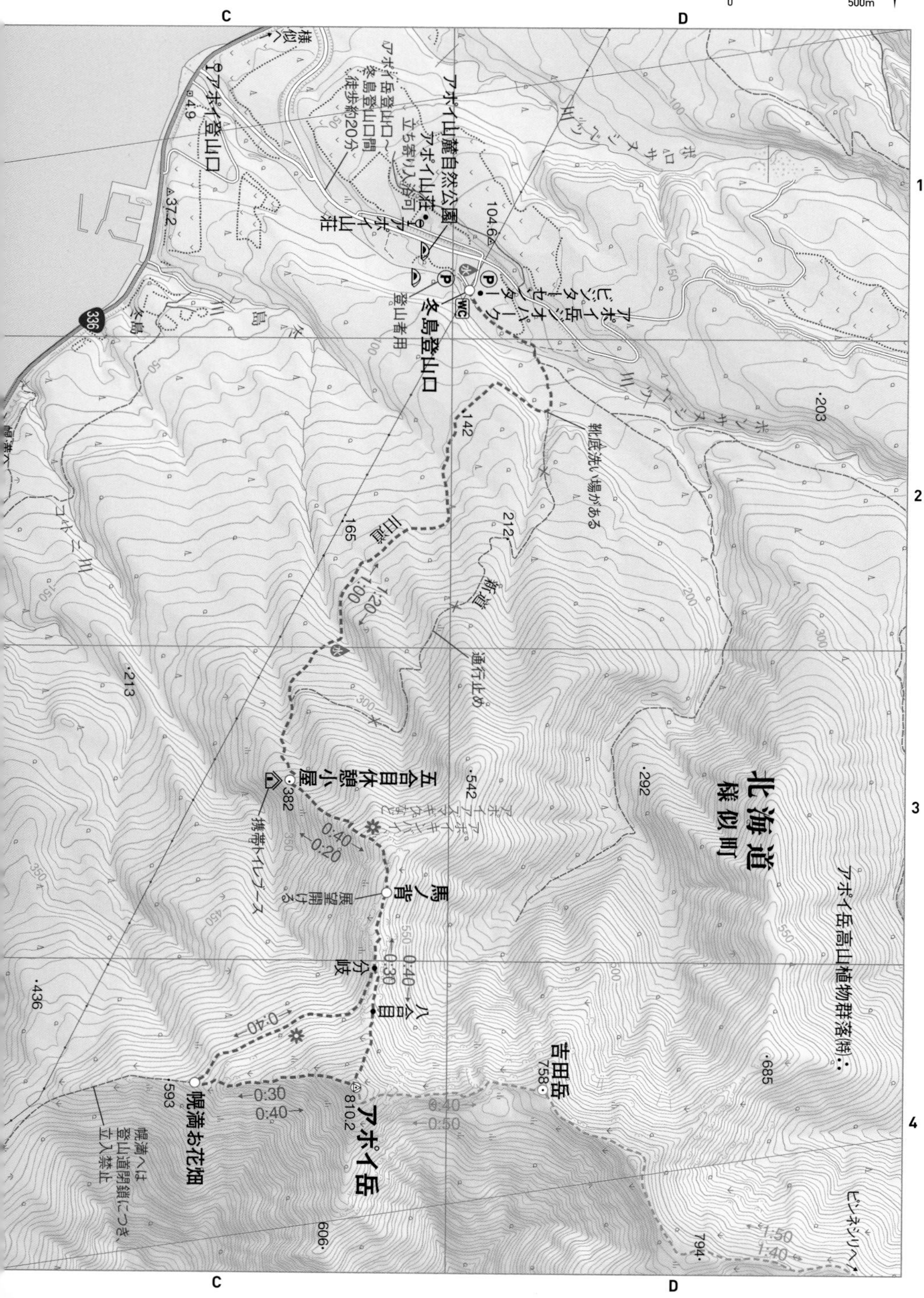

1:25,000
0
500m
N
様似へ
アポイ登山口
アポイ山麓自然公園
アポイ山荘
立ち寄り入浴可
アポイ岳登山口〜冬島登山口間
徒歩約20分
アポイ岳ビジターセンター
冬島登山口
登山者用
冬島
336
104.6
142
165
212
旧道
新道
1:00
1:20
靴底洗い場がある
通行止め
五合目休憩小屋
382
携帯トイレブース
0:40
0:20
アポイアズマギク・ヒダカソウなど
馬ノ背
展望開ける
0:40
0:30
分岐
八合目
0:40
幌満お花畑
593
幌満へは登山道閉鎖につき立入禁止
0:30
0:40
アポイ岳
810.2
0:40
0:50
吉田岳
758
北海道
様似町
アポイ岳高山植物群落(特)
ピンネシリへ
1:50
1:40
213
436
542
292
685
203
606
794

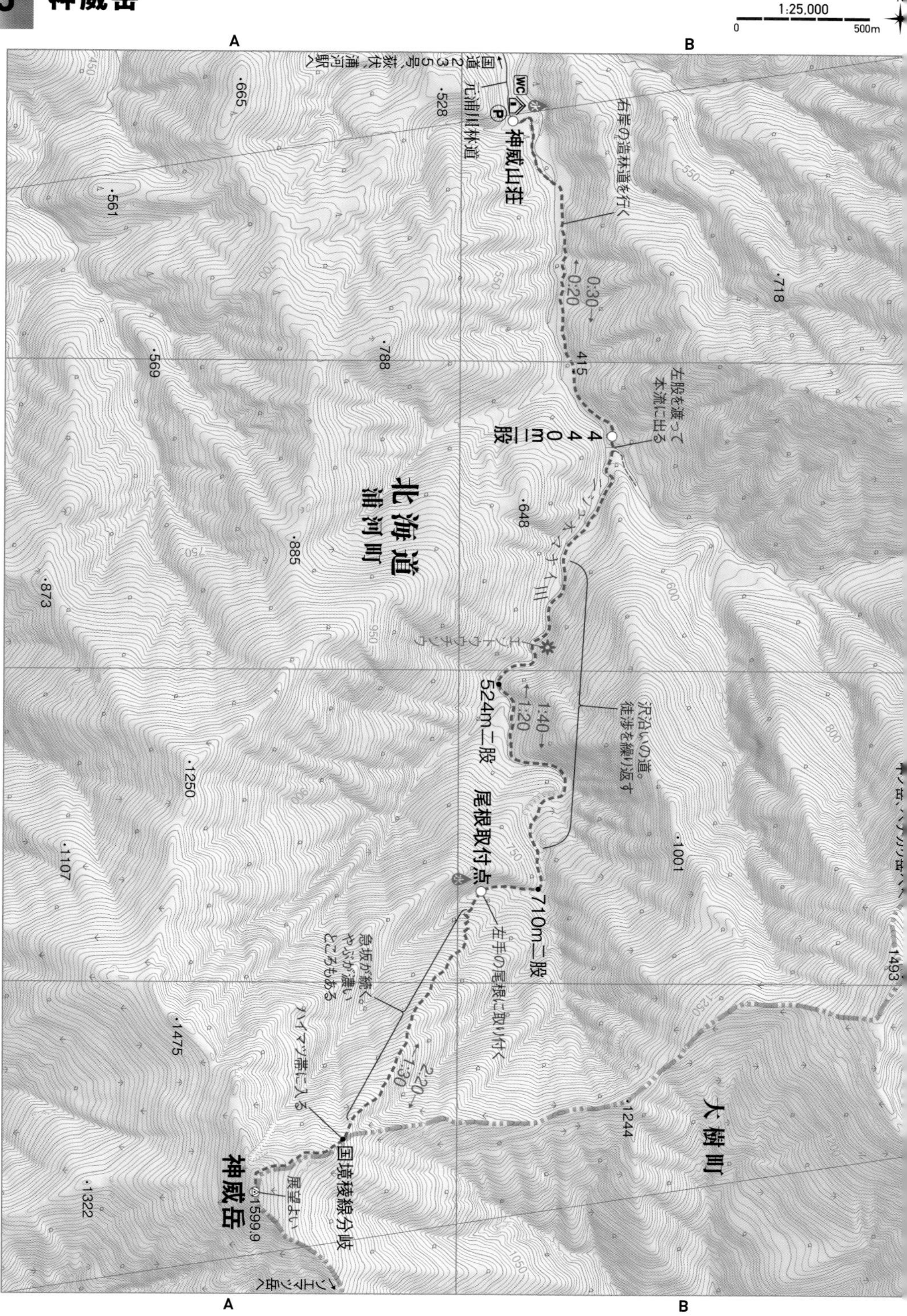
1:25,000
0
500m
N
A
B
1
2
3
4
国道235号 荻伏、浦河駅へ
WC
P
元浦川林道
神威山荘
右岸の造林道を行く
0:30
0:20
415
左股を渡って本流に出る
440m二股
ニシュオマナイ川
北海道 浦河町
524m二股
1:40
1:20
沢沿いの道。徒渉を繰り返す
尾根取付点
710m二股
左手の尾根に取り付く
急坂が続く やぶが濃いところもある
ハイマツ帯に入る
2:20
1:30
国境稜線分岐
神威岳
1599.9
展望よい
ソエマツ岳へ
大樹町
665
528
561
569
788
718
648
885
873
1250
1107
1475
1322
1001
1493
1244

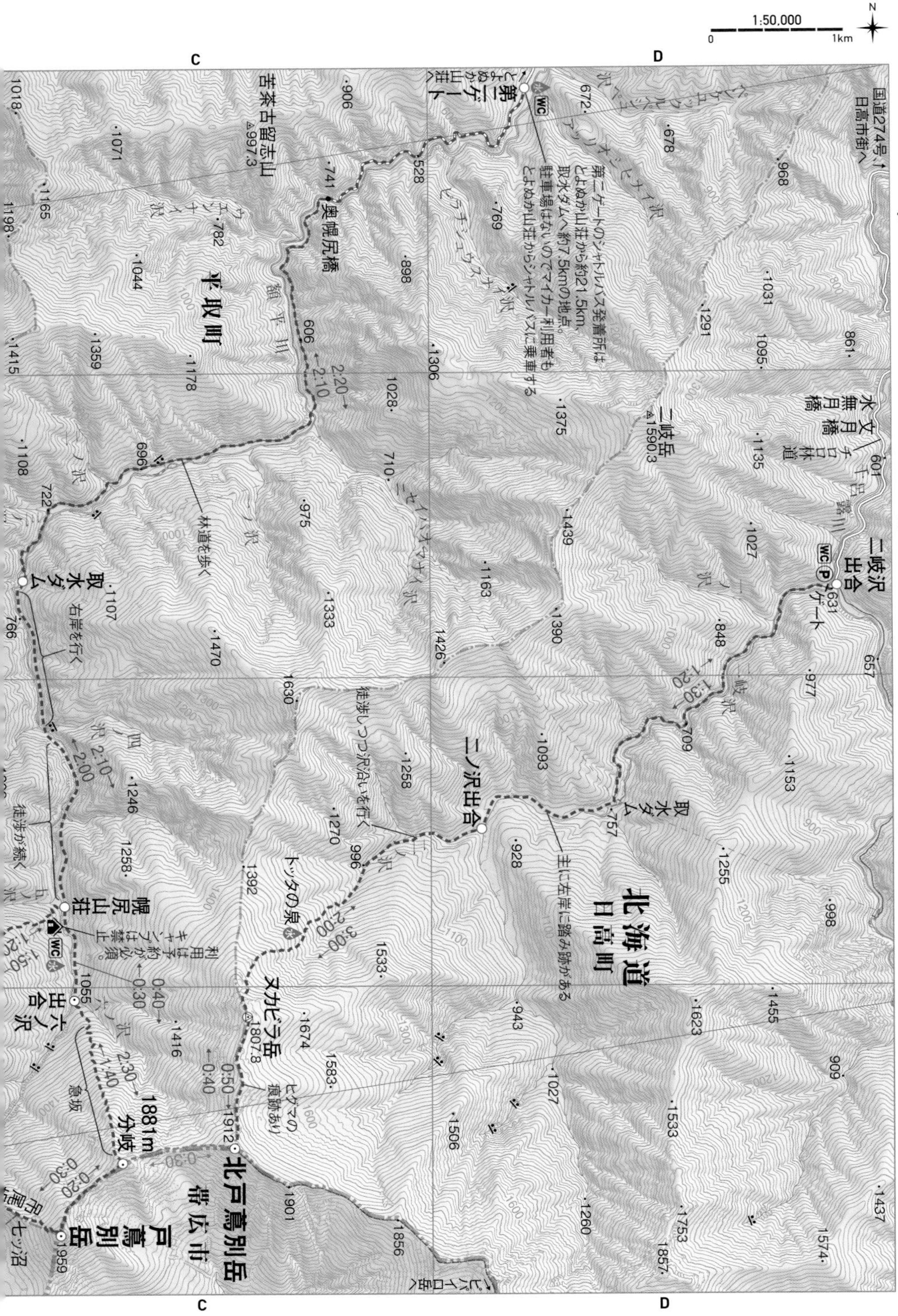

1:50,000
0
1km
N
国道274号↑日高市街へ
第二ゲート
とよぬか山荘へ
苦茶古留志山 997.3
奥幌尻橋
平取町
額平川
第二ゲートのシャトルバス発着所はとよぬか山荘から約21.5km。取水ダムへ約7.5kmの地点。駐車場はないのでマイカー利用者もとよぬか山荘からシャトルバスに乗車する
二岐岳 1590.3
文月橋
水無月橋
チロロ林道
千呂露川
二岐沢出合
ゲート
林道を歩く
取水ダム
右岸を行く
二ノ沢出合
徒渉しつつ沢沿いを行く
主に左岸に踏み跡がある
北海道
日高町
徒渉が続く
幌尻山荘
利用は予約が必須。キャンプは禁止
トッタの泉
ヌカビラ岳 1807.8
ヒグマの痕跡あり
六ノ沢出合
急坂
1881m分岐
北戸蔦別岳
帯広市
戸蔦別岳
七ツ沼
ピパイロ岳へ
C
D
1
2
3
4

幌尻岳・戸蔦別岳・北戸蔦別岳

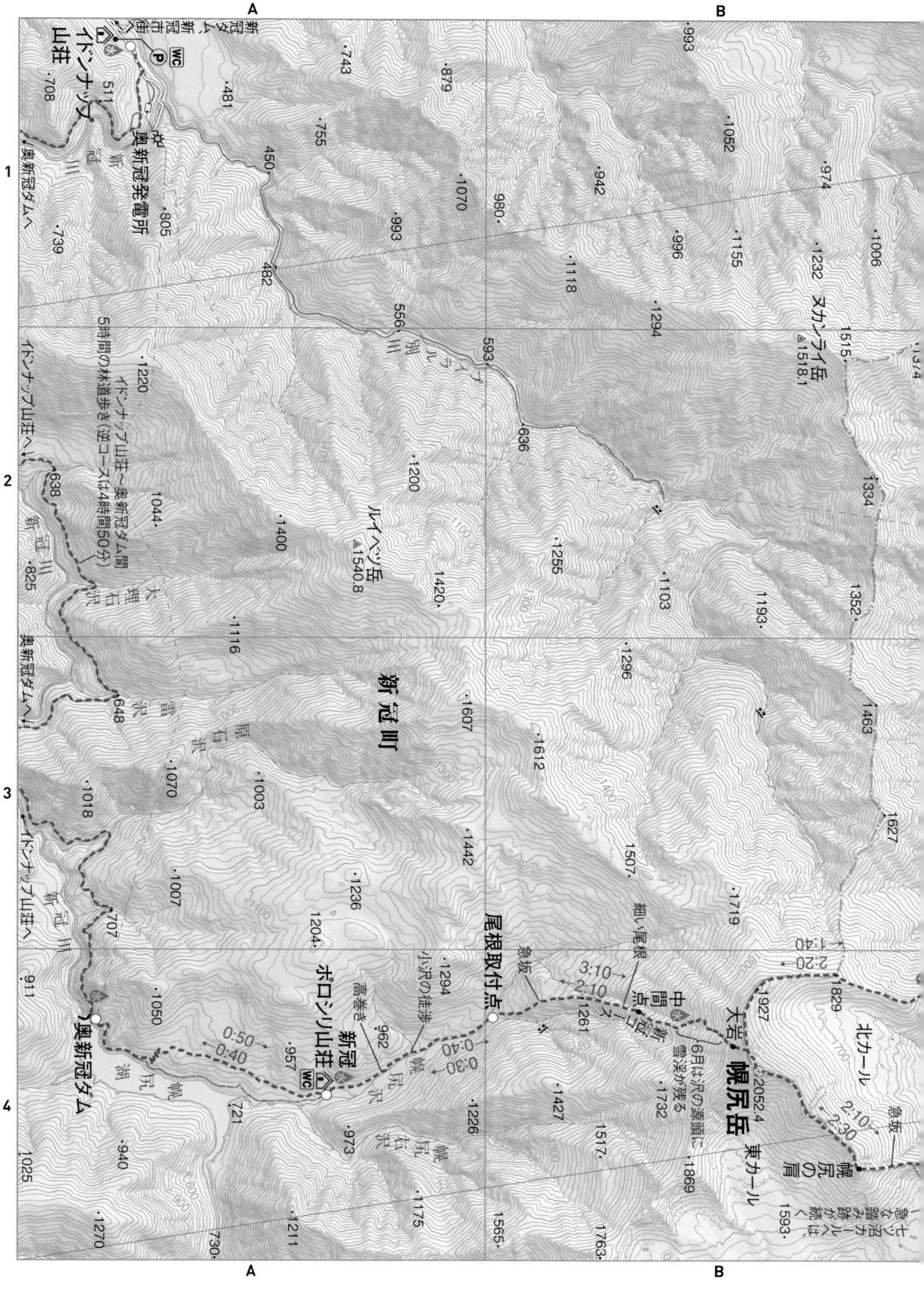

雌阿寒岳

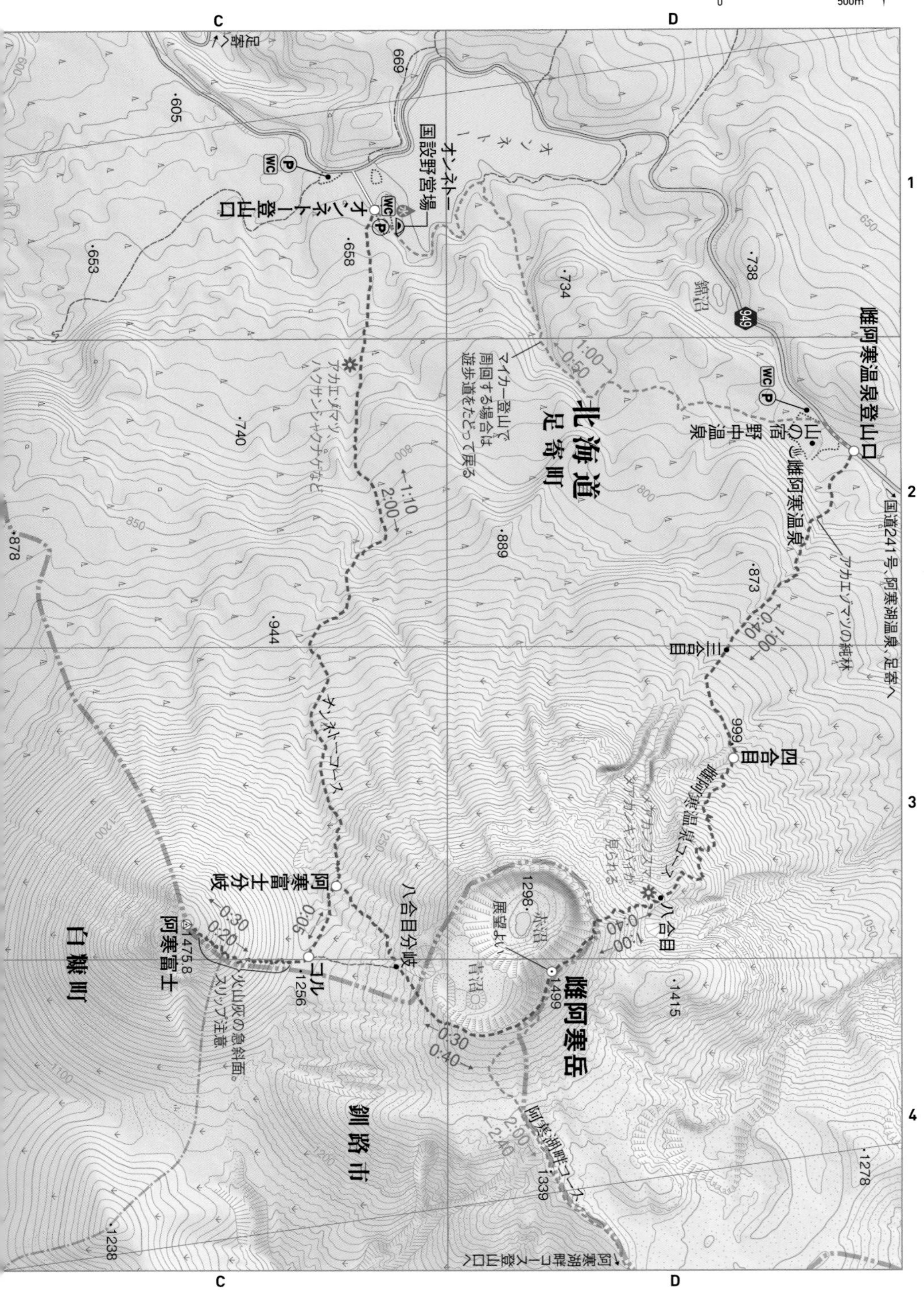

1:25,000
0
500m
N
C
D
1
2
3
4
雌阿寒温泉登山口
オンネトー登山口
オンネトー国設野営場
オンネトー
足寄へ
国道241号、阿寒湖温泉、足寄へ
949
錦沼
山の宿野中温泉
雌阿寒温泉
アカエゾマツの純林
北海道
足寄町
マイカー登山で周回する場合は遊歩道をたどって戻る
アカエゾマツ、ハクサンシャクナゲなど
オンネトーコース
雌阿寒温泉コース
三合目
四合目
八合目
雌阿寒岳
1499
展望よい
赤沼
青沼
八合目分岐
阿寒富士分岐
コル
1256
阿寒富士
1475.8
火山灰の急斜面。スリップ注意
白糠町
釧路市
阿寒湖畔コース
阿寒湖畔コース登山口へ
1:00
0:50
1:10
2:00
0:40
1:00
0:40
1:00
0:05
0:30
0:20
0:30
0:40
2:00
2:40
·605
·653
·658
669
·734
·738
·740
·873
·878
·889
·944
999
1298
·1415
·1278
1339
·1238
650
800
850
1050
1100
1200

雄阿寒岳

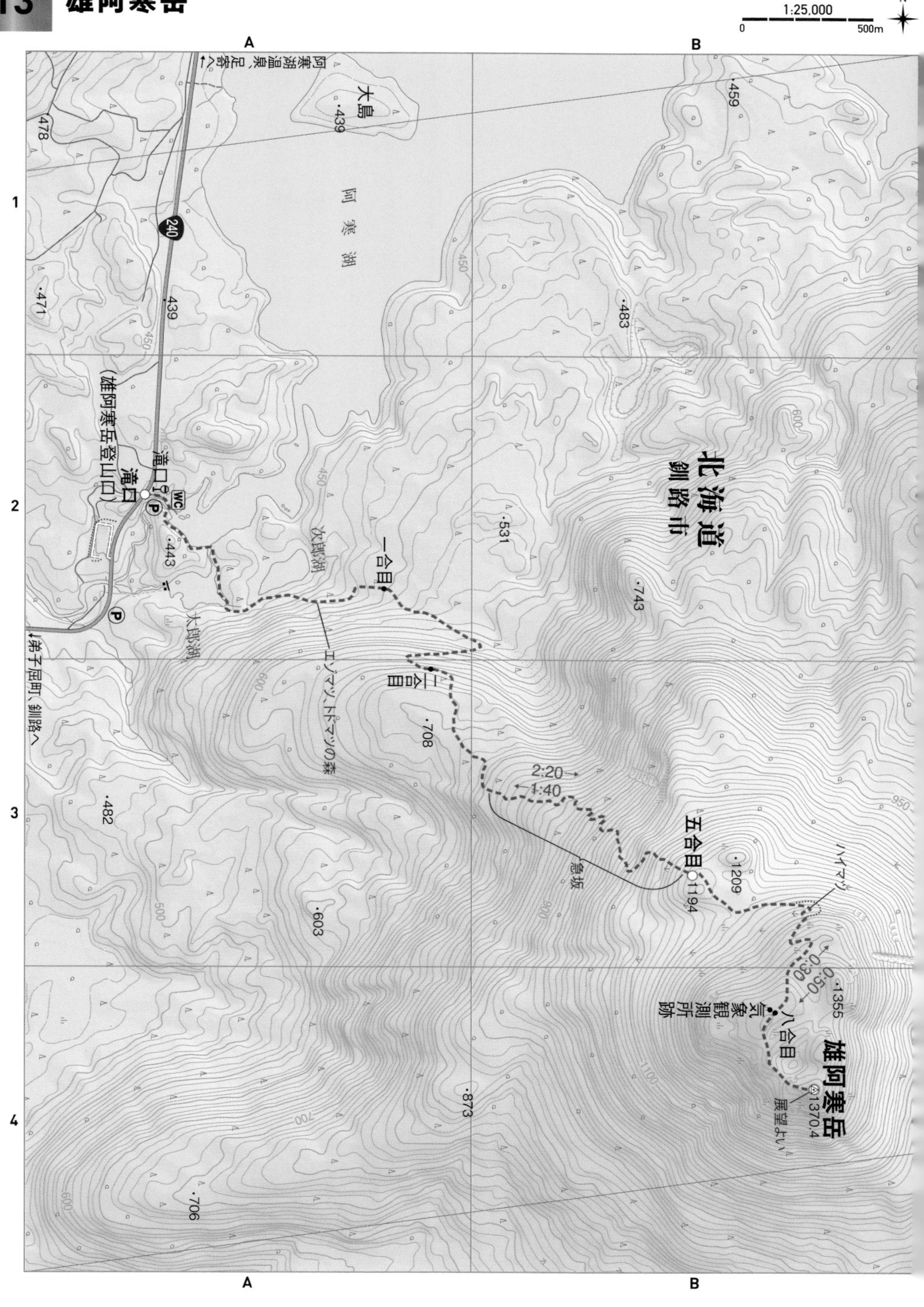
1:25,000
0
500m
N
A
B
1
2
3
4
阿寒湖温泉、足寄へ
大島
阿寒湖
240
滝口
（雄阿寒岳登山口）
WC
次郎湖
太郎湖
弟子屈町、釧路へ
一合目
二合目
エゾマツ、トドマツの森
2:20
1:40
五合目
1194
急坂
ハイマツ
0:50
0:30
八合目
気象観測所跡
雄阿寒岳
1370.4
展望よい
北海道
釧路市
·459
·439
·478
·471
439
·483
·531
·443
·743
·708
·482
·603
·1209
·1355
·873
·706
450
600
700
900
950
1100

1:50,000
0
1km
N
C
D
1
2
3
4
湯の滝～下山口(硫黄山登山口)間は
6月中旬～9月末のあいだ、徒歩に限り通行可
(北海道オホーツク総合振興局へ要事前申請)。
8月中旬と10月初旬はマイカー規制あり。
知床シャトルバス利用のこと。
期間等は斜里バスホームページを参照
下山口(硫黄山登山口)
カムイワッカの滝
湯の滝
知床大橋
硫黄採掘地跡
カムイワッカ湯の滝
河原の広い範囲から湯が出ている
新噴火口
硫黄山 1562.3
涸れ沢をたどる
下り方向注意
頂上直下は急坂
第一火口キャンプ指定地
フードロッカーあり
雪渓が残る
東岳 1520
知円別岳 1544
ザレ場、滑落注意
南岳 1459
ハイマツ帯 1329
二ツ池キャンプ指定地
フードロッカーあり
水は要煮沸
オッカバケ岳 1450
サシルイ岳 1564
残雪期はルートに注意
北海道
斜里町
弥三吉水
オホーツク展望台
岩尾別温泉
木下小屋
素泊まり
地の涯
ホテル
知床五湖フィールドハウス
知床五湖
五湖の断崖
エエイシレド岬
道道知床公園線
ウトロ、知床斜里駅へ

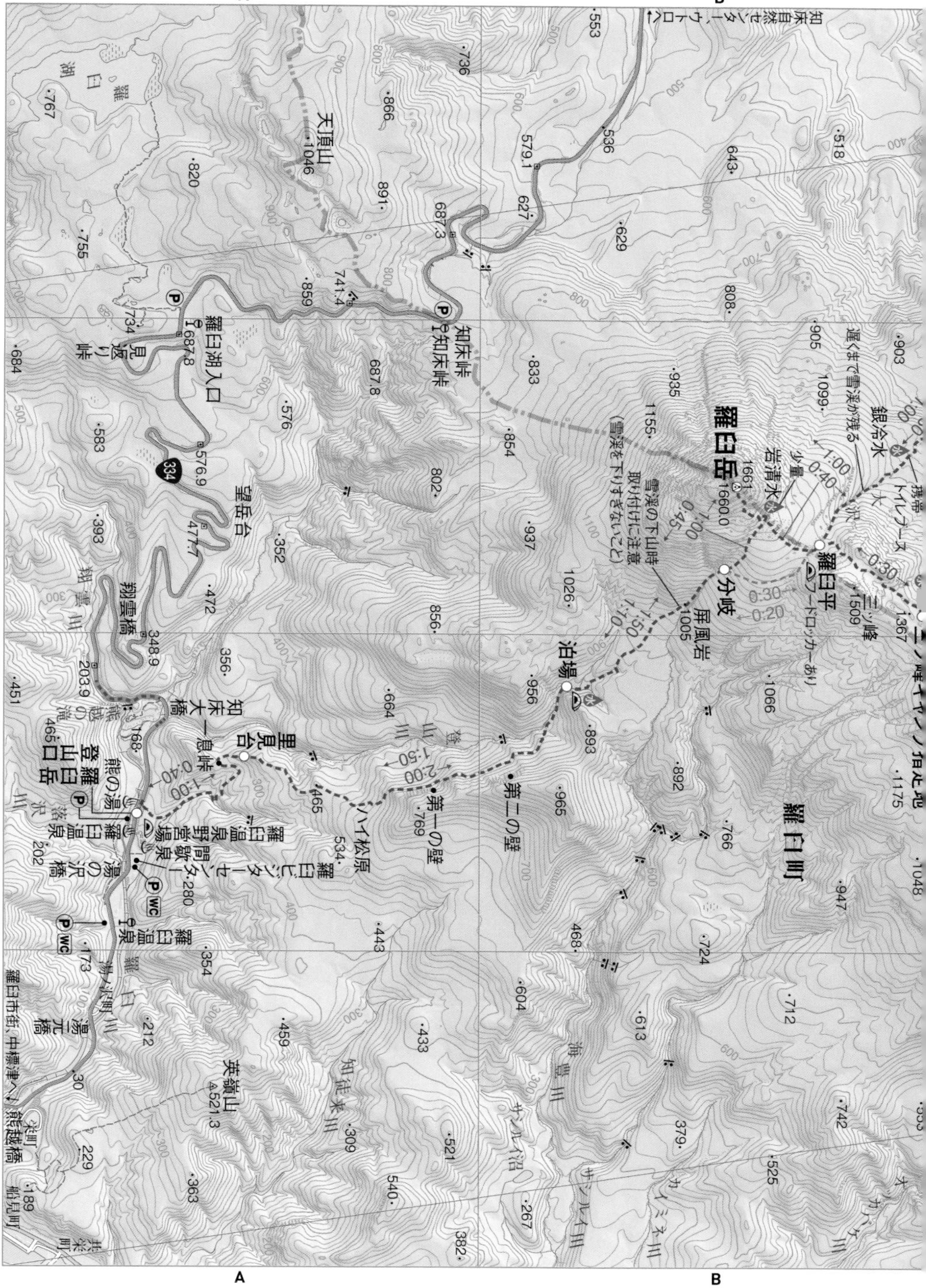

A
B
1
2
3
4
羅臼湖
天頂山
1046
知床自然センター、ウトロへ
知床峠
知床峠
羅臼湖入口
見返り峠
望岳台
334
翔雲橋
知床大橋
里見台
一息峠
熊越の滝
羅臼岳登山口
熊の湯
羅臼温泉
羅臼温泉野営場
羅臼ビジターセンター
羅臼温泉
湯ノ沢橋
湯ノ沢川
羅臼川
湯元橋
英嶺山
521.3
羅臼市街、中標津へ
熊越橋
船見町
共栄町
知徒来川
第一の壁
第二の壁
ハイ松原
泊場
屏風岩
分岐
羅臼岳
1661
1660.0
岩清水
羅臼平
フードロッカーあり
三ツ峰
1509
銀冷水
携帯トイレブース
遅くまで雪渓が残る
雪渓の下山時取り付けに注意（雪渓を下りすぎないこと）
羅臼町
海岸川
サシルイ川
オッカバケ川
カモイウンベ川

斜里岳

1:30,000
0
500m
N
C
D
1
2
3
4
豊里、斜里市街へ
斜里岳林道
駐車スペース
三井登山口
450
430
340
453
526
555
洄れ沢のなかを進む
399
500
622
ダケカンバや
エゾマツの大木
724
752
斜里町
玉石沢
653
877
893
857
清里町沢、国道334号へ
2:00
1:30
600
素泊まり
清岳荘
WC
北海道
清里町
887
1145
1138
ガマ岩
三井(玉石ノ沢)コース
林道に合流
一ノ沢
829
1073
1075
エゾツツジ、
カラフトイソツツジ
細く急な岩稜。
転落注意
752
1282
1:20
1:00
旧清岳荘
斜里岳
1547
1535.8
1:00
0:50
清里コース
ところどころ徒渉あり
ガレ場
斜里岳神社
荒廃した踏み跡
下二股
1417
馬ノ背
1009
1:20
1:00
滝のある
沢沿いの道。
滑落注意
急な下りが続く
旧道
1:00
0:40
1376
上二股
竜神ノ池
新道
0:40
1:00
0:40
0:50
1250
標津町
熊見峠
1256
1508
見通しのよい場所
南斜里岳
1442.2

11 天塩岳

1:30,000
0 500m
N

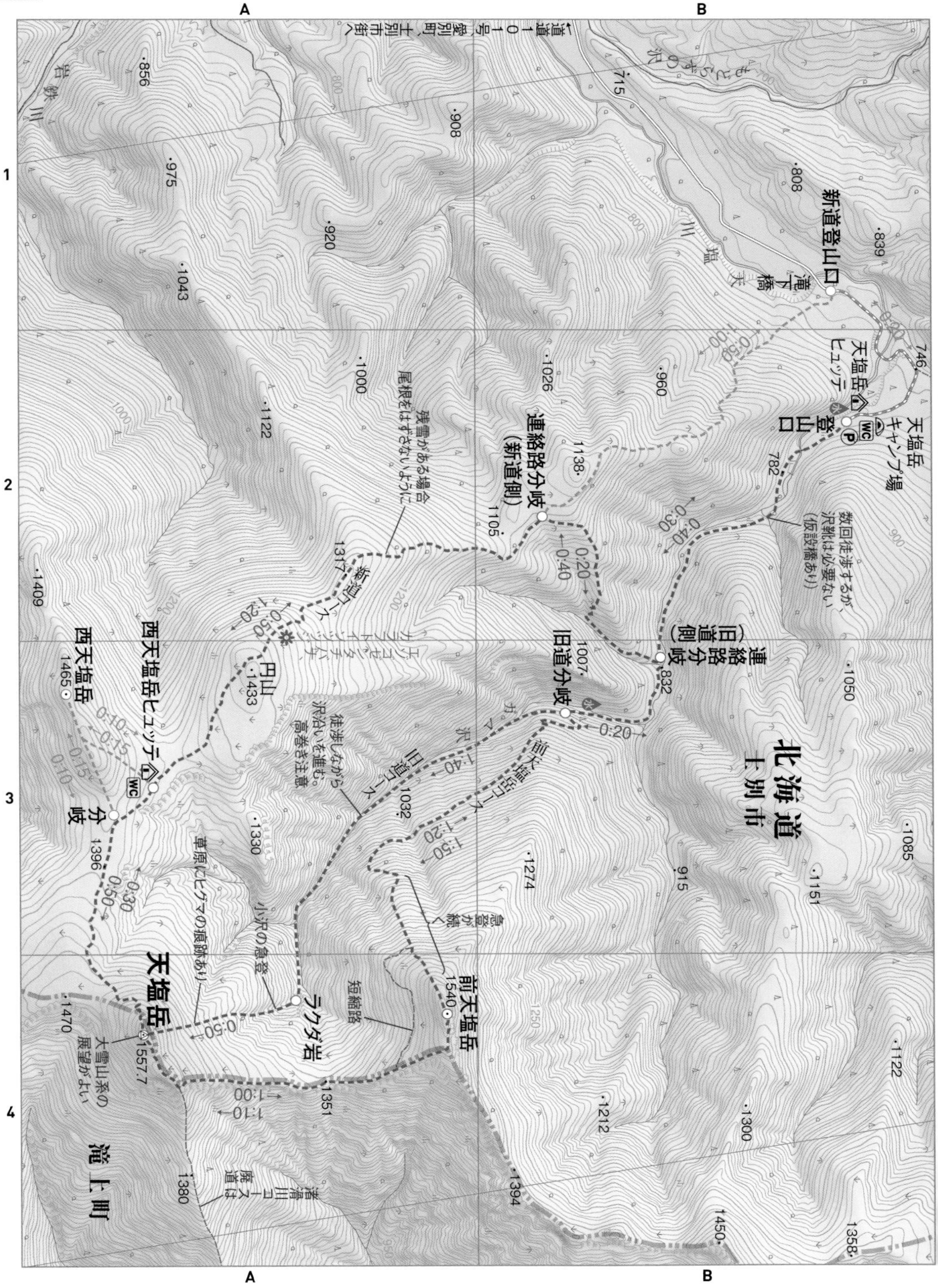

1:50,000
0
1km
N
C
D
1
2
3
4
ポンモシリ島
礼文島・香深港へ
ハートランドフェリー
日本海
稚内港へ
56.7
20.4
22
利尻富士町役場
ペシ岬
92.7
鴛泊港
鴛泊港
ハートランドフェリー
米町
21
鴛泊
鴛泊小
38
利尻富士温泉
修景池
フェリーターミナル
105.6
鴛泊湾
61
富士野
ファミリーキャンプ場
野塚岬
4
64.2
10
姫沼展望台
14
21.2
野塚
108
32
0:50
1:00
サイクリングロード
100
23.8
甘露泉ハイキングコース
姫沼
鴛泊
利尻山の展望よい
利尻北麓野営場
ポン山
444
小ポン山
413
0:10
甘露泉
ポン山・姫沼探勝路
194
雄忠志内
13
200
300
140
265
405
鴛泊コース
2:40
2:00
北海道
利尻富士町
121
豊漁沢川
335
オチウシナイ川
六合目第一見晴台
663
214
761
778
308
818
長官山
1218.7
670
488
624
トイレは携帯トイレブース
左上
0:15
335
携帯トイレブースがある
791
利尻山避難小屋
親不知子不知の斜面
1121
0:40
0:30
九合目携帯トイレブース
1003
0:50
1:10
七合目避難小屋
沓形コース分岐
726
0:25
0:15
沓形コース
906
0:40
1:00
459.2
0:50
1:20
北峰
利尻山
1719
夜明かしの坂
1461
三眺山
ローソク岩
南峰
1721
急な崖に囲まれた山頂
1004
沓形コースは経験者向き
1161
西壁
1460
背負子投げの岩場。落石に要注意
仙法志稜
746
1476
616
1132
1170

A
B
1
2
3
4
利尻山山頂部
1:30,000
0 300m
N
甘露泉へ
利尻山避難小屋
WC
1121
七合目避難小屋へ
トイレは携帯トイレブース
親不知子不知の斜面。岩崩れに注意。
7月上旬まで雪渓がある
背負子投げの岩場。急なガレ地が続く。落石に要注意
九合目
携帯トイレブース
利尻山神社奥宮
沓形コース
分岐
利尻山
1719
北峰
1461
三眺山
0:30
0:40
0:50
1:20
0:40
1:00
0:25
0:15
富士岬
本泊漁港
13
本泊
23.2
利尻空港
42
32
大磯
19
自転車専用道路
105
オビヤタンナイ沢川
日本海
11
21.4
54
64
11
栄浜
143
トビウシナイ川
礼文島・香深港へ
ハートランドフェリー（休航中）
11
62
自転車専用道路
95
248
新湊
天望山スキー場
8
80
361
種富町
利尻町
384
沓形
沓形港
269.5
66
富野
見返台園地
展望台あり
日出町
沓形岬灯台
沓形岬
10
富士見町
沓形
本町
緑町
利尻町役場
泉町
39
119
194
348
WC
利尻ふれあい温泉
沓形岬公園キャンプ場
89
森林公園
22
108
神居
神居ポン山
140
269
470
下りる際は現状要確認
51
100
200
300
500

1:50,000
0
1km
N
C
D
国道273号、大雪湖へ
ポン由仁石狩林道
ポンユニイシカリ沢登山口
途中に鍵付きのゲートあり。
上川中部森林事務所☎01658-2-2001へ
問合せのこと（2021年3月現在通行止め）
丸木橋で流れを渡る
秋葉沢
由仁石狩川
鳴兎園
ガレ沢沿いをつめる
イワウメ多い
音更山
1932.1
ユニ石狩岳
1756
水場への踏み跡あり
音更山～石狩岳間の
稜線を望む
ブヨ沢
岩礫地
ブヨ沼
1626
十石峠
1576
急坂
1:10
1:30
0:50
0:30
1:00
シュナイダーコース分岐
1770
石狩岳
1966
0:30
0:50
急坂続く
南峰
1967
ハイマツ帯の急坂
2:10
3:00
シュナイダーコース
2:00
3:00
小石狩岳
1924
樹林帯
1:10
1:20
尾根下
徒渉
細い棱線
0:40
1:00
川上岳
1894
山頂は通らない
ヒグマの痕跡多い
0:30
ニペノ耳
1895
上士幌町
音更山登山口
765
音更川本流林道
803
御殿大橋
0:30
音更川
二十一ノ沢出合
音更川本流林道
通行止めの迂回路
音更川林道
国道273号、十勝三股へ
林道の状況は
十勝西部森林管理署東大雪支署
☎01564-2-2141へ問合せのこと
2021年3月現在
岩間温泉への林道は
通行止めとなっている
岩間温泉
沢沿いの露天風呂
二十の小沢川
二十の沢川
十八の沢川
十七の沢川
音更川
国道273号、十勝三股へ
1
2
3
4

石狩岳・音更山

A
B
1
2
3
4
5
高原温泉、国道39号、大雪湖へ
途中に鍵付きのゲートあり
(2021年3月現在無施錠。通過後はゲートを必ず閉める)。
林道の詳細は上川中部森林事務所☎01658-2-2001へ
ヌタプカンベツ川
高根橋
沼の原橋
層雲峡本流林道
春嶺橋
クチャンベツ川
石狩川
石狩沢
石狩沢林道
クチャンベツ沼ノ原登山口
北海道
上川町
五色岳へ
五色ノ水場
長沼
ニシキ沢
ペテトク沢
沼ノ原
大沼
大沼キャンプ指定地
沼ノ原分岐
水没することがある。トイレなし
石狩分岐
根曲がり廊下
1289mのコル
沼ノ原沢源頭
ササの刈り分け道
踏み跡不明瞭
細い尾根
踏み跡あり
沼ノ原山
東沢
新得町
風倒木多い
イズミ沢
沼ノ原沢川
小沢沿いに登る
※左図へ続く
ヌプントムラウシ避難小屋へ
小沢沿いに登る
石狩分岐へ
登山口
ゲート
2021年3月現在通行止め
ヌプントムラウシ温泉
ヌプントムラウシ避難小屋
新得へ
2:20
2:40
1:20
1:40
0:30
0:15
0:20
1:20
1:30
2:30
1:40
3:00
2:10

ニペソツ山

1:50,000
0 1km
N

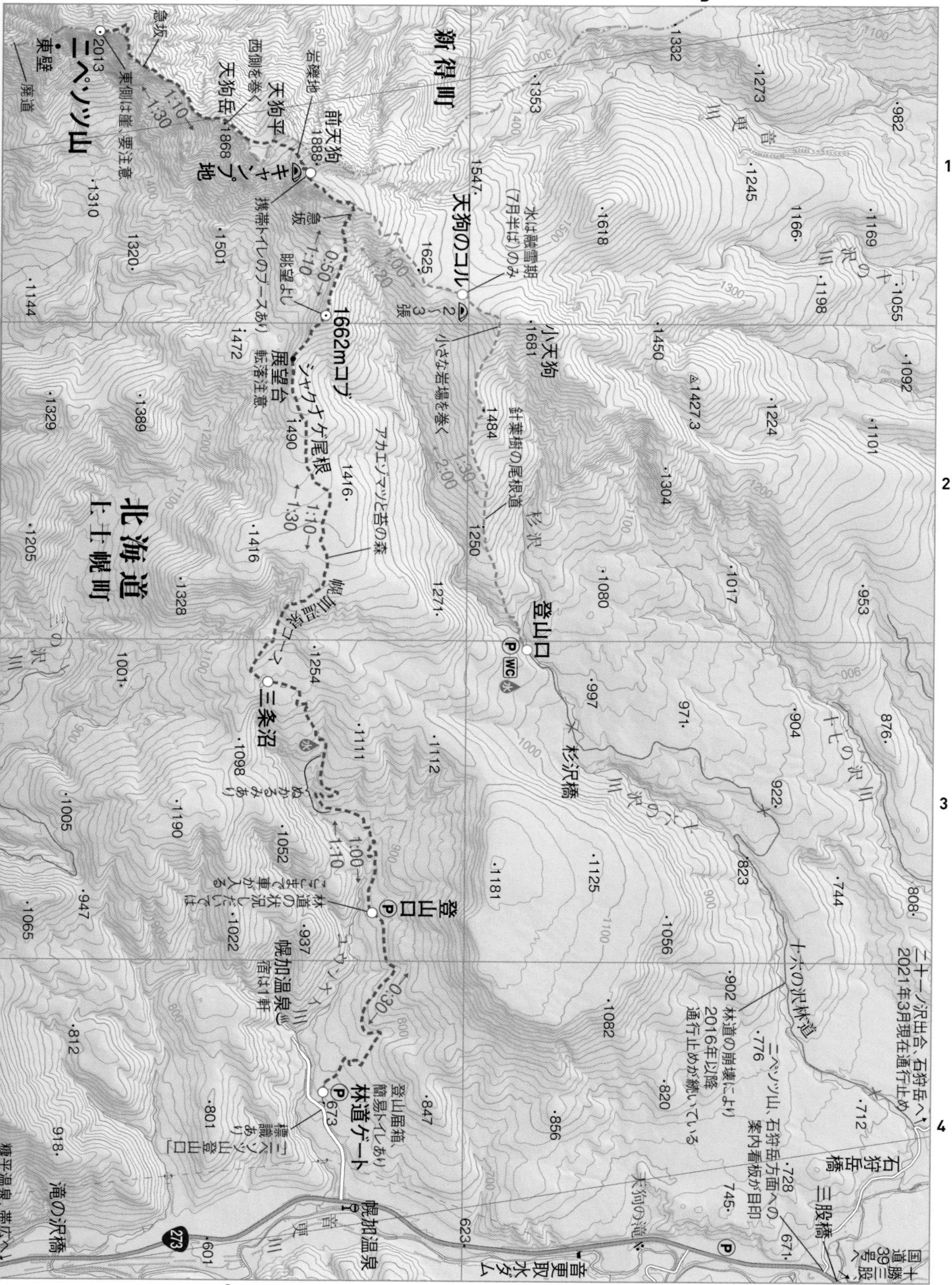

8 十勝連峰詳細図

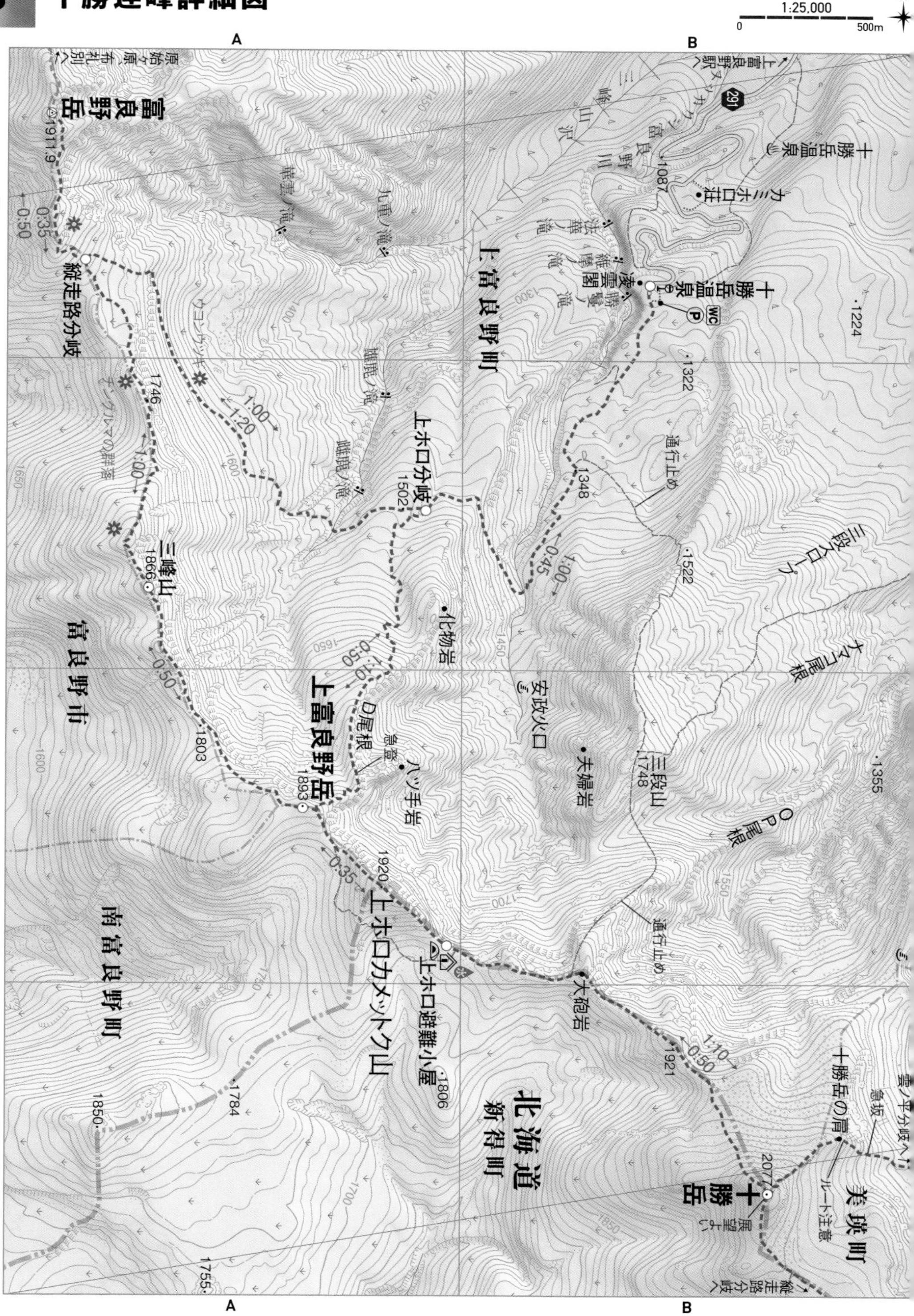

1:25,000
0
500m
N
A
B
富良野岳
1911.9
原始ヶ原・布礼別へ
0:35
0:50
縦走路分岐
華雲ノ滝
九重ノ滝
ウコンウツギ
チングルマの群落
1746
1:00
1:20
雄鹿ノ滝
雌鹿ノ滝
1600
1650
1400
1300
三峰山
1866
上ホロ分岐
1502
上富良野町
富良野市
化物岩
0:50
0:50
上富良野岳
1893
D尾根
急登
八ツ手岩
1803
1450
安政火口
夫婦岩
三段山
1748
1920
0:35
上ホロカメットク山
上ホロ避難小屋
1806
南富良野町
1784
1850
1755
1700
大砲岩
1921
1:10
0:50
北海道
新得町
十勝岳
2077
展望よい
十勝岳の肩
急坂
雲ノ平分岐へ
ルート注意
美瑛町
縦走路分岐へ
十勝岳温泉
凌雲閣
十勝岳温泉
カミホロ荘
1087
291
上富良野駅へ
カミホロカメットク
富良野川
三峰山沢
法華ノ滝
安政火口
1224
1322
通行止め
1348
0:45
1:00
1522
三段スロープ
ナマコ尾根
1355
OP尾根
1550
通行止め
1700
1850

1:50,000
0
1km
N
C
D
1
2
3
4
6
※左上図へ続く
白金温泉へ
涸沢林道
美瑛富士登山口
827
878
P
ゴゼンタチバナ
オヤウシナイ滝
涸沢川
アバレ川
1141
2:40
2:20
1259
アカエゾマツの天然庭園
1425
1412
1220
1096
986
岩礫地にナキウサギが棲息
1:30
1:00
ベベツ岳
1860
オプタテシケ山へ
チングルマ群生
1:20
0:50
美瑛富士キャンプ場
盛夏には涸れる
石垣山
1822
チングルマ
コイワカガミ
美瑛富士避難小屋
岩礫地
美瑛富士
1888
1654
踏み跡程度
0:30
美瑛富士分岐
1716
美瑛町
1336
1116
1483
1339
望岳台探勝路
美瑛岳分岐
1608
勝瑛ノ滝
美瑛岳
2052.2
縦走路分岐
0:25
0:45
0:15
1607
1347
1306
1595
1449
白銀荘分岐
1104
1188
1293
2:00
1:30
1430
雲ノ平
北向沢
急坂
ポンピ沢
1:30
1:00
南側は崖。要注意。
1962
1625
1441
1375
0:20
0:15
1258
雲ノ平分岐
1330.2
十勝岳避難小屋
2:30
1:30
1412
北向火口
昭和火口
深い函。ハシゴあり
スリバチ火口
1772
1896
2:20
1681
九条武子歌碑
1272
大正火口
火口
グラウンド火口
迷いやすい火山地形
北海道
新得町
1587
1448
1821
1824
1314
前十勝
62-II火口
鋸岳
1619
1357
沢地形を越える
ヌッコ尾根
OP尾根
1355
2008
平ヶ岳
十勝岳の肩
急坂
1180
トメットク川
スロープ
通行止め
2077
十勝岳
1553
1:10
0:50
新得コース
1522
三段山
1748
1921
1873
1653
1259
1:00
0:45
夫婦岩
大砲岩
1485
新得コース登山口へ
安政火口
メットク川
1658
化物岩
上ホロ避難小屋
1301
1204
上ホロ分岐
八ツ手岩
1459
D尾根
1920
上ホロカメットク山
1608
鹿ノ滝
1:10
0:50
1893
0:35
上富良野岳
1784
1755
1350
1225
0:50
1803
1866
三峰山
1275
1136
1850
十勝川
1180
1329
富良野市
1685
1086

1:55,000
0
1km
N
鍵付きのゲートあり。
(2021年現在無施錠)
上川中部森林管理署
美瑛森林事務所
☎0166-92-2063へ
問合せのこと
涸沢林道
白金温泉
火山砂防情報センター
国設白金野営場
美瑛市街へ
スキー場
観光案内所
白金温泉
国立大雪
青少年の家
美瑛町
美瑛富士登山口
避難小屋へ
美瑛富士へ
望岳台へ
966
上富良野駅へ
上富良野町
291
旭野川
美瑛市街へ
観光案内所
白金温泉
青少年交流の家
希望橋
望岳台歩道
白金温泉〜望岳台間は
遊歩道をたどる。
登り1時間、下り50分
防災シェルター
望岳台
富良野川
十勝岳爆発記念碑
保養センター
白銀荘
白銀荘
吹上露天の湯
吹上温泉
キャンプ場
吹上ふれあい
ヌッカクシ富良野川
ベベルイ川
富良野思惟林
十勝岳温泉
カミホロ荘
十勝岳温泉
三峰山沢
法華ノ滝
維摩ノ滝
勝鬘ノ滝
凌雲閣
九重ノ滝
雄鹿ノ滝
華雲ノ滝
ウコンウツギ
チングルマの群落
縦走路分岐
富良野岳
1911.9
※左下図へ続く
原始ヶ原、布礼別へ
1:60,000
富良野岳
ハイマツ帯の急坂
1911.9
十勝岳温泉、三峰山へ
上富良野町
トカチフウロ
エゾウサギギク
ササの
刈り分け道
前富良野岳
富良野市
エゾマツに囲まれた湿原
ワタスゲ、ヒメシャクナゲ
五ノ沢
天使ノ泉
二段の滝
徒渉
松浦武四郎
通過の碑
原始ヶ原
廃道
布部川
五反沼へ
不動の滝
蒼天の滝
勝竜の滝
赤岩の滝
布礼別、富良野市街へ
沢(滝)コース
登山口〜不動の滝間
2021年2月現在通行止め
原始ヶ原登山口
ニングルの森管理棟
トウヤウスベ山

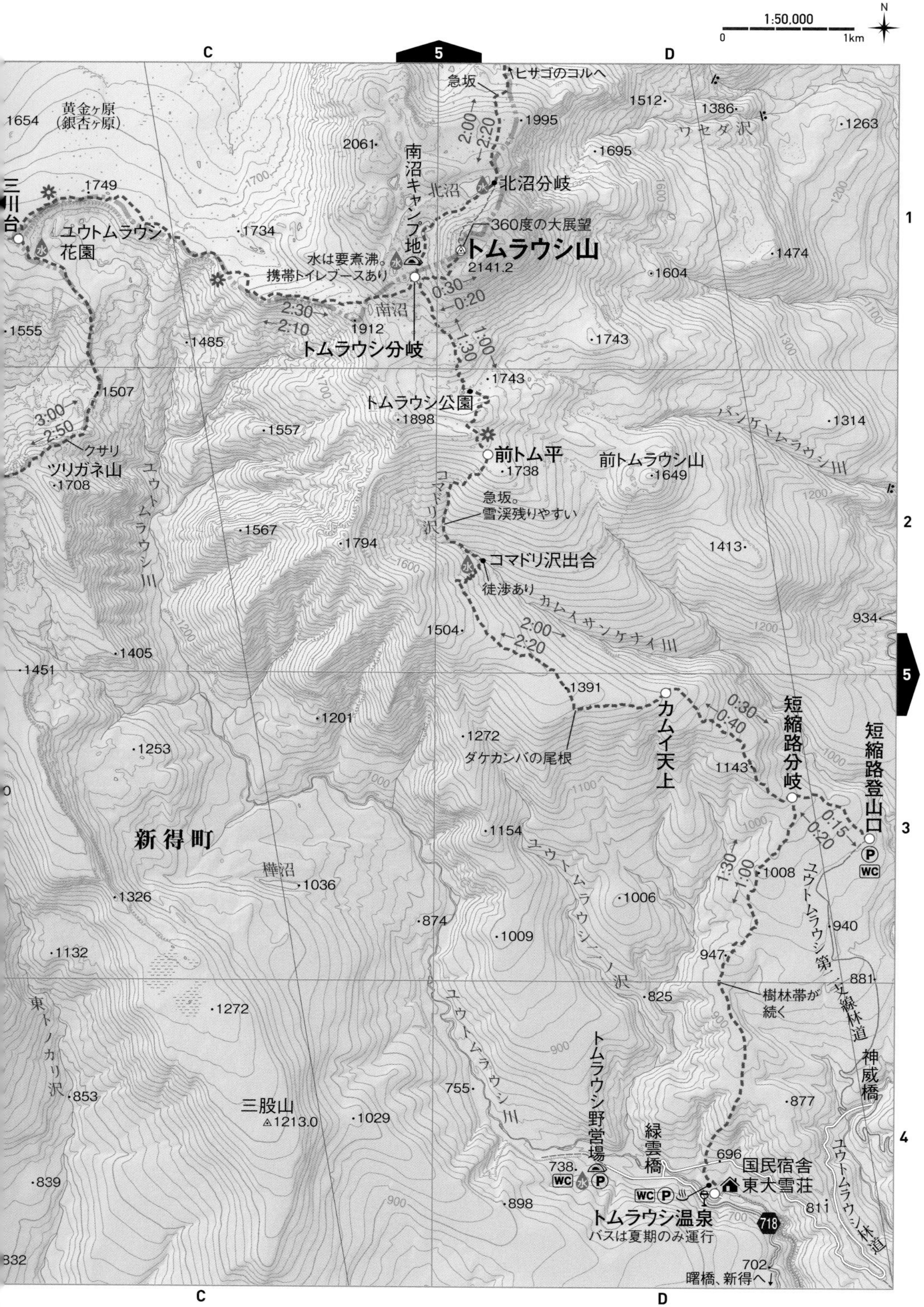

1:50,000
0
1km
N
C
5
D
ヒサゴのコルへ
急坂
1995
1512
1386
ワセダ沢
1263
黄金ヶ原
（銀杏ヶ原）
1654
2061
南沼キャンプ地
1695
北沼
北沼分岐
三川台
1749
ユウトムラウシ花園
1734
360度の大展望
トムラウシ山
2141.2
水は要煮沸。
携帯トイレブースあり
1604
1474
2:30
2:10
南沼
1912
0:30
0:20
1:00
1:30
1555
1485
トムラウシ分岐
1743
1743
1507
トムラウシ公園
1898
3:00
2:50
1557
パンケヌムラウシ川
1314
クサリ
ツリガネ山
1708
前トム平
1738
前トムラウシ山
1649
ユウトムラウシ川
コマドリ沢
急坂。
雪渓残りやすい
1567
1794
1413
コマドリ沢出合
徒渉あり
カムイサンケナイ川
934
1504
2:00
2:20
1405
1451
1391
カムイ天上
0:30
0:40
短縮路分岐
短縮路登山口
1201
1272
ダケカンバの尾根
1253
1143
0:15
0:20
新得町
1154
ユウトムラウシ第二支線林道
1:30
1:00
1008
樺沼
1036
1326
1006
874
1009
940
1132
947
ユウトムラウシ二ノ沢
881
東トノカリ沢
1272
825
樹林帯が続く
神威橋
ユウトムラウシ川
トムラウシ野営場
755
緑雲橋
853
三股山
1213.0
1029
877
738
696
国民宿舎
東大雪荘
839
898
811
トムラウシ温泉
バスは夏期のみ運行
718
ユウトムラウシ林道
832
702
曙橋、新得へ
1
2
3
4

トムラウシ山・オプタテシケ山

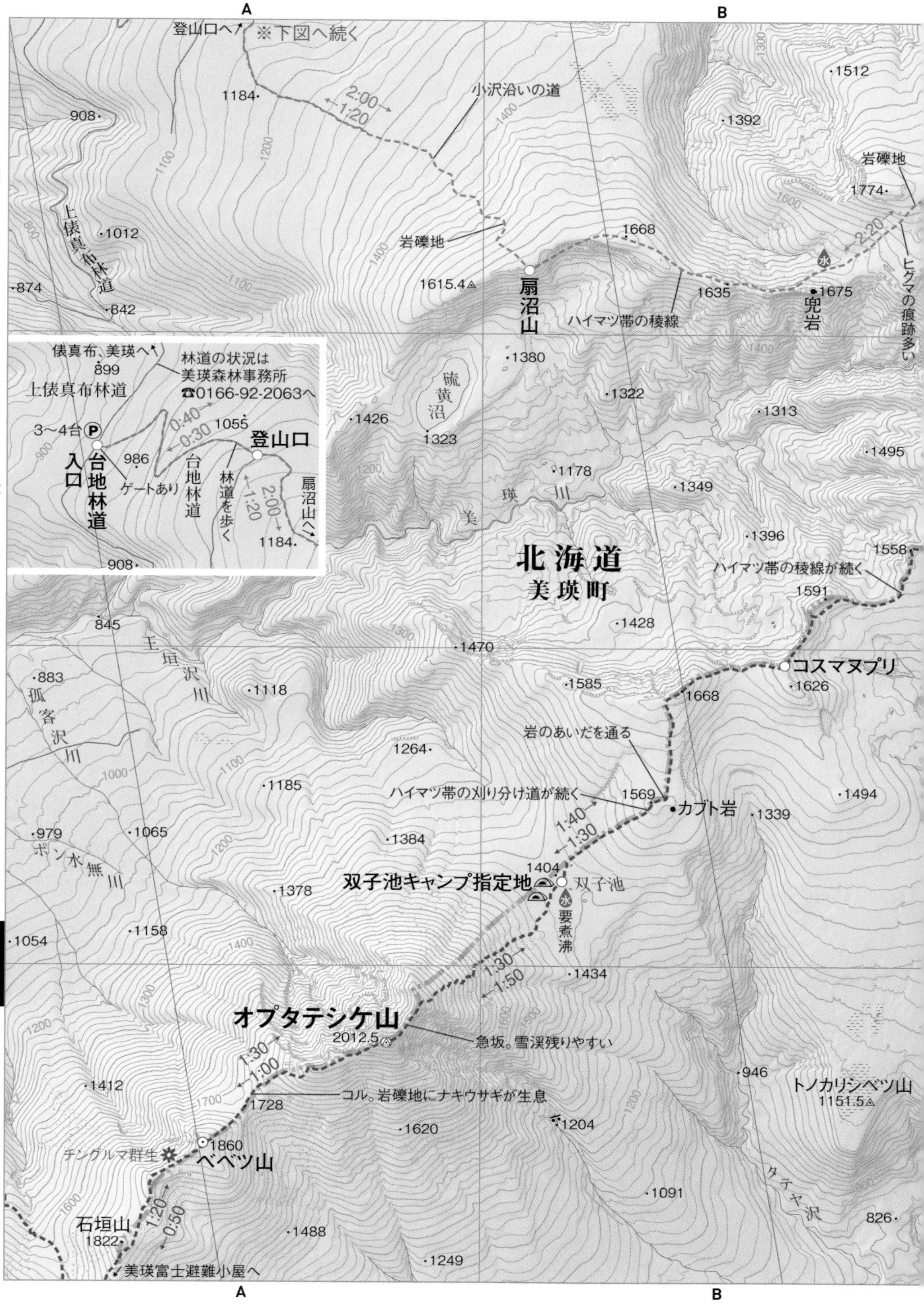

1:50,000
0
1km
N
C
D
高原温泉、国道273号、大雪湖へ
途中に鍵付きのゲートあり
（2021年3月現在無施錠。通過後はゲートを必ず閉める）。
林道の詳細は上川中部森林事務所☎01658-2-2001へ
層雲峡本流林道
石狩川
石狩沢
石狩沢林道
上川町
小沢沿いの道。
雪渓残りやすい
クチャンベツ沼ノ原登山口
クチャンベツ川
ニシキ沢
長沼
五色ノ水場
沼ノ原
大沼
大沼キャンプ指定地
沼ノ原分岐
水没することあり。
トイレなし
石狩分岐
沼ノ原沢源頭
根曲がり廊下
1289mのコル
踏み跡不明瞭
ペテトク沢
ニペノ耳、石狩岳へ
9
踏み跡あり
沼ノ原山
風倒木多い
イズミ沢
沢からの尾根に
取り付く
沼の原沢川
沢沿いの踏み跡。
徒渉あり
登山口
ゲート
林道荒れている
ヌプントムラウシ温泉
ヌプントムラウシ避難小屋
2021年3月現在使用不可
沼ノ原大橋
2021年3月現在通行止め。林道の状況は
十勝西部森林管理署東大雪支署
☎01564-2-2141へ
ヌプントムラウシ林道
道道718号、新得へ
東沢
2:20
2:40
1:20
1:40
0:30
0:15
0:20
1:20
1:30
2:30
1:40
2:10
3:00
1
2
3
4

第一公園、天人峡温泉へ
旭岳方面の展望がよい
化雲岳
1954.5
化雲岩
神遊びの庭
巻き道
化雲平
お花畑
忠別岳避難小屋分岐へ
五色岳
1868
1:00
旭岳方面の展望がよい
チシマノキンバイ
エゾハクサンイチゲ
1897
1764
1783
1804
1797
木道あり
五色沼
1608
美瑛町
1584
ヒサゴのコル
0:30
0:20
0:50
0:30
0:30
0:40
1851
1756
1681
1656
水
WC
ヒサゴ沼
避難小屋
不明瞭
遅くまで雪渓が残る
ヒサゴ沼
1626
1585
化雲沢
天沼
1879
日本庭園
1810
1682
1773
2:00
2:20
岩と水辺が入り組み、迷いやすい
ロックガーデン
1284
ヒサゴ沢
急坂
1512
1386
1244
1286
ワセダ沢
1995
1263
2061
1695
北沼
北沼分岐
1029
1225
南沼キャンプ地
水は要煮沸。
携帯トイレブースあり
トムラウシ山
2141.2
1474
1604
1207
0:30
0:20
2:30
三川台、オプタテシケ山へ
2:10
1912
トムラウシ分岐
1:00
1:30
1743
六ッ沼
1314
北海道
新得町
1743
トムラウシ公園
970
1079
1898
1557
1314
パンケトムラウシ川
トムラウシ川
前トム平
1738
前トムラウシ山
1649
コマドリ沢
急坂。
雪渓残りやすい
1115
1025
1794
1413
コマドリ沢出合
徒渉あり
カムイサンケナイ川
934
987
1504
2:00
2:20
1391
カムイ天上
0:30
0:40
西沢
822
1201
1272
ダケカンバの尾根
987
1143
短縮路分岐
909
966
1:30
1:00
0:15
0:20
1154
短縮路登山口
P
WC
トムラウシ温泉へ
987
A
B
4
6
1
2
3

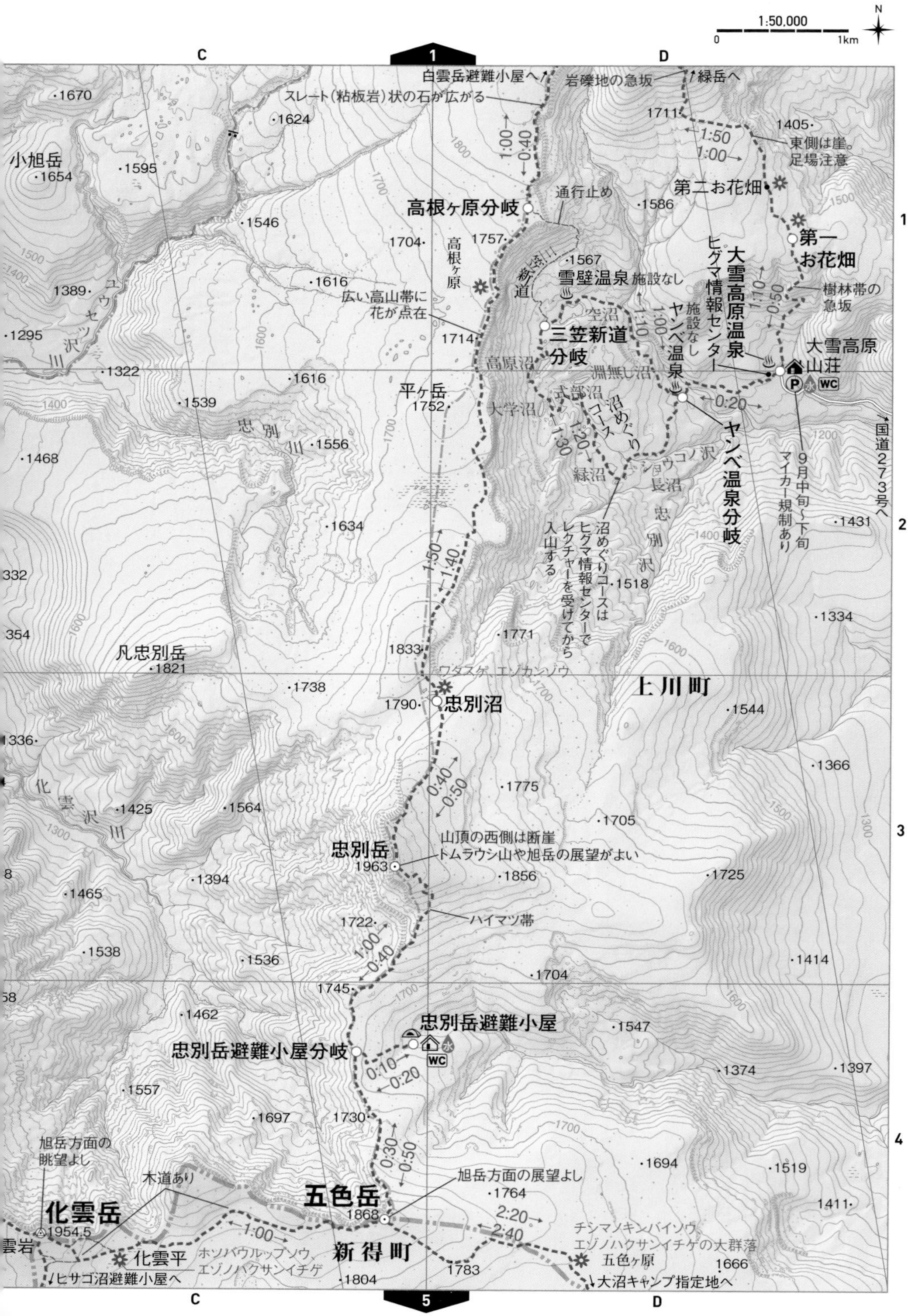

1:50,000
0
1km
N
C
D
1
5
2
3
4
白雲岳避難小屋へ
緑岳へ
岩礫地の急坂
スレート（粘板岩）状の石が広がる
1:00
0:40
1:50
1:00
東側は崖。
足場注意
第二お花畑
第一
お花畑
高根ヶ原分岐
通行止め
三笠新道
高根ヶ原
広い高山帯に
花が点在
雪壁温泉
施設なし
大雪高原温泉
ヒグマ情報センター
ヤンベ温泉
施設なし
1:10
0:50
樹林帯の
急坂
大雪高原
山荘
三笠新道
分岐
空沼
高原沼
滝見沼
式部沼
大学沼
沼めぐりコース
1:20
1:30
緑沼
0:20
ヤンベ温泉分岐
ウラコノ沢
長沼
忠別沢
9月中旬～下旬
マイカー規制あり
国道273号へ
沼めぐりコースは
ヒグマ情報センターで
レクチャーを受けてから
入山する
小旭岳
ユウセツ沢川
忠別川
平ヶ岳
凡忠別岳
ワタスゲ、エゾカンゾウ
忠別沼
上川町
化雲沢川
0:40
0:50
忠別岳
山頂の西側は断崖
トムラウシ山や旭岳の展望がよい
ハイマツ帯
1:00
0:40
忠別岳避難小屋
忠別岳避難小屋分岐
0:10
0:20
0:30
0:50
旭岳方面の
眺望よし
木道あり
旭岳方面の展望よし
化雲岳
1954.5
五色岳
1868
2:20
2:40
1:00
化雲平
ホソバウルップソウ、
エゾノハクサンイチゲ
新得町
チシマノキンバイソウ、
エゾノハクサンイチゲの大群落
五色ヶ原
ヒサゴ沼避難小屋へ
大沼キャンプ指定地へ
雲岩
1670
1624
1595
1654
1546
1389
1295
1322
1616
1539
1468
1556
1704
1757
1586
1567
1616
1714
1752
1711
1405
1634
1518
1431
1334
1771
1833
1821
1738
1790
1544
1366
1336
1425
1564
1775
1705
1963
1856
1725
1394
1465
1722
1538
1536
1704
1414
1745
1462
1547
1374
1397
1557
1697
1730
1694
1519
1764
1411
1783
1666
1804

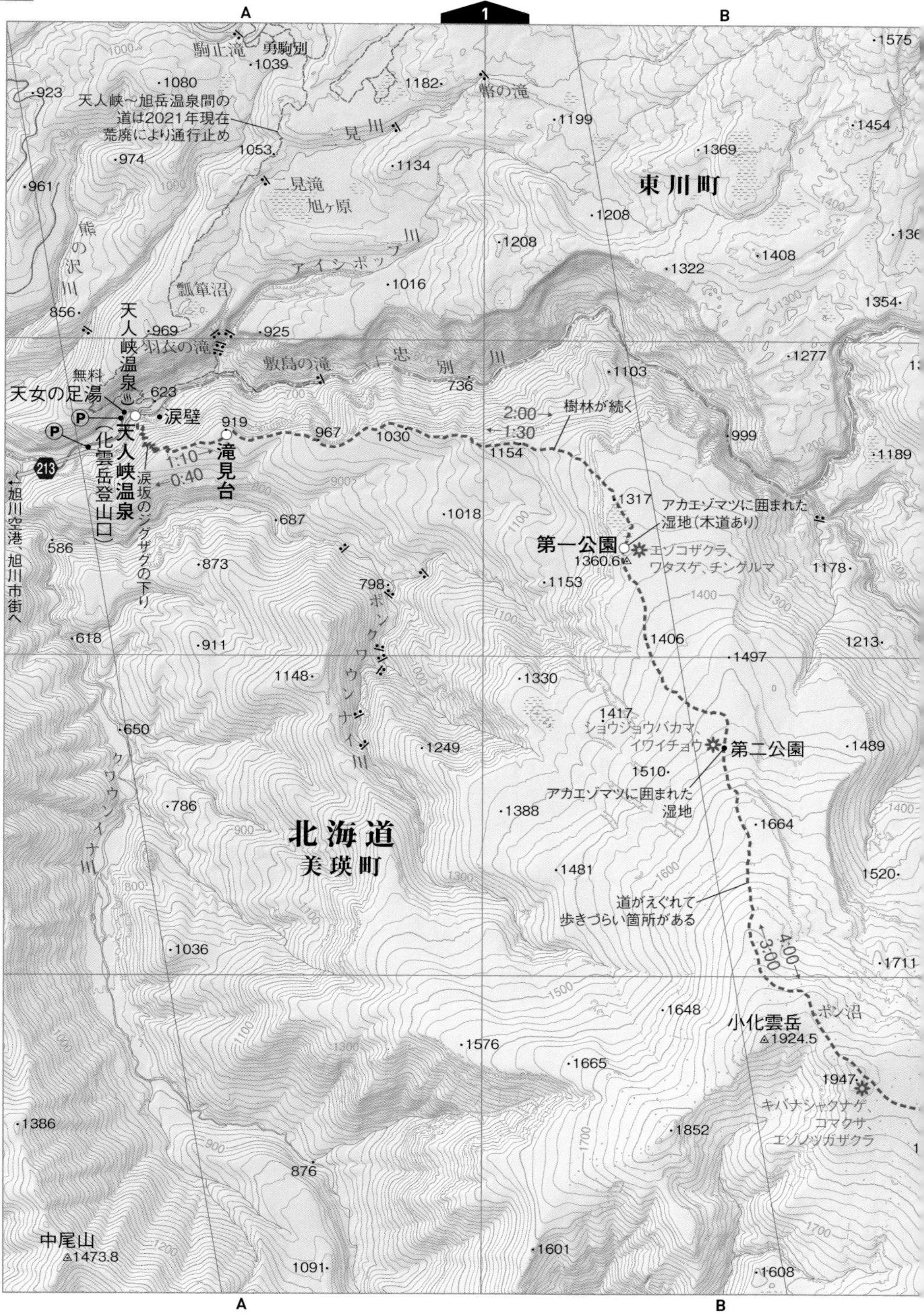

A
1
B
東川町
北海道
美瑛町
天人峡～旭岳温泉間の道は2021年現在荒廃により通行止め
駒止滝
勇駒別
二見滝
旭ヶ原
幣の滝
一見川
アイシポップ川
瓢箪沼
熊の沢川
天人峡温泉
羽衣の滝
敷島の滝
忠別川
無料
天女の足湯
涙壁
天人峡温泉（化雲岳登山口）
滝見台
919
1:10
0:40
涙坂のジグザグの下り
213
旭川空港、旭川市街へ
2:00
1:30
樹林が続く
第一公園
1360.6
アカエゾマツに囲まれた湿地（木道あり）
エゾコザクラ、ワタスゲ、チングルマ
ポンクワウンナイ川
クワウンナイ川
ショウジョウバカマ、イワイチョウ
第二公園
アカエゾマツに囲まれた湿地
道がえぐれて歩きづらい箇所がある
4:00
3:00
ポン沼
小化雲岳
1924.5
1947
キバナシャクナゲ、コマクサ、エゾノツガザクラ
中尾山
1473.8

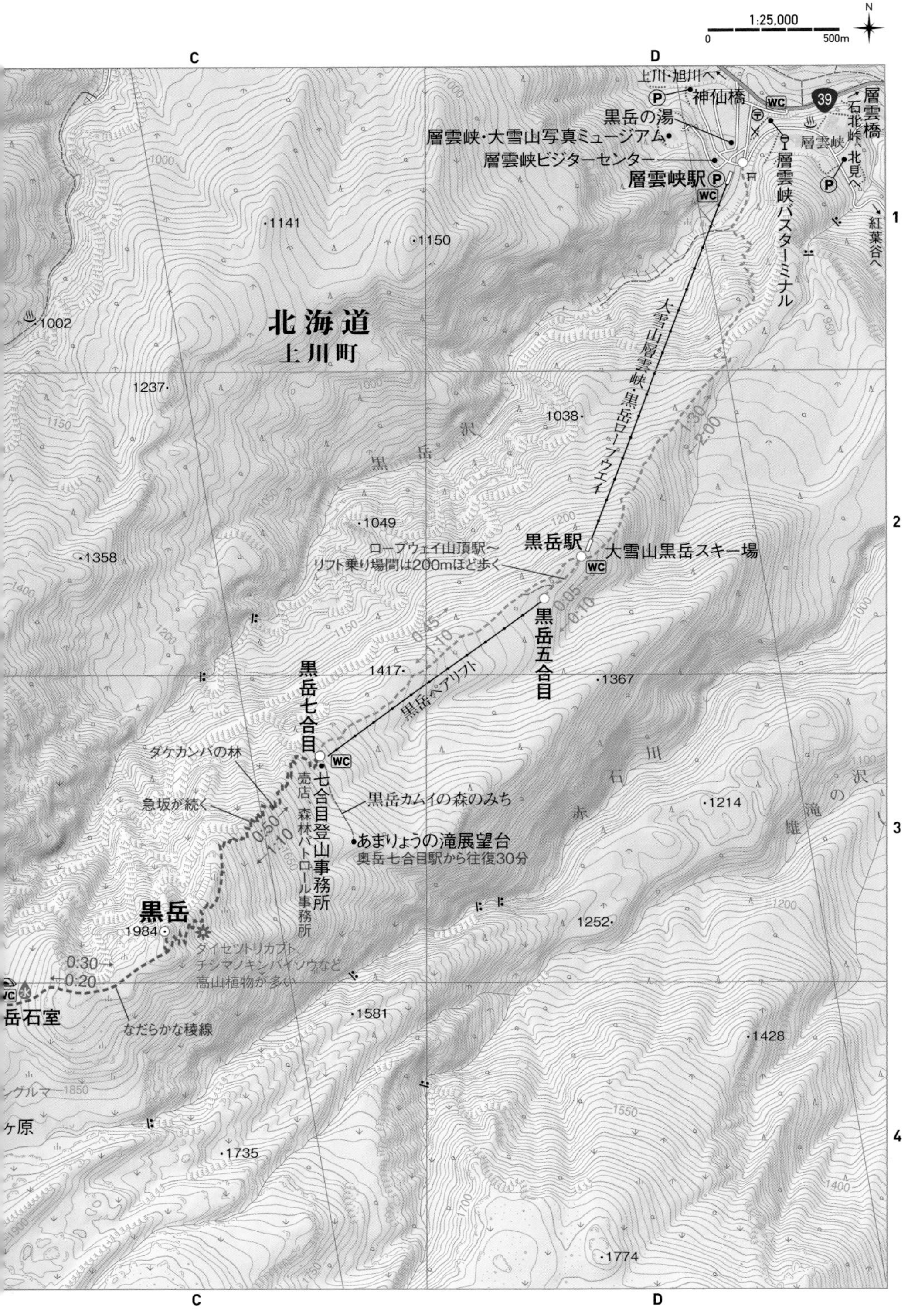
1:25,000
0
500m
N
C
D
1
2
3
4
上川・旭川へ
神仙橋
39
層雲橋
石北峠・北見へ
黒岳の湯
層雲峡・大雪山写真ミュージアム
層雲峡ビジターセンター
層雲峡駅
層雲峡バスターミナル
層雲峡
紅葉谷へ
WC
P
1141
1150
1002
北海道
上川町
1237
1038
大雪山層雲峡・黒岳ロープウェイ
1:30
2:00
黒岳沢
1049
1358
黒岳駅
大雪山黒岳スキー場
ロープウェイ山頂駅～
リフト乗り場間は200mほど歩く
0:05
0:10
黒岳五合目
0:45
1:10
1417
黒岳ペアリフト
1367
黒岳七合目
ダケカンバの林
急坂が続く
0:50
1:10
七合目登山事務所
売店、森林パトロール事務所
黒岳カムイの森のみち
あまりょうの滝展望台
奥岳七合目駅から往復30分
赤石川
雄滝の沢
1214
黒岳
1984
ダイセツトリカブト、
チシマノキンバイソウなど
高山植物が多い
0:30
0:20
1252
岳石室
なだらかな稜線
1581
1428
ングルマ
ヶ原
1735
1774
1000
1150
1200
1400
1550
1700
1850

3 大雪山詳細図②

A
B
1
2
3
4
天幕沢
1406
1085
1100
1250
1461
1559
1300
1200
1412
1450
1354
1740
1347
1500
上川岳
1884
1600
1771
1813
1973
1588
1850
大雪山
(ヌタプカウシペ)
凌雲岳
2125
比布平
比布岳へ
鋸岳
2142
1:30
2000
1960
広いコル
山頂の南を
横切る
表大雪の山や
ピウケナイ沢の展望よし
1900
2244
北鎮岳
東川町
2100
0:20
0:10
2050
キバナシャクナゲ、チングルマ、
アオノツガザクラ
雲ノ平
1905
吹きさらしの
火山礫地が続く
北鎮分岐
水
御鉢平の展望抜群
飛び石づたいに徒渉
流水は飲用不可
1:10
1:20
雪渓が
残りやすい
2020
徒渉
赤石川
0:40
0:30
1950
1:10
1:40
中岳
2113
中岳分岐へ
エゾコザクラ
北海岳へ

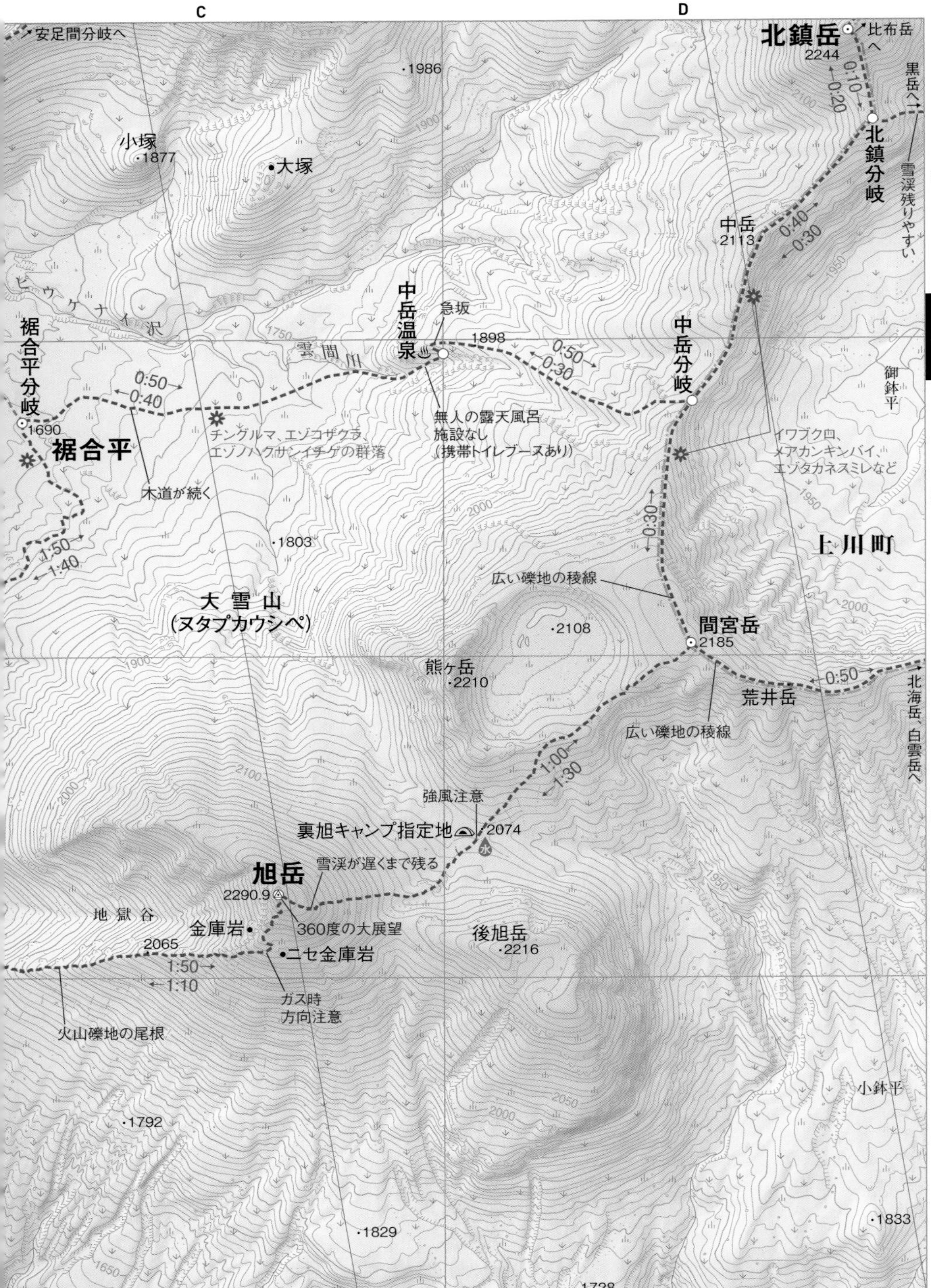

1:25,000
0
500m
N
C
D
安足間分岐へ
北鎮岳
2244
比布岳へ
0:10
0:20
黒岳へ
北鎮分岐
雪渓残りやすい
1986
小塚
1877
大塚
中岳
2113
0:40
0:30
ヒウケナイ沢
中岳温泉
急坂
1898
0:50
0:30
中岳分岐
御鉢平
裾合平分岐
1690
裾合平
0:50
0:40
雲間川
チングルマ、エゾコザクラ、エゾノハクサンイチゲの群落
無人の露天風呂
施設なし
(携帯トイレブースあり)
イワブクロ、
メアカンキンバイ、
エゾタカネスミレなど
木道が続く
1:50
1:40
1803
0:30
上川町
広い礫地の稜線
大雪山
(ヌタプカウシペ)
2108
間宮岳
2185
熊ヶ岳
2210
0:50
荒井岳
北海岳、白雲岳へ
広い礫地の稜線
1:00
1:30
強風注意
裏旭キャンプ指定地
2074
雪渓が遅くまで残る
旭岳
2290.9
地獄谷
金庫岩
360度の大展望
後旭岳
2216
2065
ニセ金庫岩
1:50
1:10
ガス時
方向注意
火山礫地の尾根
小鉢平
1792
1829
1833
1728
1
2
3
4

A
B
1
2
3
4
八島分岐、愛山渓温泉へ
大沼
小沼
1236
1421
1591
1606
1800
1537
1642
1514
1375
1393
1458
1627
1608
1411
1214
1278
1625
1550
147
1450
1200
1250
1300
1600
1650
1700
2:10
1:40
1:30
1:00
1:10
0:10
2:10
1:30
岩の転がる台地
当麻乗越
小さな岩峰
展望よし
増水時の徒渉は
要注意
ピウケナイ川
ピウケナイ第三沢川
北海道
東川町
裾合平分岐～姿見駅間は
何度も涸れ沢を越えて歩く。
6～7月は雪渓あり
172
御田ノ原
地獄滝
第三展望台
第一展望台
夫婦池
第四展望台
噴気活動展望台
第二展望台
姿見駅
WC
姿見ノ池
旭岳石室
ブース
携帯トイレ
キバナシャクナゲ、
エゾノツガザクラ、
チングルマなど
旭平
大雪山旭岳ロープウェイ
大雪山旭岳スキー場
天女ヶ原
アカエゾマツに
囲まれた湿地
第一天女ヶ原
第二天女ヶ原
旭岳駅
旭岳
旭岳ビジターセンター
旭岳温泉
※上図へ続く
1158
大雪山旭岳ロープウェイ
姿見駅へ
旭岳駅
有料
無料
天女ヶ原、姿見駅へ
旭岳ビジターセンター
旭岳温泉
旭岳温泉ホテルベアモンテ
旭岳キャンプ場
ラビスタ大雪山
1069
1160
1100
旭川空港、旭川市街へ
湯の沼
1063.1
勇駒別
旭岳青少年野営場
駒ヶ滝
天人峡温泉へ

1:50,000
0
1km
N
C
D
1
2
3
4
上川、旭川へ
層雲峡
バスターミナル
層雲峡温泉
黒岳の湯
層雲峡ビジターセンター
層雲峡駅
636
銀泉台、高原温泉、北見へ
688
紅葉谷
大雪山層雲峡・黒岳ロープウェイ
黒岳沢
黒岳駅
黒岳五合目
黒岳ペアリフト
黒岳七合目
売店
七合目
登山事務所
石川
赤石川
滝の沢
北海道
上川町
大雪山
(ヌタプカウシペ)
上川岳
1884
1973
凌雲岳
2125
桂月岳
1938
黒岳
1984
黒岳石室
美ヶ原
雲ノ平
1905
北鎮分岐
2020
2244
雪渓残りやすい
徒渉する
増水時は要注意
北海沢
1909
1995
1910
御鉢平
有毒温泉
立ち入り禁止
北海岳
2149
松田岳
2136
2074
烏帽子岳
2072
2009
五色岳
2038
赤岳
2078.5
小泉岳
2158
白雲分岐
花ノ沢
駒草平
第二花園
第一花園
奥ノ平
1824
東平
第三雪渓
第四雪渓
東岳
2067
吹きさらしの高山帯
銀泉台
1672
1565
国道273号、層雲峡へ
1390
1162
※下図へ続く
白雲岳
2230.1
白雲岳避難小屋
板垣新道
コル
緑岳
(松浦岳)
2020
急坂
第一お花畑、大雪高原温泉へ
高根ヶ原分岐、トムラウシ山へ
小白雲岳
1966
美瑛町
小鉢平
1774
2016
2099
1366
1660
1881
1711
1773
1820
1833
1624
1893
1903
1964
1977
白水川
リクマンベツ川
1252
1461
1085
1559
1002
1412
1354
1740
1347
1358
1588
1141
1150
1237
1049
1417
1367
1214
1537
1252
1581
1428
1735
1774
1705
1916
1037
1094
第二花園
第一花園
駒草平へ
森林パトロール事務所
9月上旬〜中旬マイカー規制あり
1:00
1:20
0:30
0:20
0:10
0:40
0:45
1:10
0:50
0:15
0:25
1:30
2:00
0:05
1:40
0:50

A
B
愛山上川IC、上川駅へ
雲井ヶ原湿原
223
愛山渓ヒュッテ
愛山渓温泉
愛山渓倶楽部
WC 売店
松仙園入口
見晴橋
三十三曲り分岐
三十三曲り分岐〜滝ノ上分岐間
2021年3月現在通行止め
ポンアンタロマ沢
2020年秋より開通。
反時計回りの一方通行
沼ノ平分岐
昇天ノ滝
村雨ノ滝
一ノ沼
四ノ沼
半月ノ沼
五ノ沼
二ノ沼
三ノ沼
六ノ沼
大沼
小沼
松仙園
八島分岐
滝ノ上分岐
沼ノ平
銀明水
永山岳
愛別岳沢
愛別岳
急坂。滑落注意
愛別分岐
比布岳
安足間分岐
安足間岳
当麻岳
当麻乗越
小さな岩峰
東川町
小塚
大塚
増水時の徒渉は要注意
広大なお花畑
中岳温泉
ピウケナイ川
ピウケナイ沢
雲間川
裾合平分岐
裾合平
露天風呂あり
ピウケナイ第三沢川
熊ヶ岳
第3展望台
地獄滝
夫婦池
御田ノ原
瓢沼
噴気活動展望台
裏旭キャンプ指定地
旭岳
後旭岳
姿見駅
姿見ノ池
地獄谷
金庫岩
ニセ金庫岩
雪渓が残りやすい
旭岳石室
携帯トイレブース
旭岳ビジターセンター
旭岳駅
大雪山旭岳ロープウェイ
天人ヶ原
第一天女ヶ原
第二天女ヶ原
旭平
1160
旭岳温泉
旭岳キャンプ場
湯の沼
旭岳青少年野営場
旭川空港、旭川市街へ
勇駒別
幣の滝
二見川
裾平
877
1141
1090
1004
1122
1351
1355
1235
1620
1120
915
1857
1816
1502
1152
1240
1727
2113
1305
1978
1709
2197
1456
1365
2194
2076
1245
1986
1236
1800
1591
1877
1421
1606
1898
1170
1147
1537
1690
1167
1375
1642
1803
1514
1724
2108
2210
1393
1207
1289
1627
2074
1458
1158
2290.9
1257
1608
1802
2065
2216
1411
1792
1625
1829
1550
1248
1728
1575
1670
0:20
0:30
1:20
1:00
1:30
0:05
0:40
0:10
2:10
1:40
0:50
1:50
1:10

主な地図記号

※そのほかの地図記号は、国土地理院発行
2万5000分ノ1地形図に準拠しています

一般登山コース	
参考コース（登攀ルート等）	
←1:30	コースタイム（時間：分）
コースタイムを区切る地点	
4車線以上	
2車線道路	
1車線道路	
軽車道	
徒歩道	
庭園路	
高速・有料道路	
299	国道・番号
192	都道府県道・番号
鉄道・駅	
JR線・駅	
索道（リフト等）	
送電線	
都道府県界	
市町村界	
特定地区界	
植生界	
2899.4	三角点
1159.4	電子基準点
720.9	水準点
・1651	標高点
等高線（主曲線）標高10mごと	
等高線（計曲線）主曲線5本目ごと	
等高線（補助曲線）	
1500	等高線標高
市役所	
町村役場	
警察署	
消防署	
交　番	
病　院	
神　社	
寺　院	
記念碑	
営業山小屋	
避難小屋・無人山小屋	
キャンプ指定地	
水場（主に湧水）	
主な高山植物群落	
バス停	
駐車場	
温泉	
噴火口・噴気孔	
採鉱地	
発電所	
電波塔	
史跡・名勝・天然記念物	
岩がけ	
岩	
土がけ	
雨　裂	
砂れき地	
おう地（窪地）	
湖・池等	
河川・せき（堰）	
河川・滝	
広葉樹林	
針葉樹林	
ハイマツ地	
笹　地	
荒　地	
竹　林	
畑・牧草地	
果樹園	
田	
標高	高 ↕ 低

コースマップ

国土地理院発行の2万5000分ノ1地形図に相当する数値地図（国土基本情報）をもとに調製したコースマップです。

赤破線で示したコースのうち、地形図に記載のない部分、あるいは変動が生じている部分については、GPSで測位した情報を利用しています。ただし10〜20m程度の誤差が生じている場合があります。

また、登山コースは自然災害などにより、今後も変動する可能性があります。登山にあたっては本書のコースマップと最新の地形図（電子国土Web・地理院地図、電子地形図25000など）の併用を推奨します。

コースマップには、コンパス（方位磁石）を活用する際に手助けとなる磁北線を記入しています。本書のコースマップは、上を北（真北）にして製作していますが、コンパスの指す北（磁北）は、真北に対して西へ9度前後（北海道）ズレが生じています。真北と磁北のズレのことを磁針偏差（西偏）といい、登山でコンパスを活用する際は、磁針偏差に留意する必要があります。

磁針偏差は、国土地理院・地磁気測量の2015.0年値（2015年1月1日0時[UT]における磁場の値）を参照しています。

北海道の山の登山にあたっては、コースマップとともにコンパスを携行し、方角や進路の確認に役立ててください。

Contents

コースマップ目次

コースさくいん

大雪山

十勝連峰

石狩連峰

道北の山

知床連峰・阿寒の山

日高連峰

夕張山地・増毛山地

道央・道南の山

オホーツク海
太平洋
紋別市
サロマ湖
能取湖
知床岬
国後島
色丹島
硫黄山
12
羅臼岳
羅臼町
網走市
網走湖
遠軽町
斜里町
大空町
清里町
北見市
11 右
斜里岳
美幌町
津別町
標津町
屈斜路湖
置戸町
摩周湖
根室中標津空港
中標津町
陸別町
雄阿寒岳
阿寒湖
13 左
弟子屈町
13 右
雌阿寒岳
足寄町
標茶町
風蓮湖
根室市
厚岸町
浜中町
本別町
釧網本線
釧路川
根室本線
たんちょう釧路空港
道東自動車道
池田町
白糠町
釧路市
帯広広尾自動車道
大樹町
242
238
334
335
39
243
391
244
240
272
44
38
N
0 10 50km
1:2,300,000

北海道全図

宗谷岬
稚内市
238
稚内空港
礼文島
礼文町
利尻富士町
利尻島
利尻空港
利尻山
利尻町
10
浜頓別町
幌延町
275
宗谷本線
天塩町
238
音威子府村
遠別町
232
天塩川
雄武
美深町
朱鞠内湖
羽幌町
名寄市
40
239
士別市
275
愛別町
天塩
幌加内町
和寒町
留萌市
上川
233
増毛町
深川市
日本海
深川留萌自動車道
暑寒別岳
2
1
旭川市
3
17
雨竜町
美瑛町
4
旭岳
451
滝川市
6
トムラウシ山
古平町
積丹岬
石狩湾
芦別市
道央自動車道
上富良野町
十勝岳
余市町
小樽市
229
石狩市
231
12
石狩川
275
富良野市
7
芦別岳
札樽自動車道
函館本線
16
8
左
丘珠空港
岩見沢市
新得
右
16
札幌市
夕張市
夕張岳
岩内町
千歳線
452
イワオヌプリ
倶知安町
230
237
清水町
チセヌプリ
石勝線
274
19
左
ニセコアンヌプリ
道央自動車道
北戸蔦別
18
右
ニセコ町
羊蹄山
支笏湖
千歳市
戸蔦
36
234
幌尻岳
真狩村
18
左
新千歳空港
日高自動車道
14
黒松内町
洞爺湖
37
室蘭本線
苫小牧市
日高本線
平取町
長万部町
453
道央自動車道
白老町
15
左
5
せたな町
230
235
神威岳
229
伊達市
日高町
内浦湾
登別市
新冠町
八雲町
室蘭市
新ひだか町
277
函館本線
奥尻島
森町
浦河町
右
227
5
278
江差町
北海道新幹線
上ノ国町
函館市
函館空港
228
北斗市
19
右
木古内町
大千軒岳
津軽海峡
福島町
松前町

取り外せる！ 持ち歩ける！

アルペンガイド

登山地図帳

北海道の山

Alpine Guide